高职高专经管类专业系列教材

GAOZHI GAOZHUAN JINGGUAN LEI ZHUANYE XILIE JIAOCAI

ZHONGGUO LÜYOU JINGGUAN DILI SHANGXI

中国旅游景观地理赏析

主 编 黄顺红 梁 陶

副主编 王文彦 王西琼 邹烨燔

重庆大学出版社

内容提要

本书全面介绍了旅游景观的地学成因、发育规律、地理分布及景观赏析。全书分为上、下两篇：上篇重点从地球演变历史、地壳结构、地质作用、自然地理环境四个方面介绍旅游景观的地学成因背景；下篇重点介绍各类旅游地理景观的形成、分布、景观特色。本书将自然地理科学与景观美学融为一体，向读者介绍不同旅游地理景观带来的震撼之美和景观形成的地学缘由，提高其旅游景观欣赏的文化品位、审美情趣，从而达到文、理渗透的教育价值与作用。

图书在版编目(CIP)数据

中国旅游景观地理赏析／黄顺红，梁陶主编. -- 重庆:重庆大学出版社,2021.8
高职高专经管类专业系列教材
ISBN 978-7-5689-2195-4

Ⅰ. ①中… Ⅱ. ①黄… ②梁… Ⅲ. ①旅游地理—中国—高等职业教育—教材 Ⅳ. ①K928.9

中国版本图书馆 CIP 数据核字(2020)第 093787 号

中国旅游景观地理赏析

主　编　黄顺红　梁　陶
副主编　王文彦　王西琼　邹烨燔
责任编辑:曾　艳　顾丽萍　　版式设计:顾丽萍
责任校对:万清菊　　　　　　责任印制:张　策

*

重庆大学出版社出版发行
出版人:饶帮华
社址:重庆市沙坪坝区大学城西路 21 号
邮编:401331
电话:(023)88617190　88617185(中小学)
传真:(023)88617186　88617166
网址:http://www.cqup.com.cn
邮箱:fxk@ cqup.com.cn (营销中心)
全国新华书店经销
重庆荟文印务有限公司印刷

*

开本:787mm×1092mm　1/16　印张:16　字数:372 千
2021 年 8 月第 1 版　　2021 年 8 月第 1 次印刷
印数:1—2 000
ISBN 978-7-5689-2195-4　　定价:49.00 元

前言
FOREWORD

旅游地理景观是旅游者进行旅游活动的重要对象之一，是产生旅游体验的基础。中国地域广阔，几乎拥有世界上所有的旅游地理景观类型，横向上从东部的海岸、丘陵到中部的峡谷、山地再到西部的高原雪山、沙漠戈壁；纵向上从海南的海滩、岛礁到广西的峰林、溶洞再到壮阔的黄土高原、旖旎的草原河曲，这些引人入胜的自然地理景观在旅游景观中占据着十分重要的地位。

地质历史时期形成的规模宏大、丰富多彩、令人目不暇接的自然地理景观是大自然馈赠给人类的瑰宝，不仅构成了丰富的旅游资源和人类生存的环境，而且蕴藏着丰富的科学内涵和美学价值，是认识自然、探索自然奥秘的载体。旅游景观与地质学、地理学有着十分密切的关系，地球表层丰富多彩的自然地理景观都是地质作用的产物。地学环境是形成旅游景观的物质空间基础，要正确了解、认识、把握自然地理景观的真实内涵和科学意义，并不是一件很容易的事，需要有一定的学科知识积累。从涉及的学科看，既涵盖了天文、大气、地理、地质、海洋、生物、水文等学科，也包含了物理、化学等学科，同时在观赏它的时候，也用到了美学、心理学、文学、艺术等人文科学。

带着科学的眼光看风景，就能看到风景背后的地学原因，能够体会到探索自然景观的无限乐趣，更重要的是还能真正地认识和了解地球这个人类赖以生存的大家园，并在保护它的同时进行合理利用。研究中国旅游地理景观的地学背景，一方面，有助于研究景观的成因及演化历史，提升地理景观的科学价值；另一方面，有助于开发地理景观的旅游价值，带动区域旅游及经济的发展。本书将自然地理科学与景观美学融为一体，知识性、趣味性并存，探秘各类地理景观的科学成因，力求深入浅出，以凝练的文字、精美的照片，向读者介绍不同的旅游地理景观带来的震撼之美，使读者在欣赏旅游景观美的同时，能了解景观形成的地学缘由，提高旅游景观欣赏的文化品位、审美情趣，从而达到文、理渗透的教育价值与作用。

全书分为上、下两篇：

上篇——"旅游景观形成的地学背景"，重点从地球演变历史、地壳组成、地质作用、自然地理环境四个方面对旅游景观的地学成因背景进行介绍，包括地球的物质组成、结构、构造、发育历史、圈层分异、物理性质、化学性质、岩石性质、矿物成分、岩层和岩体的产出状态、接触关系、构造发育史、生物进化史、气候变迁史，以及自然资源的赋存状况和分布规律等，重点分析地球外部的岩石圈、大气圈、水圈和生物圈在自然景观形成过程中的功能和作用，解析内营力地质作用和外营力地质作用的造景功能和机理。

下篇——"旅游地理景观分类与赏析"，以常见各类地理景观为主线，将地质地貌学的基本知识融入地学景观进行成因分析，介绍其与自然地理地质环境的关系，解释和阐述了中国旅游景观的自然地理特征、地层岩性特征、地质构造运动历史对景观发育的影响，并在此基础上揭示山地景观、丹霞景观、喀斯特景观、冰川景观、风蚀景观、水体景观等各地理区域旅游景观的形成过程、发育规律、特色,以基本美学观点分析各类地理景观的自然审美,并进一步对景观的自然审美特征进行分析。

世界主要类型的典型地理景观都能在中国找到,本书所选仅是旅游地理景观类型、景点、知识的冰山一角,试图用科学、系统的体系把地理景观的基本知识、基本类型进行梳理,便于读者分类掌握。更多更细的知识介绍、更严谨的理论解释,需要读者进一步研读书中列出的有关参考书目,对各种景观现象不断地进行观察和对比,才能更好地认识和掌握旅游景观地理。通过对旅游地理景观的赏析,了解各种地理景观的成因与演化、景观资源的合理开发与保护、景观的评价和赏析的基本原理与方法,获得美的享受,提高审美情趣和审美能力。

本书由黄顺红、梁陶担任主编,王文彦、王西琼和邹烨燔担任副主编。

本书由黄顺红制订篇章和框架,各篇章的编写者分别是:黄顺红(第二、五、六、七章),梁陶(第十三、十四、十五章),王文彦(第八、九、十、十一、十二章),王西琼(第十六、十七章),邹烨燔(第一、三、四章)。在各篇章的编写过程中,参考和纳入了许多前人的研究成果,在此表示真诚的感谢!由于编者水平有限,书中难免有不足之处,真诚地希望读者能够及时反馈,使本书不断提高与完善。

编　者

2021 年 4 月

目录
CONTENTS

上篇　旅游景观形成的地学背景 ⋯⋯⋯⋯⋯⋯⋯⋯⋯⋯⋯⋯⋯ 1

第一章　地球演化简史 ⋯⋯⋯⋯⋯⋯⋯⋯⋯⋯⋯⋯⋯⋯⋯⋯⋯⋯ 2

第二章　地壳的结构与组成 ⋯⋯⋯⋯⋯⋯⋯⋯⋯⋯⋯⋯⋯⋯⋯⋯ 8

第三章　地质作用与地质构造 ⋯⋯⋯⋯⋯⋯⋯⋯⋯⋯⋯⋯⋯⋯⋯ 22

第四章　自然地理环境的造景机理 ⋯⋯⋯⋯⋯⋯⋯⋯⋯⋯⋯⋯⋯ 37

下篇　旅游地理景观分类与赏析 ⋯⋯⋯⋯⋯⋯⋯⋯⋯⋯⋯⋯⋯ 43

第五章　大地骨架,育景天梯——中国山地景观地理 ⋯⋯⋯⋯⋯ 44

第六章　色如渥丹,灿若明霞——中国丹霞景观地理 ⋯⋯⋯⋯⋯ 65

第七章　巨龙奔腾,喷薄张扬——中国冰川景观地理 ⋯⋯⋯⋯⋯ 78

第八章　流水与光阴的故事——喀斯特景观地理 ⋯⋯⋯⋯⋯⋯⋯ 96

第九章　地球燃放的烟花——火山景观地理 ⋯⋯⋯⋯⋯⋯⋯⋯⋯ 118

第十章　风神的杰作——沙漠景观地理 ⋯⋯⋯⋯⋯⋯⋯⋯⋯⋯⋯ 135

第十一章　风爱坎坷不喜平——雅丹景观地理 ⋯⋯⋯⋯⋯⋯⋯⋯ 152

第十二章　黄沙万里,千沟万壑——黄土景观地理 ⋯⋯⋯⋯⋯⋯ 162

第十三章　沧海桑田,鲸波万里——海洋景观地理 ⋯⋯⋯⋯⋯⋯ 171

第十四章　大河向东,奔流不息——河流景观地理 ·········· 193

第十五章　碧波浩渺,水光潋滟——湖泊景观地理 ·········· 208

第十六章　银河飞腾,泻玉流光——瀑布景观地理 ·········· 224

第十七章　喷珠吐玉,琼浆灵韵——泉景观地理 ·········· 237

参考文献 ·········· 249

上 篇

旅游景观形成的地学背景

第一章　地球演化简史

　　地球是宇宙中正在运动和演变的一颗星体,经历了一段漫长的旅程才演化成现在的模样,每一段旅程都留下了独特的痕迹,成为独有的地理景观。那么生活在新时期的我们,怎么去了解地球呢? 这就需要我们知道地球演化简史,去了解每一个年代的过程和特征。首先我们需要知道地质年代的概念,它主要是表示地球演化的时间和顺序的概念,地质年代表就是地球演变简史。地球形成至今大约有 46 亿年。这么悠久的历史,让地质学只能以“万年”为单位来计算时间。在漫长的地质历史中,地球上的无机界、有机界经历了无数次的沧桑巨变,形成了独特的圈层结构和地表环境,成为人类赖以生存和发展的唯一家园。

地质年代歌谣

新生包含三四纪,六千万年喜山期,

中生白垩侏罗三,燕山印支两亿年,

古生二叠石炭泥,志留奥陶寒武纪,

震旦青白蓟长城,海西加东到晋宁。

一、地质年代

　　地球自形成以来大约经历了 46 亿年的历史,研究有关地球历史演化和测定地质事件的年龄与时间序列,称为地质年代学。地质年代是用来描述地球历史事件的时间单位,通常在地质学和考古学中使用。计算地质年龄的方法有两种:①根据生物的发展和岩石形成顺序,将地壳历史划分为对应生物发展的一些自然阶段,即相对地质年代。它可以表示地质事件发生的顺序、地质历史的自然分期和地壳发展的阶段。②根据岩层中某些放射性元素的蜕变规律,以年为单位来测定出地层形成和地质事件发生的年代,即绝对地质年代。这两方面结合,才构成对地质事件及地球、地壳演变时代的完整认识,地质年代表正是在此基础上建立起来的。

(一)相对地质年代

　　相对地质年代即把各个地质历史时期形成的岩石以及包含在岩石中的生物组合,按先后顺序确定下来,展示出岩石的新老关系。因此,相对地质年代只能说明各地质事件发生的早晚,而没有绝对的数量关系。确定相对地质年代,主要是根据岩层的叠复原理、生物群的演化规律和地质体(岩层、岩体、岩脉等)之间的切割关系这三个方面进行的。

1. 岩层的叠复原理

　　沉积岩的原始沉积总是一层一层地叠置起来的,表现为下老上新的关系。遗憾的是,各地区的地层并非都是完整无缺,有些地区因地壳下降而接受沉积,另一些地区又因地壳上升而张裂。在这种各地不统一的情况下,要建立大区域的或全球性的统一地层系统,就必须把各地零星的地层加以综合研究对比,最后综合出一个标准的地层顺序(或地层剖面),这种方法叫地层学法,它主要是研究岩石的性质。

2. 生物群的演化规律

除了利用岩性和岩层之间的叠复关系来解决岩层的相对新老外,人们发现保存在岩层中的生物化石群也有一种明确的可以确定的顺序,而且处在下部地层中的生物化石,有的在上部地层中也存在,有的则灭绝了但又出现一些新的种属。这充分说明,生物在演化发展过程中具有阶段性,而且在某一阶段中灭绝了的生物种属,不会在新的阶段中重新出现,这就是生物进化的不可逆性。因此,越老的地层中所含的生物化石越原始,越低级;越新的地层中所含生物化石越先进,越高级。这就是划分地层相对地质年代的生物群演化规律,这种方法叫古生物学法。这里特别要指出的是,生物的存在与发展总是要适应随时间而变化的环境,所以在不同时代的地层中,往往有不同种属的生物化石。有趣的是,有些生物垂直分布很狭小(生存时间短),但水平分布却很广(分布面积大,数量多),这种生物化石对划分、对比地层的相对地质年代最有意义,称为标准化石。所以不论岩石的性质是否相同,相差地区何等遥远,只要所含的标准化石或化石群相同,它们的地质年代就是相同或大体相同的。

3. 地质体之间的切割关系

地壳运动、岩浆作用、沉积作用、剥蚀作用的发生,常常会出现地质体(岩层、岩体、岩脉)之间的彼此穿切现象。显然,被切割的岩层比切割的岩层老,被侵入的岩体比侵入的岩层或岩脉老。利用这种关系来确定岩层的相对地质年代,就叫构造地质学法。

(二)绝对地质年代

绝对地质年代是指通过对岩石中放射性同位素含量的测定,根据其衰变规律而计算出该岩石的年龄。绝对地质年代是以绝对的天文单位"年"来表达地质时间的方法,绝对地质年代学可以用来确定地质事件发生、延续和结束的时间。

放射性元素在自然界中自动地放射出 α(粒子)、β(电子)或 γ(电磁辐射量子)射线,而蜕变成另一种新元素,并且各种放射性元素都有自己恒定的蜕变速度。同位素的衰变速度通常是用半衰期($T1/2$)表示的。所谓半衰期,是指母体元素的原子数蜕变一半所需要的时间。例如,镭的半衰期为 1622 年,如果开始有 10 克镭,经过 1622 年后就只剩下 5 克;再经过 1622 年仅剩 2.5 克 ……以此类推。因此,自然界的矿物和岩石一经形成,其中所含有的放射性同位素就开始以恒定的速度蜕变,这就像天然的时钟一样,记录着它们自身形成的年龄。当知道了某一放射元素的蜕变速度($T1/2$)后,那么含有这一元素的矿物晶体自形成以来所经历的时间(t),就可根据这种矿物晶体中所剩下的放射性元素(母体同位素)的总量(N)和蜕变产物(子体同位素)的总量(D)的比例计算出来。

同位素测年技术为解决地球和地壳的形成年龄带来了希望。首先,人们着手于对地球表面最古老的岩石进行了年龄测定,获得了地球形成年龄的下限值为 40 亿年左右,如南美洲圭亚那的古老角闪岩的年龄为(41.30 ± 1.7)亿年、格陵兰的古老片麻岩的年龄为 36 亿~40 亿年、非洲阿扎尼亚的片麻岩的年龄为(38.7 ± 1.1)亿年等,这些都说明地球的真正年龄应在 40 亿年以上。其次,人们通过对地球上所发现的各种陨石的年龄测定,惊奇地发现各种陨石(无论是石陨石还是铁陨石,无论它们是何时落到地球上的)都具有相同的年龄,大致在 46 亿年左右,从太阳系内天体形成的统一性考虑,可以认为地球的年龄应与陨石相同。最后,取自月球表面的岩石的年龄测定,又进一步为地球的年龄提供了佐证,月球上岩石的年龄值一般为 31 亿~46 亿年。综上所述,一般认为地球的形成年龄约为 46 亿年。利用放射性同位素所获得的地球上最大的岩石年龄为 45 亿年,月岩年龄 46 亿~47 亿年,陨石年龄在 46 亿~47 亿年。

(三)地质年代表

地质年代表是按时代早晚顺序表示地史时期的相对地质年代和同位素年龄值的表格。它用来标注地壳上不同时期的岩石和地层在形成过程中的时间(年龄)和顺序(表 1.1)。研究地壳历史时,仿用了人类历史研究中划分社会发展阶段的方法,把地史时间表述单位分别定为:宙、代、纪、世、期、时;与地质时代相对应的地层单位表述为:宇、界、系、统、阶、带。

表 1.1　地质年代表

宙	代	纪	同位素年龄/百万年		生物进化阶段	
			距今年龄	持续时间	植　物	动　物
显生宙	新生代(Kz)	第四纪(Q)	2.5	2.5		人类出现
		第三纪(R)	67	64.5		哺乳动物
	中生代(Mz)	白垩纪(K)	137	70	被子植物	鸟类
		侏罗纪(J)	195	58		
		三叠纪(T)	230	35		
	古生代(Pz)	二叠纪(P)	285	55	裸子植物	爬行动物
		石炭纪(C)	350	65	蕨类植物	
		泥盆纪(D)	400	50		两栖动物
		志留纪(S)	440	40		鱼类
		奥陶纪(O)	500	60	裸蕨植物	
		寒武纪(ε)	570	70		
元古宙	元古代(Pt)	震旦纪(Z)	2 400	1 830		无脊椎动物
太古宙	太古代(Ar)		4 500	2 100	菌藻类	
冥古宙						

二、地球演化简史

人类历史对于地球到目前的历史来说,的确是一个微不足道的瞬间。如果把地球 46 亿年的历史浓缩成一天 24 小时,那么人类是在这一天还剩 3 分钟结束的时候登场的,最后 1 分 10 秒的时候,现代人类才出现。地理学根据生物的发展和地层形成的顺序,按地壳的发展历史划分的若干自然阶段,叫作地质年代。"宙""代""纪""世"分指地质年代分期的第一级、第二级、第三级、第四级。地球的演化主要经过以下时期。

（一）太古宙

地质年代分期的第一个宙,距今 25 亿~36 亿年,它是地球地质史上最古老且历时较长的一个时代,是地球原始地壳、原始大气圈、水圈和生物圈形成发展的最初阶段。在这个时期里,由于重力分异不充分,地壳薄弱,地球表面很不稳定,岩浆活动频繁,构造运动、变质作用普遍而强烈,形成最古老的陆地基础,直至中晚期开始形成稳定的小型花岗岩质陆核,沉积岩中没有生物化石。当时,大气圈及水圈缺氧,海洋广阔,陆地小而不稳,某些海洋中已经出现蛋白质和核酸,后期发展成简单的细菌和低等蓝绿藻。

（二）元古宙

地质年代分期的第二个宙,距今 5.7 亿~25 亿年。在这个时期里,构造运动频繁,造成陆核扩大,形成原地台和古地台,在南半球构成了一个联合古陆,即冈瓦纳古陆。当时大气圈已转化为氧化环境,促进了岩石风化及沉积作用,地层中有低等生物的化石存在。藻类和菌类开始繁盛,最重要的是原核生物转化为真核生物,晚期开始出现原始无脊椎动物。

（三）显生宙

显生宙是分期的第三个宙,可分为古生代、中生代和新生代。

1. 古生代

古生代是显生宙的第一个代,分为寒武纪、奥陶纪、志留纪、泥盆纪、石炭纪和二叠纪。在这个时期里,欧美古陆与西伯利亚古陆合并为劳亚古陆,并与南方的冈瓦纳古陆形成新联合古陆或泛大陆,生物界开始繁盛。动物以海生的无脊椎动物为主,脊椎动物出现了鱼和两栖动物。植物有蕨类和石松等,松柏也在这个时期出现,此时的动物群因显示古老的面貌而得名。

①寒武纪。这个时期,陆地下沉,北半球大部分被海水淹没。生物群以无脊椎动物尤其是以三叶虫、低等腕足类为主,植物中红藻、绿藻等开始繁盛。寒武是英国威尔士的拉丁语名称,这个纪的地层首先在那里发现。

②奥陶纪。这个时期,岩石由石灰岩和页岩构成。生物群以三叶虫、笔石、腕足类为主,出现板足鲎类,也有珊瑚、藻类繁盛。奥陶纪由英国威尔士北部古代的奥陶族而得名。

③志留纪。这个时期,地壳相当稳定,但末期有强烈的造山运动。生物群中腕足类和珊瑚繁盛,三叶虫和笔石仍繁盛,无颌类发育,到晚期出现原始鱼类,末期出现原始陆生植物裸蕨。志留纪由古代住在英国威尔士西南部的志留人得名。

④泥盆纪。这个时期的初期,各处海水退去,积聚后成沉积物。后期海水又淹没陆地并形成含大量有机物质的沉积物,因此岩石多为砂岩、页岩等。生物群中腕足类和珊瑚发育,除原始菊虫外,昆虫和原始两栖类也有发现,鱼类发展,蕨类和原始裸子植物出现。泥盆纪由英国的泥盆郡而得名。

⑤石炭纪。这个时期,气候温暖而湿润,高大茂密的植物被埋藏在地下经炭化和变质而形成煤层,故得名。岩石多为石灰岩、页岩、砂岩等。动物中出现了两栖类,植物中出现了羊齿植物和松柏。

⑥二叠纪。古生代的第六个纪,即最后一个纪。这个时期,地壳发生强烈的构造运动。

在德国,本纪地层二分性明显,故名。动物中的菊石类、原始爬虫动物,植物中的松柏、苏铁等在这个时期发展起来。

2. 中生代

中生代是显生宙的第二个代,分为三叠纪、侏罗纪和白垩纪。中生代是构造运动剧烈而频繁的时代。至晚白垩纪,大陆已分为亚欧大陆、印度、非洲、南极洲—澳大利亚、南美洲和北美洲六大板块,中国大陆的基本轮廓在此时建立。中生代初期较炎热干燥,后期渐转温暖湿润。另外,生物界变化显著,裸子植物繁盛,后被被子植物取代;开始出现恐龙,直到白垩纪末灭绝;海洋生物脊索动物菊石也盛行;爬行类开始向哺乳类和鸟类演化;无脊椎动物主要是菊石类和箭石类;植物主要是银杏、苏铁和松柏。

①三叠纪。这个时期,地质构造变化比较小,岩石多为砂岩、石灰岩等。因本纪的地层最初在德国划分时分上、中、下三部分,故名。动物多为头足类、甲壳类、鱼类、两栖类、爬行动物。植物主要是苏铁、松柏、银杏、木贼和蕨类。

②侏罗纪。这个时期,有造山运动和剧烈的火山活动,因法国、瑞士边境的侏罗山而得名。爬行动物非常发达,出现了巨大的恐龙、空中飞龙和始祖鸟,植物中苏铁、银杏最繁盛。

③白垩纪。因欧洲西部本纪的地层主要为白垩岩而得名。这个时期,造山运动非常剧烈,中国许多山脉都在这时形成。动物中以恐龙为最盛,但在末期逐渐灭绝;鱼类和鸟类很发达,哺乳动物、被子植物开始出现。植物中显花植物很繁盛,也出现了热带植物和阔叶树。

3. 新生代

新生代是显生宙的第三个代,分为古近纪(老第三纪)、新近纪(新第三纪)和第四纪。此期间海底继续扩张,形成亚欧大陆—印度、非洲、澳大利亚、南极洲、南美洲和北美洲六大板块,地壳有强烈的造山运动。古近纪气候温暖而潮湿,第四纪地球再次经历多次冰期和间冰期。新生代被子植物空前发展,森林植被出现常绿阔叶林、落叶阔叶林等;单子叶植物和苔原相继出现。这个时期,中生代的爬行动物绝迹,哺乳动物繁盛,生物达到高度发展阶段,最重要事件是第四纪时人类的出现。

①古近纪。新生代的第一个纪(旧称老第三纪、早第三纪),约开始于6 500万年前,结束于2 330万年前。这个时期,哺乳动物除陆地生活的以外,还有空中飞的蝙蝠、水里游的鲸类等,被子植物繁盛。古近纪可分为古新世、始新世和渐新世,对应的地层称为古新统、始新统和渐新统。

②新近纪。新生代的第二个纪(旧称新第三纪、晚第三纪),约开始于2 300万年前,结束于260万年前。这个时期,哺乳动物继续发展,形体渐趋变大,一些古老类型灭绝;高等植物与现代区别不大,低等植物硅藻较多见。新近纪可分为中新世和上新世,对应的地层称为中新统和上新统。

③第四纪。新生代的第三个纪,即新生代的最后一个纪,也是地质年代分期的最后一个纪,约开始于260万年前,直到今天。这个时期,曾发生多次冰川作用,地壳与动植物等已经具有现代的样子,初期开始出现人类的祖先(如北京猿人、尼安德特人)。第四纪可分为更新世(早更新世、中更新世、晚更新世)和全新世,对应的地层称为更新统(下更新统、中更新统、上更新统)和全新统。

◎知识链接

中国哪些地理景观反映了地球生命大爆发？

地球生命大爆发指的是在寒武纪，地球生命发生的一次最为快速、规模最为宏大、影响最为深远的演化事件，许多动物爆发式地出现，这一突变事件也被称作"寒武纪大爆发"。关于其原因至今仍是个谜，突变式的演化使达尔文由简单到复杂、由低级到高级的进化论受到了挑战。

20世纪80年代，在中国云南澄江发现了地球上种类最丰富、保存最完整的早寒武纪动物化石群，目前已发现了180种动物化石，尤其特殊的是这里的化石动物的软躯体保存极为完整，90%以上还保留了软体组织印痕，其姿态千奇百怪，能够较全面地反映寒武纪生命大爆发事件，大大推动了寒武纪大爆发的研究进程（图1.1）。此化石群的发现将寒武纪大爆发的时间向前推了1 000多万年。1998年，科学家在贵州瓮安发现距今5.8亿年前的"瓮安动物化石群"，经研究发现，早在寒武纪生命大爆发4 000万年前，动物就已分化，出现了许多"长不大的动物"，从而初步破解了长期困惑世界古生界的寒武纪生命大爆发之谜。

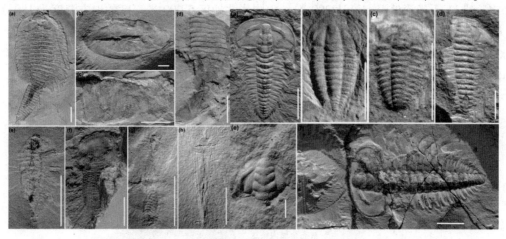

图1.1　云南澄江早寒武纪动物化石群

第二章 地壳的结构与组成

一、地壳的结构

如果我们可以进入地球内部进行一次探险旅行的话,就会发现这是一个奇妙的世界。

首先,地球内部是一个热源,理论上曾认为地壳内的温度和压力随深度增加,每深入 100 米温度升高 1 ℃。近年的钻探结果表明,在深达 3 千米以上时,每深入 100 米温度升高 2.5 ℃,到 11 千米深处温度已达 200 ℃。中国华北地区 5 000 米深度的地方温度为 180 ℃,而人们估算,地表下 100 千米处的温度为 1 300 ℃。到了地表下 1 000 千米处,温度为 2 000 ℃,地球中心的温度可能高达 5 500 ℃。这些热能的源泉目前说法不一,大多数认为是由岩石中放射性元素的衰变产生的。另外,地球的重力作用也可以产生很多的热能。

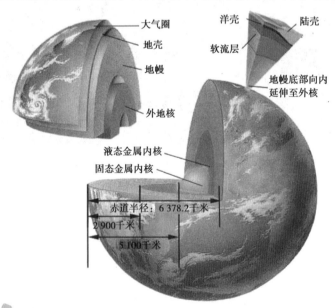

图 2.1 地球的内部结构示意图

其次,地球内部是具有圈层结构的。如图 2.1 所示,从地球的表面到地球核心,主要可以分为三个层次,即地壳、地幔和地核。地壳实际上是由多组断裂的,很多大小不等的块体组成的,它的外部呈现出高低起伏的形态,因而地壳的厚度并不均匀。全球地壳的平均厚度为 17 千米,这与地球平均半径 6 371 千米相比,仅是薄薄的一层。大陆部分的地壳平均厚度为 33 千米,高原和高大山系地区的地壳较厚,其地壳厚度可达 60 ~ 70 千米,全球地壳最厚的是青藏高原地区。海洋地壳较薄,一般平均厚度只有 6 千米。由此我们发现,地壳厚度变化的规律是:地球表面海拔越高,地壳越厚;海拔越低,地壳越薄。

地壳位于岩石圈的上部,是地球岩石圈的组成部分。地壳主要由硅和富含铝的硅酸盐类岩石组成,包含 90 多种组成元素,它们多以化合物的形态存在。氧、硅、铝、铁、钙、钠、钾、镁 8 种元素的质量占地壳总质量的 98.04%,其中氧几乎占 1/2,硅占 1/4,硅酸盐类矿物在地壳中分布最广。

地壳同上地幔顶部紧密结合形成岩石圈,平均厚度为 100~110 千米。岩石圈下面有一层容易发生塑性变形的较软的地层,同硬壳状表层不相同,这就是软流层。软流层是一个不连续圈层,其中的物质由于高温、高压而处于熔融状态,一般被认为是岩浆的发源地。岩石圈可以在软流圈之上运动,因此,地理学家认为地球表面的岩石圈板块是漂浮在软流层之上的,地球内部热能的释放、传导会引起岩石圈物质的运动,从而影响地壳,使地壳产生变形、变位的运动,从而产生板块运动(图 2.2)。因此,这种由内营力引起地壳结构改变、地壳内部物质变位的构造运动称为地壳运动,实际上是地球表层相对于地球本体的运动。地壳运动控制着地球表面的海陆分布,影响各种地质作用的发生和发展,形成各种构造形态,改变岩层的原始状态,所以有人也把地壳运动称为构造运动。

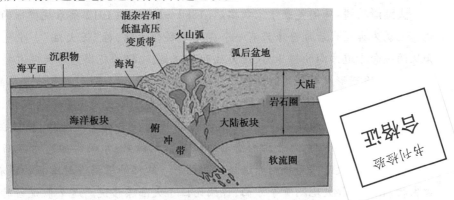

图 2.2　板块碰撞运动示意图

地球表面上存在着各种地壳运动的遗迹,如断层、褶皱、高山、盆地、火山、岛弧、洋脊、海沟等;同时,地壳还在不断地运动中,如大陆漂移、地面上升和沉降以及地震都是这种运动的反应。地壳运动与地球内部物质的运动紧密相连,它们可以导致地球重力场和地磁场的改变,因而研究地壳运动将可提供地球内部组成、结构、状态以及演化历史的种种信息。地壳为地球上的陆生植物与陆生动物提供了生存和活动的场所,研究地壳的构造及其运动直接关系人类的生存。

◎知识链接

地壳学说

收缩说:地球最初是熔融体,逐渐冷却。冷却是从外表开始的。地壳最先冷却形成,而后地球内部逐渐冷却收缩后,体积变小,这时地壳就显得过大而发生褶皱。(如同干苹果一样,外皮皱。)**存在问题:**按这种理论,地壳上的褶皱分布应是随机的,但事实上褶皱的分布有一定的规律。尤其是放射性元素的发现,说明地球并非由热变冷却,由此否定了收缩论的观点。

膨胀说：地球曾有很高温的时期，同时在地壳下部有一个膨胀层。膨胀层受热膨胀，使地壳裂开，解释了一些深大断裂、洋脊、裂谷的成因。存在问题：无法解释大规模挤压褶皱、逆掩断层的形成。而且膨胀性应具有宇宙性，其他星球尚无发现。

脉动说：地球内部冷热交替，导致地壳周期性振荡运动(脉动)，受热隆起，冷却地区坳陷。存在问题：忽视了水平运动，同时没有冷、热交替的证据。

地球自转速度变化说：李四光提出，地球自转速度的变化是导致地壳运动的重要原因。核心思想是地质构造可分为走向东西向的纬向构造带和走向南北向的经向构造带。当地球自转加快时，由于离心力作用，地壳物质向赤道集中，受到南北向的挤压，形成纬向(东西向)构造带。相反，地球自转减慢时，地壳物质从赤道向两极扩散，形成经向(南北向)构造带。

地幔对流说：板块构造理论所倡导的，最早由英国的霍尔姆斯提出。核心思想：地幔物质热对流，带动驮在其上的岩石圈水平运动。存在问题：地幔物质能否热对流？对流的范围和规模有多大？简而言之，这些观点只分析到了部分情况并没能分析到全部。以上这些观点长期共存正说明了一个问题，那就是人类没有找到真正的造山运动和海底扩张的原因。如果找到了，就不可能有多个相互矛盾的理论共存。

大陆漂移说：德国气象学家魏格纳(1880—1930)在1912年系统提出的一种大地构造假说。他认为古生代后期全球只有一个庞大的联合古陆，称"泛大陆"。中生代由于潮汐摩擦和从两极向赤道方向的挤压力，泛大陆开始分裂，较轻的花岗岩质大陆在较重的玄武岩质地幔上漂移，逐渐形成今日的海陆格局。他认为地球上的山脉也是大陆漂移的产物，科迪勒拉山和安第斯山是美洲大陆向西漂移滑动时，受到太平洋玄武质基底的阻挡，被挤压而形成的褶皱山脉；亚洲东缘的岛弧群，是大陆向西漂移过程中留下的残块；格陵兰的南端、佛罗里达、火地岛等弧形弯曲，都是向西滑动摩擦脱落的结果；东西向的阿尔卑斯山和喜马拉雅山等各大山脉，是大陆从两极向赤道挤压的结果。魏格纳根据当时掌握的资料，从地质、地形、古生物、古气候和大地测量等方面，详细论证了大陆漂移说。这个假说当时引起了地质学界和地球物理学界的重视，但是对大陆漂移的机制和规律，则有很多学者表示怀疑。20世纪50年代以来，古地磁学的研究表明，地质历史时期磁极的移动，只有用大陆漂移说才能得到合理的解释，因此大陆漂移说又获得了新生。

板块构造学说：1912年魏格纳提出了"大陆漂移假说"，1961年和1962年，美国的迪茨和赫茨提出了"海底扩张说"。在此基础上，1968年法国地质学家勒皮顺等人首创"板块构造学说"，现已成为最流行的地球科学新理论。板块构造学说将全球的岩石圈划分为六大板块：亚欧板块、非洲板块、美洲板块、太平洋板块、印度洋板块和南极洲板块，除六大板块外还有些小板块。大陆内部也可以划出一些次一级的板块。板块之间，分别以海峡、海沟或造山带为界。一般来说，板块内部地壳比较稳定；板块与板块交界处是地壳比较活动的地带，其活动性主要表现为地震、火山、张裂、错动、岩浆上升、地壳俯冲等。世界上的火山、地震活动，几乎都分布在板块的分界线附近。板块学说认为地壳是有生有灭的。由于海底扩张，大洋底部不断更新，大陆则只是随着海底的扩张而移动。板块在相对移动的过程中，或向两边张裂，或彼此碰撞，从而形成了地球表面的基本面貌。如3亿年前，欧、非两洲和南、北美洲相连,以后出现大西洋海岭,新的洋壳不断形成并以它为中轴向两边扩张,才使上述各洲分开。近 7 000 万年以来,由于印度板块不断北移,与亚欧板块相撞,产生了喜马拉雅山脉;东非大裂谷则正处于非洲大陆开始张裂,产生新洋壳的雏形期;红海亚丁湾则是两侧地壳张裂扩张的结果,处于大洋壳的幼年期;现在的地中海,则代表大洋发展的终了期,它是广阔的古地中海经过长期演化后残留下来的海洋。关于板块的驱动力问题,有人认为是地幔对流;也有人认为是地幔中的"热点"和"热柱"把岩石圈拱起来,而使其在重力作用下向下滑动推挤板块运动;还有其他的一些主张,目前尚无统一的认识。大陆漂移—海底扩张—板块构造,这是人类对地壳运动认识过程不断深化发展的三部曲。

二、岩石的形成与分类

组成地壳物质的基础是岩石。地壳上层为花岗岩层(岩浆岩),主要由硅—铝氧化物构成;下层为玄武岩层(岩浆岩),主要由硅—镁氧化物构成。目前所知地壳岩石的年龄绝大多数小于 20 多亿年,即使是最古老的石头——丹麦格陵兰的岩石也只有 39 亿年;而天文学家考证地球大约有 46 亿年的历史,这说明地球壳层的岩石并非地球的原始壳层,是以后由地球内部的物质通过火山活动和造山活动构成的。

岩石反映了地球每个时期的不同容颜,记录了过去发生的地质事件。为了探讨地球的发展历史和规律,岩石是最重要的客观依据。岩石是地质作用的产物,又是地质作用的对象,所以岩石是研究各种地质构造和地貌的物质基础。岩石中含有各种矿产资源,有些岩石本身就是重要矿产,一定的矿产都与一定的岩石相联系。

矿物是岩石的物质基础。矿物是其原子和分子呈有规律排列的无机(非生物)固体。每种矿物都是不同化学元素的独特组合。当原子和分子键在一起形成矿物的时候,它们通常形成某种类型的晶体。每种矿物都有其特殊的晶体结构。多年来,科学家们已经发现了约 2 500 种不同的矿物(但大部分种类很罕见)。实际上,我们发现的大多数岩石通常由不到 100 种常见矿物构成。

岩石是在各种地质作用下,按一定方式结合而成的矿物集合体,它是构成地壳及地幔的主要物质。岩石可以由一种矿物所组成,如石灰岩仅由方解石一种矿物所组成,也可由多种矿物所组成,如花岗岩则由石英、长石、云母等多种矿物集合而成。组成岩石的物质大部分都是无机物质。根据自然界岩石中矿物的构成差异及形成作用的不同方式,地质学家把岩石分为岩浆岩、变质岩和沉积岩三种主要类型。

岩石圈作为地球生命物质的依托地,也是地质地貌景观的骨架。在复杂的内营力和外营力地质作用的综合影响下,地球上的岩石各展风姿——醇黑的玄武岩、青白的石灰岩、斑驳的花岗岩、千层万叠的页岩……形成千姿百态的地质地貌景观,这是自然景观的主体,也是地球表层最为壮观的地理景观。

◎知识链接

探寻地球上最老的岩石

岩石见证了亿万年前的地球历史。万物荣枯必有其始,亿万年前的地球历史无人见证,地球形成之初,形成了山石,经过风化,变成了岩石。岩石成了地球演化过程中留下来的最主要的记录,因为岩石的变化往往可以揭示地球演化过程中的大事件。比如,早期海洋中氧含量非常低,海水中存在着游离的亚铁离子,这些亚铁离子因环境变化沉积下来,形成广泛分布的条带状磁铁石英岩;喜马拉雅造山带形成时,地壳的高度挤压形成了高级变质岩。通过岩石了解地球上曾经发生过什么事件的同时,我们自然也弄清楚了这些事件是什么时候发生的。科学家说,对地球岩石的研究有助于推算地球年龄以及研究地球早期的演变过程。地壳由岩石组成,测出岩石年龄就可获得地壳年龄,但地壳年龄并不等于地球的实际年龄,因为在地壳形成前,地球还要经过一段表面处于熔融状态的时期。

2008年9月,加拿大科学家宣布在加拿大魁北克省北部哈得孙湾东岸发现了地球上最古老的岩石,这些岩石位于一条古岩床带上,据推测,这块岩石距今约42.8亿年。通过对岩石标本中稀土元素钕和钐的各种同位素细微变化的测量和分析,地质学家们最后推断这些岩石应该形成于38亿年到42.8亿年之前。地质学家们认为,这种最古老的岩石应该是由远古火山堆积所形成。此前人类已知的最古老岩石年龄为40.3亿年,是源自加拿大西北部地区的"安卡斯塔片麻岩"。虽然"努瓦吉图克"绿岩带的岩石此前被认为是人类所发现的最古老岩石,但人类还发现了更为古老的矿物质——锆石。这种最古老的锆石发现于澳大利亚西部地区,其年龄大约为43.74亿年。

(一)岩浆岩

岩浆岩是所有岩石中最原始的岩石,又称火成岩。地球内部的温度和压力都很高,所有组成物质(指矿物质)都呈现熔融状态的流体,名为岩浆。术语"火成"来自希腊语,意思是"自火而来",指那些起始于被称为岩浆的高温熔融液体的岩石。岩浆岩分为喷出岩和侵入岩,分别具有反映岩浆冷凝环境和形成过程所留下的特征和痕迹,与沉积岩和变质岩有明显的区别。

岩浆内部的压力很大,不断向压力低的地方移动,以至于冲破地壳深部的岩层,沿着裂缝上升,来自地下深处的岩浆喷出地表缓缓流淌,会层层堆积成火山山岭。在地表的条件下,由于温度、压力骤然降低,岩浆中的矿物来不及形成大的结晶或者结晶差,溶解在岩浆中的挥发成分以气体形式大量逸出,形成气孔状构造,冷凝成为典型的火山喷出岩,如黑曜岩、流纹岩、安山岩、玄武岩等。当气孔充分发育时,岩石会变得很轻,甚至可以漂在水面,形成浮岩等。

在许多情况下,岩浆不具有在地表四处流淌的足够能量。当岩浆内部压力小于上部岩层压力时迫使岩浆停留,冷凝成侵入岩,根据岩浆侵入到地表以下的深度又可分为浅成岩和深成岩。

浅成岩是岩浆沿地壳裂缝上升至距地表较浅处冷凝形成岩。岩浆在地表浅处,压力小,温度下降较快,矿物结晶较细小,如花岗斑岩、正长斑岩、辉绿岩等。

　　"深成岩"名称来自希腊神话中主宰阴间的神,指的是岩浆侵入地壳深处(约距地表3千米)冷凝成岩。由于岩浆在地壳深处压力大,温度下降缓慢,矿物结晶良好,是一个容许大矿物晶体形成的缓慢过程。以这种方式形成的这些岩石,只有当覆盖在其上方的岩石层在侵蚀作用下消失时,才可能在地表看到它们,如花岗岩、正长岩、辉长岩、闪长岩和伟晶岩等。

　　深成岩、浅成岩、喷出岩的产状、结构、构造和成分的区别见表2.1。

表2.1　深成岩、浅成岩、喷出岩的产状、结构和构造的区别

项　目	深成岩	浅成岩	喷出岩
产状	呈大的侵入体(岩基、岩株等)产出,尤其花岗岩常呈岩基产出。接触带附近的围岩有明显的变质圈	多呈岩床、岩株、岩脉、岩墙产出,围岩可有狭窄的接触变质圈	可呈层状,围岩一般无变质圈
结构	常具等粒(中粒、粗粒居多)全晶质结构。岩体中心可出现似斑状结构	多呈细粒或斑状结构。斑状岩石的基质多为微粒至隐晶质,玻璃质少见	具斑状结构、隐晶质结构和玻璃质结构
构造	常具块状构造	块状构造,有时可有少量气孔,一般无杏仁状构造	常为气孔状、杏仁状、流纹状构造
成分	基本相同		一般斑晶中的暗色矿物含量比相应的浅成岩少

◎知识拓展

岩浆岩的野外鉴别方法

　　根据岩石的外观特征对岩浆岩进行鉴定时,首先要注意岩石的颜色,其次是岩石的结构和构造,最后分析岩石的主要矿物成分。

　　先看岩石整体颜色的深浅。岩浆岩颜色的深浅,是岩石所含深色矿物多少的反映。一般来说,从酸性到基性(超基性岩分布很少),深色矿物的含量是逐渐增加的,因而岩石的颜色也随之由浅变深。如果岩石是浅色的,就可能是花岗岩或正长岩等酸性或偏于酸性的岩石。但不论是酸性岩或基性岩,因产出部位不同,还有深成岩、浅成岩和喷出岩之分,究竟属于哪一种岩石,需要进一步对岩石的结构和构造特征进行分析。

　　分析岩石的结构和构造。岩浆岩的结构和构造特征,是岩石生成环境的反映。如果岩石是全晶质粗粒、中粒或似斑状结构,说明很可能是深成岩;如果是细粒、微粒或斑状结构,则可能是浅成岩或喷出岩;如果斑晶细小或为玻璃质结构,则为喷出岩;如果具有气孔、杏仁或流纹状构造,则为喷出岩无疑。

　　分析岩石的主要矿物成分,确定岩石的名称。举例:假定需要鉴别的,是一块含有大量石英,颜色浅红,具全晶质中粒结构和块状构造的岩石。浅红色属浅色,浅色岩石一般是酸性或偏于酸性的,这就排除了基性或偏于基性的不少深色岩石。但酸性的或偏于酸性的岩

石中,又有深成的花岗岩和正长岩、浅成的花岗斑岩和正长岩以及喷出的流纹岩和粗面岩。但它是全晶质中粒结构和块状构造,因此可以肯定,是深成岩,这就进一步排除了浅成岩和喷出岩。但究竟是花岗岩还是正长岩,这就需要对岩石的主要矿物成分做仔细分析之后,才能得出结论。在花岗岩和正长岩的矿物组成中,都含有正长石,同时也都含有黑云母和角闪石等深色矿物。但花岗岩属于酸性岩,酸性岩除含有正长石、黑云母和角闪石外,一般都含有大量的石英;而正长岩属于中性岩,除含有大量的正长石和少许的黑云母与角闪石外,一般不含石英或仅含有少许的石英。矿物成分的这一重要区别,说明被鉴别的这块岩石是花岗岩。

(二)沉积岩

约75%裸露在地表的岩石是沉积岩。沉积岩是由沉积物堆积而成的,又称为水成岩,由原来已形成的岩石,受到风化作用后变为碎屑,经过侵蚀、沉积及石化等作用而造成的;或由成层堆积于陆地或海洋中的生物遗迹、碎屑、胶体和有机物等疏松沉积物团结而成(图2.3)。沉积岩富含次生矿物、有机质,所含有的矿产占全部世界矿产蕴藏量的80%,具有两大显著的特征:

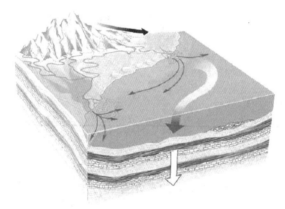

图2.3　沉积岩形成示意图

一是具有层理构造。所谓层理构造是指在沉积岩漫长的形成过程中,沉积物之间的层次以及层与层之间的界面。沉积岩层面呈波状起伏,或残留波痕、雨痕、干裂、槽模、沟模等印模,或层内出现锯齿状缝合线或结核,这些均属沉积岩的原生构造特征。层理构造是判断沉积岩的重要依据,一般来说位于下方的岩层比上方的岩层年龄古老。

二是沉积岩中常含有化石。由于沉积岩是由外力作用携带的泥沙等物质沉积而形成的,那么在这些物质中很有可能夹带着大量的生物遗体或者是遗迹,最终进入沉积岩层,形成化石。比如,科考队员在世界最高峰珠穆朗玛峰上发现了古代海洋生物的化石,表明组成山体的岩石是沉积岩,而且表明当时这些沉积岩的形成环境是海底,最终由于板块挤压隆起,海底沉积岩层被抬升起来,形成喜马拉雅山脉。当时的海洋中有大量带有碳酸钙物质的海洋生物,如珊瑚、贝壳等,这些海洋生物死亡后大量堆积,最终形成了富含碳酸钙的石灰岩。

通常情况下沉积岩由岩石碎屑、矿物碎屑、火山碎屑及生物碎屑等构成,按照沉积物来源,分为三种基本类型:①碎屑沉积岩(由风化碎屑形成),如角砾岩、砾岩、砂岩和页岩;②化学沉积岩(由溶解的物质从溶液中沉淀形成),如岩盐和某些石灰石;③有机沉积岩(由植物或动物残骸积聚形成),如煤和某些石灰石。

按照沉积物粗细大小,可分为砾、砂、粉砂和泥等不同粒级,各粒级沉积物分别形成具有砾状结构、砂状结构、粉状结构或泥状结构的沉积岩。①砾岩:由直径大于3毫米的砾、磨圆的卵石及其他物质胶结而形成;②砂岩:由0.05~2毫米直径的砂粒胶结而成;③页岩:由颗粒细小的黏土矿物组成。

最具有观赏价值的沉积岩是石灰岩和红色砂岩。中国四大名石灵璧石、太湖石、英德石、昆山石的前三种主要就是由石灰岩形成的。石灰岩被波浪冲击和溶蚀而形成的太湖石具有瘦、皱、透、漏、丑的特点,在园林中被广泛使用。红色砂岩则形成丹霞景观、嶂石景观。沉积岩多有不同的颜色显现,不同时代的沉积物成分结构不同,表现在外的色彩各异,同一岩性经过不同程度氧化还原也会呈现不同的色彩。例如,沉积岩中常含有铁元素。铁是变价元素,还原环境下成二价铁,表现为绿色;氧化环境下的铁则是三价铁,为红色。沉积岩其层理、缝合线、燧石皆可成为美丽奇妙的景观。如云南陆良的彩色砂林景观,表现为紫、红、黄、蓝、绿、黑等多种色彩。

◎知识拓展

沉积岩的野外鉴别方法

鉴别沉积岩时,可以先从观察岩石的结构开始,结合岩石的其他特征,先将所属的大类分开,然后再做进一步分析,确定岩石的名称。从沉积岩的结构特征来看,如果岩石由碎屑和胶结物两部分组成,或者碎屑颗粒很细而不易与胶结物分辨,但触摸有明显含砂感的,一般属于碎屑岩类的岩石;如果岩石颗粒十分细密,用放大镜也看不清楚,但断裂面暗淡呈土状,硬度低,触摸有滑腻感的,一般多是黏土类的岩石,具结晶结构的可能是化学岩类。

碎屑岩:鉴别碎屑岩时,可先观察碎屑粒径的大小,其次分析胶结物的性质和碎屑物质的主要矿物成分。根据碎屑的粒径,先区分是砾岩、砂岩还是粉砂岩。再根据胶结物的性质和碎屑物质的主要矿物成分,判断所属的亚类,并确定岩石的名称。

举例:假定有一块由碎屑和胶结物质两部分组成的岩石,碎屑粒径介于0.25~0.5毫米,点盐酸起泡强烈,说明这块岩石是钙质胶结的中粒砂岩。进一步分析碎屑的主要矿物成分,发现这块岩石除含有大量的石英外,还含有30%左右的长石。最后可以确定,这块岩石是钙质中粒长石砂岩。

黏土岩:主要有页岩和泥岩两种;它们在外观上都有黏土岩的共同特征,但页岩层理清晰,一般沿层理能分成薄片,风化后呈碎片状,可以与层理不清晰、风化后呈碎块状的泥岩相区别。

化学岩:主要有石灰岩、白云岩和泥灰岩等。它们的外观特征都很类似,所不同的,主要是方解石、白云石及黏土矿物的含量有差别。所以在鉴别化学岩时,要特别注意对盐酸试剂的反应。石灰岩遇盐酸强烈起泡,泥灰岩遇盐酸也起泡,但由于泥灰岩的黏土矿物含量高,所以泡沫混浊,干后往往留有泥点;白云岩遇盐酸不起泡,或者反应微弱,但当粉碎成粉末之后,则发生显著泡沸现象,并常伴有嘶嘶的响声。

（三）变质岩

变质岩是变化大师。地壳中的原岩（包括岩浆岩、沉积岩和已经生成的变质岩），由于地壳运动、岩浆活动等所造成的物理和化学条件的变化，即在高温、高压和化学性活泼的物质（水汽、各种挥发性气体和热水溶液）渗入的作用下，在固体状态下改变了原来岩石的结构、组织甚至矿物成分，因而成为另外一种与原岩不同的岩石，称为变质岩。

与火成岩不同，变质岩从未真正熔化过，其所有的变化都发生在固体状态。在某些情况下，转变压力来自不断被覆盖的原岩，更多时候，转变压力来自地壳运动所产生的强大力量。在这些条件下，固体岩石实际上可以像牙膏那样流动，这导致常常伴随着以一组新矿物取代旧矿物的岩石扭曲和弯曲过程。变质岩有两种基本类型：①面理化变质岩（具有因受热和定向压力产生的层状或带状外观），如片麻岩、千枚岩、片岩、板岩；②非面理化变质岩（不具有层状或带状外观），如大理石和石英岩。

大多数变质岩一度成为远古山脉的基石。由于侵蚀作用，山脉早已消失，岩石显露出来。典型的变质岩包括：由砂岩变质而成的石英岩；由页岩和黏土经过变质而形成板状构造的板岩；由片状、柱状岩石组成，具有片理（片状）构造的片岩；由沉积岩和岩浆岩变质而成，呈片麻构造（未形成片状）的片麻岩；用于建筑、纪念碑、雕塑的大理石变质石灰岩，由方解石或白云石重新经过结晶而成。

许多变质岩特有构造可以构成景观，如眼球状、香肠状、片麻状构造景观及其岩脉景观等，其中大理岩是最富有观赏性的变质岩。由变质岩构成的名山中最著名的是山东泰山和江西庐山。

◎**知识拓展**

变质岩的野外鉴别方法

鉴别变质岩时，可以先从观察岩石的构造开始。根据构造，首先将变质岩区分为片理构造和块状构造两类；然后可进一步根据片理特征和主要矿物成分，分析所属的亚类，确定岩石的名称。

举例：假定有一块具片理构造的岩石，其片理特征既不同于板岩的板状构造，也不同于云母片岩的片状构造，而是一种粒状的浅色矿物与片状的深色矿物，相间成条带状分布的片麻构造，因此可以判断，这块岩石属于片麻岩。是什么片麻岩呢？经分析，浅色的粒状矿物主要是石英和正长石，片状的深色矿物是黑云母，此外还含有少许的角闪石和石榴子石，可以肯定，这块岩石是花岗片麻岩。

块状构造的变质岩，其中常见的主要是大理岩和石英岩。两者都是具变晶结构的单矿岩，岩石的颜色一般都比较浅。但大理岩主要由方解石组成，硬度低，遇盐酸起泡；而石英岩几乎全部由石英颗粒组成，硬度很高。

（四）三大岩类的主要区别

三大岩类的主要区别见表2.2。

表2.2　三大岩类的主要区别

项　目	岩浆岩	沉积岩	变质岩
主要矿物	全部为从岩浆中析出的原生矿物,成分复杂,但较稳定。浅色的矿物有石英、长石、白云母等;深色矿物有黑云母、角闪石、辉石、橄榄石等	次生矿物占主要地位,成分单一,一般多不固定。常见的有石英、长石、白云母、方解石、白云石、高岭石等	除具有变质前原来岩石的矿物,如石英、长石、云母、角闪石、方解石、白云石、高岭石等外,尚有经变质作用产生的矿物,如石榴子石、滑石、绿泥石、蛇纹石等
结构	以结晶粒状、斑状结构为特征	以碎屑、泥质及生物碎屑结构为特征。部分为成分单一的结晶结构,但肉眼不易分辨	以变晶结构等为特征
构造	具块状、流纹状、气孔状、杏仁状构造	具层理构造,有些含生物化石	多具片理构造
成因	直接由高温熔融的岩浆形成	主要由先成岩石的风化产物经压密、胶结、重结晶等成岩作用而形成	由先成的岩浆岩、沉积岩和变质岩,经变质作用而形成

（五）岩石的循环

火成岩、沉积岩和变质岩三者间彼此都有一定的关系,当时间和地质条件发生改变以后,任何一类岩石都可以变为另外一类岩石。自然界中各类岩石互相转变的现象,称为岩石循环。

当原始物质经过热的作用或压力的减低,可产生部分熔融而形成岩浆。岩浆沿着地壳的裂隙上升至地壳的浅处,或经由火山喷发至地表,冷却结晶形成火成岩。岩浆在结晶过程中可产生分化作用而形成不同种类的火成岩,存在于岩浆中的少量气体在火成岩形成时逃逸至大气圈,而岩浆中的水分则可进入水圈,例如海底火山喷发时,岩浆中的水分可直接进入海水中。由于大气圈、水圈与生物圈之间有密切的关系,例如植物通过光合作用,吸收大气中的二氧化碳及水分而放出氧,而动物则利用水分及氧气以维持其新陈代谢的进行,当某些生物死亡后,其遗骸可形成生物沉积。另外,已存在的火成岩,再经过暴露、风化、搬运作用后,亦可形成沉积物,形成沉积岩。沉积岩经过长时间在地壳深部受高温和高压的作用,而发生了变质作用,形成变质岩。也有一部分的变质岩是由火成岩受了高温高压的作用而形成的。在地壳深部的变质岩经过高温的作用后,可产生深熔作用而再被熔为岩浆。有一部分的火成岩经过高温的作用后,亦可再熔融为岩浆,岩浆经结晶作用后又造成了新的火成岩……如此循环不已,形成地质大循环(图2.4)。

但是,我们必须了解岩石的循环并不是顺着一定的次序进行的。有时受到地壳变动的影响,整个岩石圈便会骤然中断,而由另一个阶段重新开始循环;有时循环亦会绕着另一个较小的圈子进行,甚至有时向逆方向进行。总之,岩石的循环并非一成不变的,而是一个复杂的过程。如此复杂的过程不断地反复进行,导致地壳体积的逐渐增加;同时组成地球的岩石与矿物,也不断地被破坏而再形成新的物质。

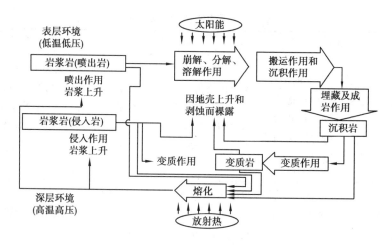

图2.4　岩石的循环示意图

（六）岩石对地貌景观形成的影响

不同的岩石存在不同的形状、颜色、节理、矿物成分、粒度、结构及抗蚀强度、溶蚀速率等物理、化学性能，在内外力作用相同的条件下，它们能朝着不同景观形态发展，从而构成了多种多样的地理景观。

岩石对地貌发育的影响，主要是岩石的抗蚀性，也就是抵抗风化作用和其他外力侵蚀作用的强度。各种岩石因其矿物成分、硬度、胶结程度、水理性质、结构和产状不同，抗风化和抗外力剥蚀的能力常表现出很大差别，形成的地貌景观类型或地貌轮廓往往很不相同。通常胶结良好的坚硬岩石，抗蚀性强，常构成山岭和崖壁。如由石英岩、石英砂岩组成的山岭，风化、崩塌作用和流水侵蚀主要沿着节理进行，常形成山峰尖突、多悬崖陡壁的山丘地貌。抗蚀性差的岩石，如页岩、泥灰岩等，硬度不大，常形成和缓起伏的低丘、岗地。

岩浆岩中常构成地貌景观的有花岗岩和玄武岩。花岗岩地貌景观有黄山、华山、泰山、九华山、天柱山、衡山、崂山、千山、普陀山等；玄武岩地貌景观有吉林长白山天池和江苏六合英雄岭。沉积岩中常构成地貌景观的有页岩、砂岩、黄土和石灰岩。四川广泛分布着中生代紫色砂页岩，使四川享有"天府之国"的美誉；红色砂岩构成了丹霞地貌，主要有广东丹霞山、江西龙虎山、福建武夷山、浙江方岩等；黄土构成了中国北方的黄土高原景观；湿热气候下的碳酸盐易遭溶蚀，因此石灰岩构成的地貌景观主要是喀斯特景观，代表景观有桂林山水、路南石林、北京石花洞、北岳恒山等。变质岩中常构成地貌景观的有石英岩和大理岩。大理岩构成了云南大理的美丽风光，江西庐山是以古老变质岩为基础的名山。

岩石的节理、片理和层理也直接影响地貌的发育。从形成景观的具体形状特征来说，坚硬和胶结良好的岩石如石英岩、石英砂岩、砾岩常形成山岭和峭壁；松软岩石如泥灰岩和页岩常形成低丘缓岗；柱状节理发育的玄武岩易形成陡崖与石柱；垂直节理发育的花岗岩体，因受机械风化和流水沿垂直节理的冲刷侵蚀，形成悬崖峭壁、群峰林立的地貌，如黄山、九华山；片岩分布区多发育鳞片状地貌，如秦岭山地。软硬相间分布的岩石在水平方向上常导致河谷盆地与峡谷相间分布，在垂直方向上则形成陡缓交替的阶状山坡。

岩石的可溶性对地貌发育的影响更为明显。如石灰岩等可溶性岩石分布区，在湿热气候条件下形成典型的喀斯特地貌（岩溶地貌）。

疏松堆积物对地貌发育的影响,应注意分析它的机械成分和化学性质,以及层理结构等特点。如陕北黄土以粉沙为主,并含有一定数量的黏粒和钙质(滴稀盐酸就有气泡),垂直节理发育,干燥时陡壁可直立不坠,但在雨季易受坡面流水和沟谷流水的侵蚀切割发生湿陷。黄土还受地下水的潜蚀作用,形成一些潜蚀地貌。

三、地层划分

地质学家发现,铺盖在原始地壳上的层层叠叠的岩层,是一部地球几十亿年演变发展留下的"石头天书",地质学上叫作地层。翻开这本硕大无比的天书,地质学家发现地层包括各个不同地质年代所形成的沉积岩、变质岩和岩浆岩。地层形成的历史有先有后,一般来说,先形成的地层在下,后形成的地层在上,越靠近地层上部的岩层形成的年代越短。在地层的形成过程中,生物也不停地从低级阶段向高级阶段进化发展。当某一时期的生物死亡后,就被掩埋在土壤之中,经过地质历史的变迁,它们以化石的形式保留在原来的地层中。于是,不同时期的地层便有不同的化石相对应,这样,地质学家就可根据化石的种类、形态来判断地层的新老关系,区分出各种不同地质年代的地层结构。

因此,地层是地壳发展过程中形成的各种成层岩石的总称,是一层或一组具有某种统一的特征和属性,并和上下层有着明显区别的岩层。地层具有一定的时间性,根据形成先后有新老之分。地层还占有一定的空间,是有机界(生物界)和无机界综合而成的层状地质体(图2.5)。由于构造变动使地层发生错、断、揉、皱和位移,因此,为了全球地层的统一划分和对比,必须为年代地层单位及其界线确定具体的划分标准,即标准地层剖面和全球界线层型。标准地层剖面是具有代表性的地层结构,是一个地质年代起始阶段地层发育最完整、生物化石含量最丰富、研究程度最高的地质剖面,它既是识别不同时期、不同等级地质年代的重要标志,也是开发地球资源的地质样板和对比标准。全球界线层型是指地层界线的国际标准,它好比划分地球历史的里程碑,被喻为"金钉子",代表了一个地质年代的最佳地质记录,全球各地都以此为标准。

图2.5　地层剖面图

地层与岩层的区别在于它具有时代的含义。地层从最古老的地质年代开始,层层叠叠地到达地表。不论是在陆地还是水中,地层中堆积物的性质和组织结构都不尽相同,它代表着不同地质年代的自然地理状态,因此,地层是记录地球发展状况的历史书。某一地质时代所形成的一套层状岩石就称为那一时代的地层,例如寒武纪形成的地层叫作寒武系地层。

每一个地质年代单位都有相对应的年代地层单位见表2.3。

表2.3　年代地层单位表

地质年代单位	宙(Eon)	代(Em)	纪(Period)	世(Epoch)	期(Age)
年代地层单位	宇(Eonothem)	界(Erothem)	系(System)	统(Series)	阶(Stage)

地层的年代共有五级。宇是国际上通用的最大地层单位,相当于一个宙时代单位内形成的地层,如显生宇、隐生宇。界包括在一个代的时间内形成的地层,例如古生界、中生界、新生界等。每个界又分为多个系,代表一个纪时间内所形成的地层,例如寒武系、侏罗系等。统代表一个世的时间内所形成的地层,统的名称是在系的名称上增加下、中、上等字样而构成的,三分的系分为下统、中统和上统。阶是一个期的时间内形成的地层,阶的专名适用于整个生物地理区,不同的生物地理区可以有不同的阶名,阶名常由其标准地层发育的地点命名,是最基本的年代地层单位。

地层景观是指由地层产出的空间形式和内容形成的景观。地层形成于漫长的各个地质时段,不同时期的地层记录了各地区地球演化过程中的所有地质事件,如古气候、古环境、古地貌、古生物、古地震、古构造运动及成矿作用,形成了号称"万卷书"的地质剖面景观。从一个完整的地层剖面上,可以观察到岩性特征、地质构造、地层相对年龄、古生物化石等特征,它具有重要的科研和科普价值,也是地质旅游资源的组成部分。

◎知识链接

"天书"景观是怎样形成的,如何欣赏?

地表遭受侵蚀后产生的物质(称为沉积物),在风、流水、冰川等的作用下,被搬运到地势低洼的地方堆积,日积月累,质量不断增加,松散的沉积物逐渐被压实、固结成为岩石。在不同地质时代,沉积物的物质成分和沉积条件不同,因此形成了差异明显的成层岩石,即地层。通过地层特征可以恢复当时的景观,也就是能够恢复岩石形成地区一定时期中占优势的局部地理环境,因此,由不同时代地层构成的地层剖面就成了记录地球沧桑变化的"天书",而

图2.6　嵩山地质(含构造)剖面图

地层就是这本书的书页。作为景观的地层剖面一般地层厚度较大,各层顶底界限清楚,出露连续完整;地层保存完好,没有因地壳运动而错位或遭到破坏;并且具有典型的沉积特征,如古生物化石、层理构造等。河南嵩山地层发育齐全、层序清楚(图2.6),在不大的范围内连续完整地出露35亿年以来太古代、元古代、古生代、中生代、新生代五个地质历史时期地层,被形象地称为"五世同堂"。又如天津蓟州区地层剖面总厚度达9 197米,代表的地质历史最长,顶底界限长达10亿年,其连续之长,在世界上是绝无仅有的。剖面中沉积形象最丰富,波痕、斜层理、风暴沉积、地震沉积、雨痕、干裂、水下冲痕、滑塌痕等数十种遗迹为世界各国同时期剖面所罕见。这两处可谓是地层剖面景观中的典型代表。

★"天书"景观中到底藏了哪些秘密？

整个地质时期的地球环境始终处于不断变化之中,例如气候不止一次发生过冷暖干湿交替变化,地壳从未停止过运动,生物界更是千变万化。不同的环境必然会对沉积作用和沉积物产生直接或间接的影响,因而在沉积地层中留下相应的"记录"。这本"天书"详细地记录了生物的变迁;区域构造运动的特点;古地理的变化,如海陆分布,海、陆地形和气候变迁;沉积和剥蚀作用的递变;岩浆活动和变质作用的出现等。例如含有冰碛物、膏盐、煤层和油页岩等标志明显的沉积地层,往往是地质史上的冰期、干燥期、潮湿期等。根据地层的岩性、岩相、成分、结构和分布特征,可以确定其形成的构造环境和所处的大地构造部位,并通过其系列演变、接触关系和变形期次等特征可以解释地区的构造发展历史。构成珠穆朗玛峰的岩石是石灰岩,便可证明珠穆朗玛峰原来是海底,因为石灰岩一般是海里形成的。现在的珠穆朗玛峰是经后来褶皱隆起而成的,加上喜马拉雅山中发现的鱼、海螺、海藻等海洋生物化石,更充分地说明这里曾经是一片汪洋大海。

★中国有几颗"金钉子"？

每一个地层的界限均有一个全球公认的标准地质剖面,"金钉子"便是这个剖面上的一个点位。"国际年代地层表"需要100枚左右"金钉子",而目前已经确立的有67枚。截至2018年,中国的11枚"金钉子"分别位于浙江常山(图2.7)、浙江长兴(2枚)、湖南花垣、广西来宾、湖北宜昌(2枚)、湖南古丈、广西柳州和浙江江山、贵州黔东南州剑河县,是目前国际上拥有金钉子数量最多的国家。中国地域辽阔,各地质年代的地层无所不包,并且地层出露齐全,分布广泛,有很多具有代表性或国际公认的典型地层剖面。中国科学家力争把更多的"金钉子"钉在中国。从目前的研究情况看,中国地层发育完整,类型多样,具有得天独厚的研究条件,中国的寒武系、石炭系和新元古界的某些剖面都有相当的竞争优势。吉林省白山市江源区大阳岔镇的寒武—奥陶系界线剖面,是国际地层委员会确立的全球寒武—奥陶系界线对比及地质年代、时限确立的标准剖面之一,是东亚—太平洋地区研究寒武—奥陶系界线的标准剖面。天津蓟州区中上元古界地层剖面,记录着地球演化距今18.5亿~8亿年前的地质历史,是中国中上元古界的标准剖面。长江三峡元古界晚期与早期古生界地层剖面、安徽淮南八公山晚前寒武系—寒武系地层、贵州中西部三叠系地层剖面、四川峨眉山三叠系地层剖面、南京地区晚古生界剖面、泥河湾第四系剖面等,都是具有国际水平的地层剖面。

图2.7　中国首枚"金钉子"——1997年批准的浙江常山县奥陶系达瑞威尔阶层型剖面图

第三章　地质作用与地质构造

一、地质作用

在漫长的地球历史中,组成地球的物质不断地在变化和重新组合,地球内部构造和地表形态也不断地在改造和演变。地球的这种不断的变化是和作用于地球的自然力密切相关的。地球上由自然力引起地壳的物质组成、内部结构和地表形态发生变化的各种作用,统称为地质作用。

(一)地质作用的能源来源

引起地质作用的自然力称为地质营力,所有地质营力来源于能,力是能的表现。产生地质作用的能量主要是内能和外能,内能是来源于地球本身的能源系统,主要有地内热能、重力能、地球旋转能、化学能和结晶能;外能则是指来源于地球以外的能源,主要有太阳辐射热、位能、潮汐能和生物能等。按照能的来源不同,地质作用分为内力地质作用和外力地质作用。内力地质作用是由地球内部的能(简称"内能")引起的,外力地质作用是由地球以外的能(简称"外能")引起的。

1.地内热能

地球本身具有巨大的热能,这是导致地球发生变化的重要能源。①放射性热能是地球内部的放射性元素蜕变而产生的,是地球热能的主要来源。②冲击、压缩产生的热能是地球在由星际物质聚积而成的过程中,微星体以高速冲击地球时巨大动能转变而来的。另外,原始地球在自身重力作用下压缩,体积逐渐收缩而产生压缩热。此外,地球内部物质发生化学变化,结晶时会释放热,构造运动的机械能也可以转为热能。据计算,地球内部每年产生的总热量大于每年经地表散失的总地热能量,这部分剩余的地热能量,是导致火山活动、岩浆活动、地震、变质作用、地壳运动的主要能源。

2.重力能

重力能指地心引力给予物体的位能。在地球表面所有物体都处于重力场的作用之下。同时,在地球形成和发展过程中,地内物质在地心引力作用下,按不同比重发生分异,即轻者上升、重者下沉,导致物质的总位能释放而转化为热能。这种热能称为重力分异产生的热能,成为地球热能来源之一。

3.地球旋转能

地球自转对地球表层物质产生离心力和离极力。离心力的大小随纬度而变化,两极为零,赤道最大,故离心力自两极向赤道是逐渐增加的;同时离心力又可分解为两个分力,一是

垂直地面的垂直分力,它和重力作用方向相反,并为重力所抵消;二是过地表相应点沿经向的水平分力(切向分力),这是使地壳表层物质产生由高纬度向低纬度沿水平方向移动的有效分力。离极力是促成可变形旋转椭球体的转动惯量矩具有使自己取极大值的趋势的力,其方向指向赤道,从而导致地球表层物质向赤道方向移动。

4. 太阳辐射能

太阳不断向地球输送热能,其中60%被大气、大陆和海洋吸收,成为大气圈、水圈和生物圈赖以活动、发育,并相互进行物质、能量交换的主要能源,由此产生了一系列外营力,如风、流水、冰川、波浪等。

5. 潮汐能

地球在日、月引力作用下,海水产生潮汐现象,潮汐具有强大的机械能,是导致海洋地质作用的重要营力之一。

6. 生物能

生物能是指由生命活动所产生的能量。无论是植物的生长、动物的活动以及人类大规模的改造自然活动,都会产生改变地球物质和面貌的作用,但归根结底,任何生物能都源于太阳辐射能。

上述各种能源是导致内外地质作用的主要能源。如图3.1所示,源于内能的内力地质作用主要在地下深处进行,但也常常波及地表,它使岩石圈发生变形、变质或重熔,从而形成新的岩石,或者使岩石圈分裂、融合、变位、漂移,使大地构造格局发生重大变化。源于外能的外力地质作用主要在地表或靠近地表进行,不过也可能延伸至地下相当深处,它使地表岩石组成不断发生变化,使地表形态不断遭受破坏和改造,但外力地质作用几乎均有重力能参与。

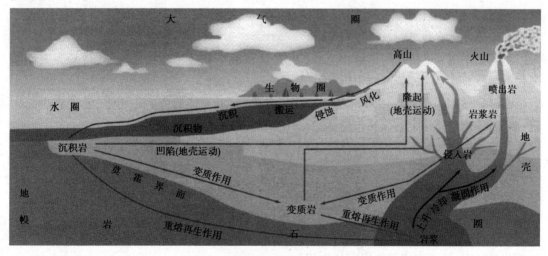

图3.1 地球圈层能量循环示意图

(二)地质作用过程

按地质作用营力的来源不同,分为外营力地质作用和内营力地质作用两种。前者来自地球外部(太阳能等),主要作用于地壳表层,包括风化、侵蚀、搬运、成岩作用等;后者来自地球内部(温度、压力等),作用于整个地壳内部,包括地壳运动、岩浆活动和岩石的变质作用等。

1. 内营力地质作用

①岩浆作用。岩浆作用是指岩浆侵入地壳及喷出地表的过程中所发生的一切地质作用,分为火山作用与深成作用两种。岩浆冲出覆盖的岩层,喷出地表或接近地表后,急速冷却,凝固成火成岩的现象,称为火山作用,所形成的火成岩,称为火山岩。火山的喷发,可分为爆炸式与宁静式两种。一般来说,岩浆中二氧化硅含量越高,黏度大,气体不易逸散,越易形成爆炸式火山;反之,岩浆则以宁静的熔岩流方式流出地表。常见的火山岩包括流纹岩、安山岩、玄武岩等。岩浆侵入地壳深处,冷却、凝固成火成岩的现象,则称为深成作用。经深成作用产生的火成岩,称为深成岩,包括花岗岩、正长岩、闪长岩、辉长岩、橄榄岩等。花岗岩为分布最广的深成岩,属酸性火成岩,据估计,在大陆地壳最外层的几十千米内,几乎全由花岗岩组成。

②变质作用。原来已经存在的岩石,由于受到地下深处温度、压力或化学环境的变化而形成另一种岩石的作用,称为变质作用。变质作用是指岩石在固态下所发生的变化,不包括岩石的深熔作用或风化作用在内。当温度达到岩石的熔点以上,岩石就熔融成为岩浆,其后的作用便属于岩浆作用而不是变质作用。变质作用都发生在地下较深处,通常在地面风化带及成岩作用带以下。变质作用包括化学再结晶作用和机械变质作用。化学结晶作用,指矿物的再结晶而形成新的变质矿物;机械变质作用,指矿物颗粒的破碎或发生再排列而改变岩石的组织者,但是岩石受风化作用与成岩作用所引起的改变,皆不属于变质作用的范畴。

③深熔作用。深熔作用是指岩石在地壳深处经高温作用而熔融成为岩浆的过程。当厚重的沉积物堆积在正在下沉的地槽区域中时,底部的沉积物因上覆岩层的重压而渐渐向地壳深处移动,在地壳深处的温度、压力远较地表附近的温度、压力大,此时的岩石已不再是固体,而逐渐开始熔融,当岩石部分或全部熔融为岩浆后,这些岩浆又会渐渐上升形成火成岩。

2. 外营力地质作用

①风化作用。风化作用是指在温度、水分、大气和生物等因素的影响下,使地壳表面坚硬岩石在原地发生破碎分解的作用。

②侵蚀作用。侵蚀作用是指在风、流水、海浪、冰川等外动力的作用下,使地壳表面岩石、矿物、风化产物发生破坏的作用。

③搬运作用。搬运作用是指在风、流水、海浪、冰川等外动力的作用下,将风化与侵蚀的产物搬迁离开原地的作用。

④沉积作用。沉积作用是指被搬运的物质在移动的过程中,由于流速或风速等动力作用的减弱,在新的环境下,逐渐沉积下来,形成松散沉积物的作用。

⑤成岩作用。成岩作用是指堆积下来的松散沉积物经过压缩、胶结、再结晶等一系列的物理化学过程,逐渐变成坚硬岩石的作用。

(三)地质作用造景机理

自从地壳形成以来,进行着的各种地质作用是相对独立的,又是相互依存的,是对立的又是统一的。例如,内力作用形成高山和盆地,而外力作用则把高山削低,把盆地填平;一个地区发生隆起,其相邻地区常会发生凹陷;高山上的矿物岩石受到风化、侵蚀而破坏,而被破坏的物质又被搬运到另外地方堆积下来形成新的矿物岩石,等等。地质作用对地球既产生破坏作用,同时也产生塑造作用。但在不同时空条件下,它们可能是不平衡发展的,或者是彼此互为消长的。有些地质作用进行得十分迅速,如火山、地震、山崩、泥石流、洪水等,有些地质作用却进行得十分缓慢,往往不为人们感官所察觉,但经过漫长的时间却可产生巨大的地质后果。从地球发展的角度看,地质作用是促使地球不断新陈代谢、汰旧更新的经久不息的动力。

1. 内力地质作用的造景机理

内力地质作用的动力来自地球本身,并主要发生在地球内部,按其作用方式可分为地壳运动、岩浆活动、变质作用和地震作用(不具体介绍)四种,其作用既发生于地表,也发生于地球内部。内力地质作用能促使整个地壳物质成分、地壳内部结构、地表形态发生变化,其作用既发生于地表,也发生于地球内部。

①地壳运动及其造景机理。由内营力引起地壳结构改变、地壳内部物质变位的构造运动叫地壳运动,是地球表层相对于地球本体的运动。地壳运动控制着地球表面的海陆分布,影响各种地质作用的发生和发展,形成各种构造形态和改变岩层的原始产状。地壳运动按运动方向可分为水平运动和垂直运动。水平运动也称造山运动或褶皱运动。该种运动常形成巨大的褶皱山系和巨型坳陷,以及岛弧、海沟等;垂直运动又称升降运动、造陆运动,使岩层隆起和下降,从而形成高原、断块山及拗陷、盆地和平原,还可引起海侵和海退的海陆变迁。青藏高原数百万年以来的隆升就是垂直运动的典型表现。

②岩浆活动及其造景机理。岩浆活动是指岩浆产生、上升和岩浆冷凝固结成岩的全过程,也称作岩浆作用。喷出地表的岩浆活动也叫火山活动。没有喷出地表的岩浆活动形成侵入岩,由于隐伏在地下并不形成景观,只有在地壳运动作用时抬升露出地表,经过风化、剥蚀等作用才能被雕塑成景观地貌。火山活动可以造景,可使岩浆喷出地表,同时形成火山口、火山锥、火山熔岩流以及爆岩洞等,这些火山遗迹本身就是火山景观。火山熔岩冷却后形成火山岩,火山岩经过外力地质作用(风化、剥蚀等)的雕塑再形成景观。

③变质作用及其造景机理。变质作用是指原先已存在的岩石受到物理、化学(主要是高压、高温)条件变化的影响,改变其结构、构造和矿物成分,成为一种新的岩石的转变过程。变质作用为地貌景观造景提供物质基础——变质岩。变质岩在地壳运动(褶皱、断裂、节理等)和风化、剥蚀等外力的作用下形成形态各异的变质岩景观。

2. 外力地质作用的造景机理

外力地质作用是指由地球外部的能源(太阳能、日月引力能等)通过大气、水、生物三大圈层等因素相互作用对岩石圈产生影响而引起的地质作用。它是形成自然景观的主要营力。水圈和大气主要参与岩石圈地貌景观的雕塑作用,按地壳表层"风化—剥蚀—搬运—沉积—固结成岩"的发生序列,其造景机理功能主要是通过风化作用、剥蚀作用、侵蚀作用、风蚀作用、流水作用、堆积作用、潮汐作用、海洋作用、沉积作用等来实现的。

①风化作用及其造景特征。风化作用是指在温度、气体、水及生物等因素的长期作用下,暴露于地表的岩石发生化学分解和机械破碎。风化作用比较复杂,主要有物理风化(如球形风化、差异风化)、化学风化和生物风化。物理风化如花岗岩石蛋景观、层裂、软质岩石

的破裂、盐类结晶和潮解作用、冰劈(冰楔)作用;化学风化主要有溶解、水化、水解、氧化和碳酸化等,溶蚀也是化学风化;生物风化有根劈作用,以及地衣、菌类、蕨类和高等植物对岩石的侵害。

由风化作用塑造的地貌形态与岩石性质有关,如片岩分布区的梳状地形、花岗岩地区的石蛋地形、红色砂岩地区的丹霞地貌、第四纪河湖相黏土的土林(如元谋盆地的班果、歪堡)等,都与风化作用有关。

②侵蚀、剥蚀、堆积及其造景特征。剥蚀作用是指河水、海水、湖水、冰川及风等在其运动过程中对地表岩石造成破坏,破坏物随其运动而搬走。例如,海岸、河岸因受海浪和流水的撞击、冲刷而发生后退。侵蚀作用主要是流水侵蚀、波浪侵蚀(浪力冲蚀)、海流侵蚀、冰川侵蚀、风力侵蚀。剥蚀作用以地面流水剥蚀、地下水剥蚀、冰川剥蚀、湖泊剥蚀、海洋剥蚀为主。

剥蚀、侵蚀作用塑造的地貌在断层发育区为冲沟、峡谷,黄土地区为纵横的山壑,石灰岩区为岩溶地貌,冰川地区形成角峰、U型谷。堆积冲积地貌为流水、风、冰、湖水、海水等各种介质搬运的物质沉积而成,形成冲积地貌(冲积平原、冲积扇、三角洲等)、洪积地貌(洪积扇)、冰碛地貌(终碛堤、侧碛堤、冰水扇)、风积地貌(沙丘),以及湖积、海积地貌等。

③风蚀、冰蚀作用及其造景特征。风力像一个无形的雕塑师,对地表形态进行雕刻、堆积,形成了独特的地貌景观。风力作用主要通过对地表物质的剥蚀(吹蚀和磨蚀)、搬运、堆积过程进行,主要形成于风大而频繁的地区,常见于干旱和半干旱地区,也偶见于海滨、湖滨地区。剥蚀、堆积可形成较固定的形态,而搬运则形成动态的景观形式——移动的沙丘。风蚀作用有吹蚀作用和磨蚀作用两种类型。吹蚀作用主要发生在干旱地区和黄土发育地区,多形成吹蚀盆地、沙漠、戈壁、荒漠、砾漠、岩漠、泥漠和黄土地貌。磨蚀作用主要形成风蚀谷、风蚀盆地、雅丹地貌、绿洲(沙漠绿洲)、新月形沙丘等。冰蚀作用形成冰川地貌,主要有冰斗、冰川槽谷(U型谷)、角峰、冰坎、冰臼、冰川湖等。

④流水与流水堆积作用及其造景特征。水是形成地貌景观贡献最大的雕塑师,流水对地貌景观构景作用主要通过水的侵蚀、搬运、沉积作用完成。流水与流水堆积作用主要形成河流的凸岸沉积,边滩沉积,河漫滩沉积,砾石堆积,天然堤与决口扇沉积,河流入海、入湖的河口三角洲沉积,河流下游曲流河段的牛轭湖沉积等。形成的景观主要是河漫滩、心滩、江心洲、沙洲、沙坡、河口三角洲等。流水景观主要有瀑布、跌水、河曲(曲流河段)、牛轭湖。河流成因的湖泊为河迹湖,例如太湖、西湖、东湖,还有河口湖(青海湖)、游移湖(罗布泊)等。河源地多有泉、冰川、融雪、沼泽、湖泊等景观。溶洞内有地下暗河、伏流、暗湖和钙华堆积等。

⑤海洋作用及其造景特征。海洋作用主要表现为海浪与海蚀作用。波浪是塑造海(湖)岸地貌最普遍、最重要的动力,主要由风的作用形成。风作用于海面时通过近水面大气层的垂直压力和切应力,将能量传递给海水,使水质点在风力、重力和表面张力的作用下做近于封闭的圆周运动,并由于向风坡与背风坡之间的压力差,使这种波动不断发育起来,海面形成连续的周期性起伏,形成波峰和波谷。海浪作用是海浪对海岸带的机械、化学、生物产生的破坏作用,形成的海浪景观有激浪、拍岸浪、海流景观等,近海地带的潮汐作用在特殊地形

地貌环境里可以形成非常壮观的潮汐景观(如钱塘江大潮)。海蚀作用主要发育在海岸带,尤其是基岩海岸带,海蚀作用是波浪夹带着砂、砾、石块对沿海陆地,特别是基岩海岸进行撞击、掏挖、研磨、腐蚀,由此而产生的泥沙、碎石、搬运作用。基岩海岸的海蚀作用造景主要有海蚀凹槽、海蚀台(波切台)、海蚀洞穴、海蚀崖(浪蚀崖)、海蚀壁龛(海蚀龛)、海蚀柱、海蚀拱桥(包括象鼻山)、海蚀柱等。砂泥质海岸的海蚀作用形成海蚀滩(砂质海岸)、沙坝、沙丘、沙堤、淤泥质海岸、堆积平原海岸和生物海岸(红树林、珊瑚、珊瑚礁)等景观。

在月球和太阳引潮力作用下,海洋水面发生周期性涨落的现象称为潮汐。潮汐引起的海水周期性涨落(半日潮、全日潮)对海岸地貌景观的形成有重要贡献作用,它增加了海水对海岸地形的塑造力,扩大了海岸带的范围。特别是在淤泥质海岸地区,潮汐对潮间带的地形塑造有重要作用。

⑥岩溶作用(溶蚀作用)及其造景特征。岩溶作用是一种特殊岩石的特殊地质作用,主要发生在以碳酸盐岩为主的岩石中,科学的含义是指以水对可溶性岩石(碳酸盐岩、硫酸盐岩、石膏、卤素岩等)的化学溶蚀作用为主,以风化作用、流水冲蚀潜蚀和机械崩塌作用为辅的地质过程。岩溶作用主要与自然环境条件有关,包括岩石性质、地质构造、气候条件和动植物等因素。

岩溶作用的物质基础是可溶性的碳酸盐岩等,主要作用于断裂、节理发育地带,同时还要具备气候湿润多雨,动植物向土壤提供的有机质被氧化分解产生大量二氧化碳,区域水体流动活跃等因素。于是,在地下水与地表水对可溶性岩石进行溶蚀与沉淀、侵蚀与沉积、重力崩塌、塌陷、堆积等作用下,最终形成岩溶地貌或称喀斯特地貌。

二、构造运动

构造运动是由地球内力引起地壳乃至岩石圈的变位、变形以及洋底的增生、消亡的机械作用和相伴随的地震活动、岩浆活动和变质作用。构造运动造成地球表面的巨大起伏,因而成为形成地表宏观地貌特征的决定性因素。构造运动产生褶皱、断裂等各种地质构造,引起海、陆轮廓的变化,地壳的隆起和坳陷以及山脉、海沟的形成等。构造运动在造成地壳演变的过程中起着重大作用,它可以引起岩石圈的演变,促使大陆、洋底的增生和消亡,并形成海沟和山脉,同时还导致地震发生、火山爆发等。中国古代的学者对海陆变迁及地壳运动早有所认识,如朱熹在《朱子语类》中写道:"尝见高山有螺蚌壳或生石中,此石即旧日之土,螺蚌即水中之物。下者却变而为高,柔者变而为刚。"

按照构造运动发生时期划分的类型(着眼于时间分布)可分为新构造运动和古构造运动。晚第三纪和第四纪的构造运动称为新构造运动,在这以前的构造运动称为古构造运动。

(一)构造运动的证据

1.现代及新构造运动的证据

从地球产生之日起,构造运动一直在进行中,现代及新构造运动可以通过直接观察地貌特征变化,或通过精密仪器测量反映出来。地貌形态是内外地质作用相互制约的产物。而构造运动常控制外力地质作用进行的方式和速度,如以上升运动为主的地区,常形成剥蚀地貌,以下降运动为主的地区,常形成堆积地貌。由于新构造运动的时间较近,有关的地貌形态保留得较好,因此用地貌方法研究新构造运动,是特别重要的方法。现代地壳运动典型的例证是意大利那不勒斯海湾的一个小城镇遗址。该遗址保存有三根完好的大理石柱子,它的下段被火山灰掩埋过,柱面光滑无痕,中段布满海生动物蛀孔,上段柱面为风化痕迹。历史记载,该镇初建于陆地上,后被维苏威火山喷出的火山灰掩埋。13世纪时,地面沉降到海面以下6米多,致使石柱中段被海生瓣鳃类凿了许多小孔,而上段一直在水面以上,接受风化剥蚀。后来,该地区上升到海面以上,才修建起现代的波簇里城。此例充分说明了构造运动可造成沧海桑田之变。

例如,珊瑚是生长于温暖浅海中的腔肠动物,海水深度一般不超过70米,但有些珊瑚礁沉没于海下达几百米。又如,在大陆河口以外的海底可以发现溺谷,所谓溺谷是指被海水所淹没了的河谷。非洲刚果河(扎伊尔河)口外有一段溺谷延伸130千米,沉没于海面以下达2千米。中国海河也有一段河道伸入渤海7千米。此外,有时在海面以下发现有被淹没的三角洲、阶地以及建筑物等,这些都是或可能是地壳下降的标志。与上述情况相反,有时候在距海面十几米、二十几米甚至几百米高的地方会发现珊瑚礁,如台湾高雄附近,在距今海面200～350米高的地方发现有下更新统的珊瑚灰岩。

地壳的升降也表现在高出现代海面的海成阶地、海蚀槽、滨海平原等方面,有时候在距海面相当高的地点,会发现海蚀穴、海蚀阶地、海蚀崖以及蘑菇石等。例如,广州附近的七星岗,可见高出现代海面的波切台及海蚀槽,江苏连云港云台山主峰——玉女峰及周围山地也发现了大量海蚀阶地、海蚀穴等,说明了海岸的上升。在山东荣成、福建厦门一带,海滩高出海面20～40米,也说明这些地方的地壳在上升。渤海海底发现了约达7 000米的海河古河道,这表明渤海及其沿岸地区为现代下降速度较大的地区。

陆地上河流两岸,常会发现像台阶一样的地貌,这就是河流阶地,有的地方只有二三级阶地,有的地方则可有五六级阶地。越是高位阶地,时间越长,阶地保存的形态越不完整;越是低位阶地,时间越新,保存的形态也越完整。此外在山地河流出口处,常有好几个洪积扇依次叠置,这些标志都是或可能是地壳上升的证据。再比如,美丽的雨花石产于南京雨花台,这些夹有美丽花纹的光滑的卵石,是古河床的天然遗物。雨花台大量堆积着卵石,说明这里过去曾有河流,后来地壳上升,河道废弃,才成了如今比长江水面高出很多的雨花台砾石。

2. 古构造运动的证据

发生在几百万、几千万以至于若干亿年前地质历史时期的构造运动所造成的地貌形态,几乎都为后期的地质作用所破坏,因此不能使用研究新构造或现代构造运动的方法进行研究。但是,构造运动的每一进程却留下可靠的地质记录。故根据地层的厚度、岩相特征、构造变形以及接触关系等,便能从中找到构造运动的信息,重塑地壳构造的发展历程。

①地层的厚度。一定时间内在一定沉积区可以形成一定厚度的地层,对岩层厚度进行分析,可在很大程度上得出升降幅度的定量结论。现以浅海沉积而论,浅海深度通常只有200米左右,但从许多地方的地层剖面看,地层厚度可以达到几千到几万米。如在天津蓟州区、河北兴隆一带的中、上元古界(旧称震旦亚界)厚度近10 000米。如何解释在几百米深的浅海中堆积了成千上万米厚的地层呢? 假如海底稳定不动,则沉积物的厚度不会超过海水

深度;假如海底不断上升,则沉积物的厚度不会大于海水的深度;如果海底边下沉边接受沉积,且沉积速度、沉积幅度与海底的下降速度、幅度相适应,则沉积物必然越来越厚,但却始终保持浅海环境。又如中国中生代地层,许多是在大陆盆地中沉积的,其厚度也常达六七千米,肯定也是盆地边下沉边堆积形成的。由此可以得出这样解释,即沉积物的厚度并不决定于沉积时海水的深度或盆地的深度,而主要决定于地壳下降的幅度。由于构造运动常常交替进行,下降运动引起相应的沉积,而上升运动则引起沉积中断或沉积物的剥蚀,因此在一定时间内形成的岩层总厚度乃是升降幅度的代数和,在一定程度上代表该地区下降的总幅度。如果在一定地区范围内进行地层厚度对比,即可了解当时下降幅度及古地理基本情况。

②地层的岩相特征。在一定沉积环境中,比方是海还是陆,是浅海还是深海,气候条件是干燥的还是湿润的,是炎热的还是寒凉的,生物情况如何,等等,必然要反映在沉积物上使之具有一定的特征,例如沉积物的矿物成分、颜色、颗粒粗细、结构、生物化石种类等。人们把反映沉积环境的沉积岩岩性和生物群的综合特征,称为岩相。岩相是岩层形成环境的物质表现,一旦沉积环境发生变化,沉积物的岩性和生物特征也即随之变化。岩相一般可以分为海相、陆相和海陆过渡相(如入海处的三角洲相)三类,其中每类又可细分成若干种相。如海相可分为滨海相、浅海相、半深海相、深海相等;陆相可分为坡积、冲积、洪积、湖泊、沼泽、冰川、风成等相。岩相是随着时间的推移和空间条件的改变而变化的。在同一时间的不同地点,或在同一地点的不同时间,岩相常有不同。同一岩层的横向(水平方向)岩相变化,反映在同一时期但不同地区的沉积环境的差异;同一岩层的纵向(垂直层面方向)岩相变化,反映同一地区不同时期的沉积环境的改变,而这种改变常常是构造运动的结果。比如,当地壳下降时,陆地面积缩小,而海洋面积扩大,也就是海水逐渐侵入大陆,这时所形成的地层,从垂直剖面来看,自下而上沉积物的颗粒由粗变细;同时,新岩层分布面积大于老岩层,形成所谓"超覆"现象,通常把具有这种特征的地层称为"海侵层位"。当地壳上升时,陆地面积扩大,而海洋面积缩小,也就是海水逐渐退出大陆。这时所形成的地层,从垂直剖面上看,自下而上沉积物的颗粒由细变粗;同时,新岩层的面积小于老岩层,形成所谓"退覆"现象,通常把具有这种特征的地层称为"海退层位"。在同一地层剖面上有时可以看到海侵层位和海退层位交替变化,即沉积物颗粒由粗变细,又由细变粗,呈现有节奏的、有韵律的变化,表明该区地壳曾经经历了由下降到上升的过程,称为一个沉积旋回。大多数情况海侵层位厚度较大,保存较好;而海退层位则相反,厚度较小,不易完全保存,有时甚至缺失,出现沉积间断。在地层剖面中可以见到四套海侵层位,而缺失海退层位,说明缓慢的下降运动常为迅速的上升运动所代替,海底上升到海面以上,自然只有剥蚀,而无沉积作用了。

③地层的构造变形。构造运动常使地层的产状发生改变,产生褶皱、断裂等构造变形。根据其形态特征可以推测其受力的方向、性质、强度及应力场的分布情况等,如环太平洋的山系和岛弧,以及喜马拉雅山脉等,目前多认为是板块水平移动和俯冲造成的。

④地层的接触关系。地壳下降引起沉积,上升引起剥蚀,所以,地壳运动在岩层中记录下各种接触关系,它们是构造运动的证据。两个岩石地层单位组成两套不同时代地层之间的接触关系,一般分为连续和不连续两种类型。当上下地层之间没有发生过长时期沉积中断(即不出现地层记录的中断),则认为是连续的,称为整合;如果上下地层之间有过长时期

沉积中断或陆上剥蚀(即出现广泛的地层缺失),则认为是地层的不连续,称为广义的不整合。不整合接触主要包括平行不整合和角度不整合。

(二)构造运动的形式

1.按运动的速度分类

①长期缓慢的构造运动。例如大陆和海洋的形成、古大陆的分裂和漂移形成山脉和盆地的造山运动,以及地球自转速率和地球扁率的长期变化等,它们经历的时间尺度以百万年计。另如冰期消失、地面冰块融化引起的地面升降,也属以万年计的缓慢运动。

②较快速的运动。这种运动以年或小时为计算单位,如地极的张德勒摆动,能引起地壳的微小变形;日、月引潮力不但造成海水涨落,也使固体地球部分形成固体潮,一昼夜地面最大可有几十厘米的起伏;较大的地震也可引起地球自由振荡,它既有径向的振动,也有切向的扭转振动。

2.按地壳运动的方向分类

①水平运动。地壳在水平方向起主要作用的力,即在与地面成切线方向的力(包括地壳的压缩和拉张)的作用下,地壳岩层沿平行于地球表面方向所发生的运动,这种运动使相邻块体受到挤压,或者被分离拉开,或者剪切错动,甚至旋转。水平运动主要使地壳的岩层弯曲和断裂,形成巨大的褶皱山脉和断裂构造,以及巨型凹陷、岛弧、海沟等。因此,水平运动又称为造山运动。

②垂直运动。又称为"升降运动""造陆运动",是指地壳块体沿着地球半径方向发生的上升或下降的运动。垂直运动常常表现为规模很大的隆起或坳陷,从而造成海陆变迁和地势高低起伏。由于地壳上升使海水退却,一部分海底称为陆地;地壳下降,海水侵入,原来的陆地变为海洋。因此,垂直运动又称为造陆运动,可形成高原、断块山、坳陷、盆地和平原,还可引起海侵和海退,使海陆变迁。

水平运动和垂直运动是分析地形形成的基础,应该指出的是,这两种运动常常相伴而生,运动的结果都不能任意地加以分隔和区分,实际上两者是相互联系、相互影响的。按运动规律来讲,地壳运动以水平运动为主,有些升降运动是水平运动派生出来的一种现象。在地球演化历史中,构造运动无论是水平运动还是垂直运动,都表现为比较平静时期和比较强烈时期交替出现。在比较平静时期,运动的速度和幅度都比较小;在比较强烈时期,运动的速度和幅度都较大。每次构造运动的运动方向和速度各地有差异。例如,自古近纪以来,喜马拉雅山从古地中海缓慢上升隆起,形成高大的褶皱山系,上升幅度达8千米以上;而在同一时期,江汉平原地区却表现为缓慢下降,沉积了厚度近1千米的沉积物;在内蒙古高原表现为断裂活动和大面积的玄武岩喷发。

(三)构造运动成景作用

目前关于构造运动的主要学说是板块构造学说。这个学说认为,地球上部分为岩石圈和软流圈。岩石圈并不是一个整体,而是分为几个大小不等的球面板状块体,全球一共分为七大板块:欧亚板块、太平洋板块、北美板块、南美板块、非洲板块、印度—澳大利亚板块、南极洲板块,它们之间的边界处就是一系列的构造活动带。这些板块漂浮于软流圈之上,不断运动。板块内部是相对稳定的,而在板块交界处的构造活动带构造作用很强烈,火山、地震多发,全球地震能量的95%是通过这些活动带释放的。板块之间有挤压、拉张和剪切三种作用类型,如印度—澳大利亚板块与亚欧板块之间的挤压导致了喜马拉雅山脉持续不断地增高。

中国目前的地理景观主要由地质历史上的几次大的构造运动来完成的,影响较大的有五次:加里东运动、华力西运动、印支运动、燕山运动和喜马拉雅运动。其中燕山运动奠定了中国三大阶梯的基本构造地貌格局。而喜马拉雅运动是发生在新生代的最年轻的造山运动,分为两幕:第一幕是在渐新世至中新世,使喜马拉雅山脉、冈底斯山脉、念青唐古拉山脉、长白山脉、武夷山脉等大幅度隆起;第二幕发生于上新世至更新世,这时青藏高原大幅度上升。喜马拉雅运动对那些古老的山脉都有不同程度的影响,但对大兴安岭—阴山一线以北的地区影响比较微弱。

三、地质构造

构造运动引起地壳的岩层或岩体发生变形、变位留下的形迹,称为地质构造。地质构造在层状岩石中表现最为明显,基本类型有水平构造、倾斜构造、褶皱构造和断裂构造等(图3.2)。

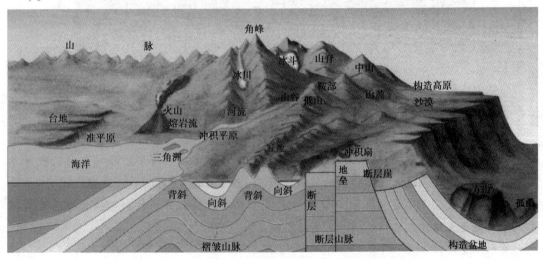

图3.2　地质构造与地形示意图

(一)水平构造

原始岩层一般是水平的,在地壳垂直运动影响下未经褶皱变动而仍保持水平或近似水平的产状者,称为水平构造,在第三系的红层中常见。在水平构造中,新岩层总是位于老岩层之上。

(二)倾斜构造

倾斜构造是指岩层经构造运动后岩层层面与水平面间具有一定的夹角。倾斜岩层常是褶曲的一翼、断层的一盘,或者由不均匀的升降运动引起的。

(三)褶皱构造

岩层的弯曲现象称为褶皱。岩层在构造运动作用下或者说在地应力作用下,会改变岩层的原始产状,不仅会使岩层发生倾斜,而且大多数会形成各式各样的弯曲(图3.3)。褶皱是岩层塑性变形的结果,是地壳中广泛发育的地质构造的基本形态之一。褶皱的规模可以长达几十到几百千米,也可以小到在手标本上出现。褶皱构造通常指一系列弯曲的岩层,其中一个弯曲称为褶曲。褶皱主要由构造运动形成,大多数是在切向运动下受到挤压而形成的,且缩短了岩层的水平距离,当然升降运动也可使岩层向上拱起和向下拗曲。褶曲形态多种多样,但基本形式只有背斜和向斜两种,背斜是岩层向上凸出的弯曲(两翼岩层从中心向外倾斜),向斜是岩层向下凸出的弯曲(两翼岩层的两侧向中心倾斜)。褶曲核部是老岩层,两翼是新岩层的就是背斜;褶曲核部是新岩层,两翼是老岩层的就是向斜。

图3.3　典型褶皱构造岩层

◎知识拓展

如何在野外认识褶皱构造景观?

在野外识别褶皱时,首先判断褶皱的基本形态是背斜还是向斜,然后确定其他形态特征。一般情况下,可认为背斜成山、向斜为谷,但实际情况要复杂得多。各种岩层软硬薄厚不同、构造不同,在地貌上常有明显的反映。例如,坚硬岩层常形成高山、陡崖或山脊,柔软地层常形成缓坡或低谷等。因此,不能完全以地形的起伏情况作为识别褶皱构造的主要标志。下面扼要介绍几点与褶皱构造有关的山地景观地貌形态。

★水平岩层:

有些水平岩层不是原始产状,而是大型褶皱构造的一部分,例如转折端部分,扇形褶曲的顶部或槽部,构造盆地的底部,挠曲的转折部分等,这样的岩层常表现为四周为断崖峭壁的平缓台地、方山(平顶的山)以及构造盆地的平缓盆底。

★单斜岩层:

大型褶曲构造的一个翼或构造盆地的边缘部分,常表现为一系列单斜岩层。这样的岩层,一边在倾向方向顺着层面进行面状侵蚀,故地形面常与岩层坡度大体一致;一边在反倾向方向进行侵蚀,常沿着垂直裂隙呈块体剥落,形成陡坡和峭壁。因此,如果单斜岩层倾角较小(如20°~30°),则形成一边陡坡一边缓坡的山,叫作单面山;如果单斜岩层倾角较大(如50°~60°),则形成两边皆陡峻的山,叫作猪背崖。

★穹隆构造、短背斜和构造盆地:

前两者常形成一组或多组同心圆或椭圆式分布的山脊,如果岩层产状平缓,则里坡陡而外坡缓,有时在这样的地区发育成放射状或环状水系。在构造盆地地区,四周常为由老岩层构成的高山,至盆地底部岩层转为平缓,并且多出现较新的岩层。如四川盆地,北部大巴山主要由古生代和前古生代岩层组成,在盆地中心则主要由中生代及新生代岩层组成。

★水平褶皱及倾伏褶皱:

在前者地区,常沿两翼走向形成互相平行而对称排列的山脊和山谷。在倾伏褶皱地区,常形成弧形或"之"字形展布的山脊和山谷。

★背斜和向斜:

地形有时与地质构造基本一致,即形成背斜山和向斜谷(图3.4)。但在更多的情况下,是在背斜部位侵蚀成谷,而在向斜部位发育成山,即形成背斜谷和向斜山。这种地形与构造不相吻合的现象称地形倒置。为什么会产生这种情况? 在背斜顶部因受张应力作用,极易形成一组平行轴面的张裂隙,给外力侵蚀作用提供了条件,因为背斜遭受长期袖部裂隙发育,岩层较破碎且地形凸出,剥蚀作用进行得较快,背斜山被夷为平地,甚至成为谷地,成为背斜谷;与此相反,向斜轴部岩层较为完整,因受压应力作用,岩石往往挤压密实,难以破坏,并有剥蚀产物在此堆积,故其剥蚀风化速度较慢,最终导致向斜地形较相邻背斜高,形成向斜山(图3.5)。

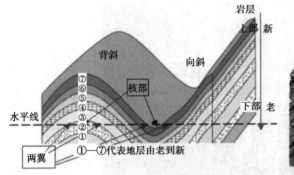

图3.4　正常形态:"背斜成山,向斜成谷"

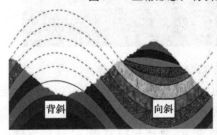

图3.5　地形倒置:"背斜谷和向斜山"

(四)断裂构造

岩石受应力作用而发生变形,当作用力超过岩石本身的抗压强度时就会在岩石的薄弱地带发生破裂,甚至沿破裂面发生错动,使岩层的连续性、完整性遭到破坏的现象,称为断裂构造。断裂构造是地壳上分布最普通的地质构造形迹之一,分为节理、劈理、断层、裂隙等构造,有时成组出现断裂带。断裂构造是控制矿产分布的主要构造之一,常常是成矿溶液上升、运移的通道和储矿、储水(地下水)、储油(石油)的场所。断裂构造按其走向与区域构造总走向的关系可分为纵断裂(两者走向一致)、横断裂(两者走向正交)、斜断裂(两者走向斜交);按其产生断裂的作用力的性质可分为压性断裂、张性断裂和扭性(或剪性)断裂。断裂带规模大的,一般长几百千米到几千千米,宽几千米至几十千米,切割深可达几十千米到成百千米时,称深断裂或深大断裂。

断裂构造包括两类:按断裂两侧的岩是否发生明显的滑动,可分为节理、断层。节理是指岩石破裂后无显著位移的断裂构造;断层是指岩层或岩体沿断裂面发生较大位移的断裂构造。断层的要素有断层面、断层线、断盘和断距等。按断层两盘相对移动的关系,断层类型可分为:正断层、逆断层、平推断层、枢纽断层等。

1.节理

几乎在所有岩石中都可看到有规律的、纵横交错的裂隙,它的专门术语叫节理(图3.6)。节理即断裂两侧的岩块沿着破裂面没有发生或没有明显发生位移(眼睛能看清楚的)的断裂构造。在岩石露头上,到处都能见到节理。节理的长度、密度相差很悬殊,有的可延伸几米、几十米,有的只有几厘米;有的密度很大,有的则比较稀疏。沿着节理劈开的面称节理面,节理面的产状和岩层的产状一样,用走向、倾向和倾角表示。节理常与断层或褶曲相伴生,它们是在统一构造作用下形成的有规律的组合。

图3.6　天柱山花岗岩的三组原生节理

节理是地壳上部岩石中最广泛发育的一种断裂构造,与地貌的发育、形态等有密切关系。节理构成岩石的软弱面,提供了风化和侵蚀的有利条件,流水、冰、植物等常沿节理风化或侵蚀,造成各种地貌。如花岗岩中的纵节理、横节理和层节理,往往把坚硬的岩石切割成无数方块,在棱、角处先行风化,形成球状风化地貌。有时沿着陡峭倾斜的节理风化侵蚀成险峻峭拔的地貌;有时沿着垂直节理侵蚀成悬崖峭壁或峰林石柱,如广东仁化丹霞地貌、河北承德棒锤山、北京西山龙门涧、云南路南石林、湖南大庸张家界等,都是在近水平的岩层中发育了几组垂直节理,然后顺着节理切开的岩层选择风化,最后塑造成千姿百态、群峰林立、石柱凌空的景观形态。

2. 断层

断层是岩层或岩体顺破裂面发生明显位移的构造,断层在地壳中广泛发育,是地壳的最重要构造之一。在地貌上,大的断层常常形成裂谷和陡崖,如著名的东非大裂谷、中国华山北坡大断崖。断层是构造运动中广泛发育的构造形态,它大小不一、规模不等,小的不足 1 米,大到数百、上千千米,但都破坏了岩层的连续性和完整性。在断层带上往往岩石破碎,易被风化侵蚀。沿断层线常常发育为沟谷,有时出现泉或湖泊。

是什么力量导致岩层断裂错位呢? 原来是地壳运动中产生强大的压力和张力,超过岩层本身的强度对岩石产生破坏作用而形成的。如图 3.7 所示,岩层断裂错开的面称断层面,两条断层中间的岩块相对上升,两边岩块相对下降时,相对上升的岩块叫地垒,常常形成块状山地,如中国的庐山、泰山等。而两条断层中间的岩块相对下降、两侧岩块相对上升时,形成地堑,即狭长的凹陷地带。中国的汾河平原和渭河谷地都是地堑。

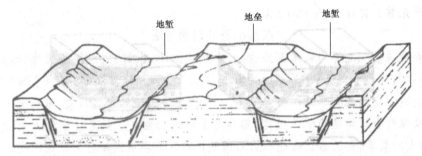

图 3.7 岩层断裂错位示意图

断层由断层面和断盘构成。断层面是岩块沿两盘发生相对位移的破裂面。断盘指断层面两侧的岩块,位于断层面之上的称为上盘,断层面之下的称为下盘,如断层面直立,则按岩块相对于断层走向的方位来描述。断层两侧错开的距离统称位移。

根据断层面(即岩石的裂缝和两块岩石运动过程中产生的裂缝)的位置,断层大致可以分为四种类型(图 3.8):正断层、逆断层、平移断层和枢纽断层。

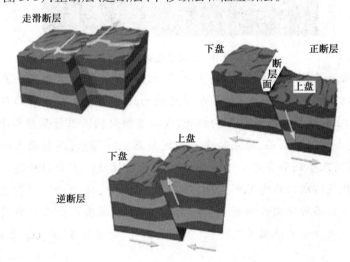

图 3.8 断层类型示意图

①正断层。上盘相对下降,下盘相对上升的断层叫正断层。断层面的倾角一般较陡,多在45°以上。正断层的规模有大有小,断距从小于1米到数百米;断层线从数米到数百千米以上,一般比较平直。

②逆断层。上盘相对上升,下盘相对下降的断层叫逆断层。逆断层后相当于层间出现一段掩覆现象,即上盘掩盖下盘的现象。

③平推断层。断层两盘沿着断层面在水平方向发生相对位移的断层,又叫平移断层。实际上无论是正断层或逆断层,很多是斜向滑动的,如果其走向断距大于倾斜断距,皆可归入平推断层一类。平推断层往往是在褶曲形成过程中在水平剪切应力作用下产生的,断层走向常与褶曲轴垂直或斜交,断层面多近于直立。

④枢纽断层。前述各种断层,其两盘位移都是直线运动的,但有些断层运动具有旋转性质,好像上盘围绕着一个轴做旋转运动,这样的断层叫枢纽断层或旋转断层。

◎知识拓展

断层的野外识别方法

断层和地貌景观发育的关系至为密切,如块状山地、掀斜地块、断陷盆地、断层谷、飞来峰、大裂谷以及某些水文现象(如湖泊的形成、河流的发育等)都与断层有关(图3.9)。研究大型断裂构造的空间展布和时间演化规律,对认识区域构造的发育历史、进行大地构造单元的划分以及探讨全球构造的演化规律,都具有重要理论意义。如大洋中脊上的阶梯式地堑断裂、东非大断裂等,都关系到地壳和岩石圈演化以及海洋成因等重大理论问题。

图3.9　断层使山体错位

野外认识断层及其性质的主要标志:①地层、岩脉、矿脉等地质体在平面或剖面上突然中断或错开。②地层的重复或缺失,这是断层走向与地层走向大致平行的正断层或逆断层常见的一种现象,在断层倾向与地层倾向相反,或二者倾向相同但断层倾角小于地层倾角的情况下,地层重复表明为正断层,地层缺失则为逆断层。③擦痕,断层面上两盘岩石相互摩擦留下的痕迹,可用来鉴别两盘运动方向进而确定断层性质。④牵引构造。断层运动时断层近旁岩层受到拖曳造成的局部弧形弯曲,其凸出的方向大体指示了所在盘的相对运动方向。⑤由断层两盘岩石碎块构成的断层角砾岩、断层运动碾磨成粉末状断层泥等的出现表明该处存在断层。此外还可根据地貌特征(如错断山脊、断层陡崖、水系突然改向)来识别断层的存在。

第四章　自然地理环境的造景机理

一、自然地理环境构成及造景机理

自然地理环境是旅游景观形成的物质空间基础,自然地理景观与地球四大圈层有着千丝万缕的内在联系。地球表层的大气圈、水圈、生物圈和岩石圈代表了地学环境的主体,也是外力地质作用的主要介质,它们四者相互作用、相互结合、融合、混合、叠加,由此形成不同的自然景观或地质地貌景观。岩石圈是地表各种景观的骨架,水圈、大气圈和生物圈是外力地质作用的主要介质,可以肯定地说,地球表层丰富多彩的自然地理景观都是四大圈层相互作用的产物。

(一)大气圈环境

从地表(包括地下相当深度的岩石裂隙中的气体)到 16 000 千米高空都存在气体或基本粒子,占地球总质量的 0.000 09%。主要成分氮占 78%,氧占 21%,其他是二氧化碳、水汽、惰性气体、尘埃等,占 1%。大气圈是地球的重要组成部分,并有重要的作用:第一,大气为地球上生物提供了必需的碳、氢、氧、氮等元素,是生命存活的基础物质。第二,大气可以保护生物的生长,使其避免受到宇宙射线的危害。第三,防止地球表面温度发生剧烈的变化和水分的散失,如若没有大气圈,地球上将不会存在水分。第四,大气圈既是三大圈的依托和保护者——只有大气圈的正常运动,其他三大圈才能正常运动,又是雕塑家,雕塑了千姿百态的自然景观造型。在形成自然景观方面,大气运动形成了各种大气现象——气象,如云、雾、雨、雪、冰雹、雷电、台风、寒潮等都发生在大气圈中。第五,大气是地质作用的重要因素,与大气运动有关的地质作用有:风化作用、搬运作用、侵蚀作用、剥蚀作用等。第六,大气与人类的生存和发展关系密切。大气容易遭受污染,大气环境的质量直接关系着人类健康。

(二)水圈环境

水圈主要呈液态及部分呈固态出现。它包括海洋、江河、湖泊、冰川、地下水等,形成一个连续而不规则的圈层。水圈质量占地球总质量的 0.024%,比大气圈质量大得多,但与其他圈层相比,还是相当小。其中海水占 97.2%,陆地水(包括江河、湖泊、冰川、地下水)只占2.8%,而在陆地水中冰川占水圈总质量的 2.2%,所以其他陆地水所占比重是很微小的。此外,大气中有一部分水分,生物体内也有一部分,生物体的 3/4 是由水组成的,地下的岩石与土壤中也有一部分水。可见,水圈是独立存在的,但又是和其他圈层互相渗透的。

水圈是地球构成有机界的组成部分,对地球的发展和人类生存有很重要的作用:第一,水圈是生命的起源和生物个体延续生命的基础物质,没有水也就没有生命。第二,水是多种物质的储藏库,作为自然景观,水体主要是依托于岩石圈而展示形态,水体在岩石圈地表的不同地貌单元中形成水体景观;在地壳表面,水体在低洼地带形成海洋、湖泊、江河、峡谷、山溪、泉水、瀑布、湿地;在寒冷的高原、山地地区和南北两极地区形成冰川。水体在岩石和土壤中储蓄,在地层中形成含水层和地下水。第三,水圈是地质作用的主要介质之一,水是改造与塑造地球面貌的重要动力,流水作用、侵蚀作用、搬运作用、沉积作用、冰川作用、溶蚀作用等,都有水的参与。第四,水是最重要的物质资源与能量资源,水资源的多寡和水质的优劣直接关系着经济发展与人类生存。

(三)生物圈环境

生物圈指地球表面有生物存在并感受生命活动影响的圈层,它渗透在岩石圈、水圈和大气圈之中。目前世界上已知的动物、植物大约有 250 万种,其中动物占 200 万种左右,植物大约占 34 万种,微生物大约有 3.7 万种。整个生物圈的质量并不大,仅仅是大气圈质量的 1/300,但它起到的作用却是很大的。生物圈具有相当的厚度范围,绿色植物的分布极限大约是海拔 6 200 米,根据资料,在 33 000 米高空还发现有孢子及细菌。总的来讲,生物圈包括大气圈的下层、岩石圈的上层和整个水圈,最大厚度可达数万米。但是其核心部分为地表以上 100 米,水下 100 米,也就是说大气与地面、大气与水面的交接部位是生物最活跃的区域,其厚度约为 200 米,因为在这个范围内具有适于生物生存的温度、水分和阳光等最好的条件。地球上不同的纬度和不同的地理区域形成不同的植物群落(或群域,也包括栖息的动物)景观,主要有陆地生物群域(热带雨林、热带季风林、热带稀树草原、亚热带常绿林和灌丛,温带落叶阔叶林、北方针叶林、多刺林和温带草原,寒带冻原、荒漠以及极地、高山荒漠等)、陆地水域生物群域、水陆过渡地带的生物群落(域)、大洋或深海生物群域。

生物圈是在地球演化过程中形成的一个特殊圈层,大约在 30 亿年以前,地球上才开始有了最原始的生命记录,大约从 6 亿年前才进入生命演化的飞跃阶段。地球上自从出现生物,便对地球的发展起着重要作用。生物的生长、活动和死亡,使生物和大气、水、岩石、土壤之间,进行着多种形式的物质和能量的交换、转化和更替,参与风化作用、溶蚀作用、沉积作用和岩溶作用等,从而不断改变着周围的环境。如植物在光合作用过程中,不断从大气中吸收二氧化碳,在反应中放出氧气,改变着大气的成分,同时将碳固定下来,并把它们的一部分埋藏在地壳中,形成大量的地壳能源。据估计,每年有大量的碳从大气转入树木中,煤炭就是地质时代树木被掩埋地下形成的。此外,空气中的二氧化碳,溶解到水中,与钙离子结合形成碳酸钙,一部分为生物所吸收变成固体(外壳、骨骼等),沉积而成为石灰岩。同时,生物也参与了土壤的发育。可以说,没有生物也就没有今天的地球面貌,没有生物,也就不可能提供如此繁多的生物资源。

(四)岩石圈环境

岩石圈是自然景观的主要依托,它承载和吸纳水圈和生物圈的水体和生物。岩石圈由沉积岩、岩浆岩和变质岩三大类岩石组成。岩石圈是地球万物的主要依托,包括人类和各类动物、植物、微体生物等。岩石圈三大类岩石及其相应的地质作用形成各自不同的地貌景观。它们是地表各种景观的骨架,也是生物繁衍演化的空间环境。

二、自然环境的地域分异规律

地域分异规律是自然地理学极其重要的基本理论,是认识地表旅游地学景观特征的重要基础。全球范围的自然地理环境是一个整体,但是它的各个部分又存在着地域上的分异,即地域分异规律。所谓地域分异,是指自然地理环境各组成要素或自然综合体沿地表按确定方向有规律地发生分化所引起的差异,支配这种分化现象的客观规律也就称为地域分异规律。自然界中地域分异的现象是非常显著的,从赤道到两极,从沿海到内陆,从山麓到高山顶部,甚至在局部地段(如山坡和谷底)都可以观察到不同属性的自然环境的规律性变化。正是对这一自然规律的揭示和研究才构成了旅游景观地理学科的诞生和发展。

形成地域分异的基本因素有两种:一是地球表面太阳辐射的纬度分带性,即纬度地带性因素,简称地带性因素;二是地球内能,这种分异因素称为非纬度地带性因素,简称非地带性因素,它们控制和反映自然地理环境的大尺度分异。自然地理环境在两种基本地域分异因素的共同作用下所产生的新的地域分异因素,叫派生性分异因素。在两种基本的地域分异因素作用的背景下,还存在着使自然地域发生局部的中小尺度分异的因素。

自然地理环境在各种不同规模的地域分异规律作用下,分异出大小不等、属性有别的众多的自然区域。这些自然区域构成一个多级次、多类别的复杂的镶嵌系统,在空间上呈现一定的分布规律性,形成了多姿多彩的自然景观。

(一)地带性与非地带性

①地带性。地球作为一个行星所具有的形状和运动特性以及它在宇宙中的位置,致使太阳辐射在地表分布不匀而引起的地域分异,称为地带性。地带性的典型表现是地球表面的热量分带。因为热量分带是地球球形引起的太阳辐射呈东西延伸、南北更替的分异,因此它最能反映地带性的本质特点(表4.1)。

表4.1　地带性与非地带性分布特征

地域分异规律			分布特征		影响因素		典型地区	图示
			延伸方向	更替方向	主导因素	重要因素		
地带性	水平地带性	由赤道到两极的地域分异	纬线方向(东西方向)	纬度变化方向(南北方向)	热量	水分	低、高纬度的低平地区	
		从沿海向内陆的地域分异	经线方向(南北方向)	经度变化方向(东西方向、沿海→内陆)	水分	热量	中纬度的低平地区	
	垂直地带性		大致沿等高线方向延伸	从山麓到山顶更替	水热条件的差异和变化		中低纬海拔较高的山地	
非地带性			自然带的延伸和更替方向并不一致		海陆分布、地形起伏、洋流等		比较普遍	

②非地带性。由于地球内能作用而产生的海陆分布、地势起伏、构造活动等区域性分异,称为非地带性。非地带性的典型表现是地表的构造区域性。由于区域地质发展史的差别,不同地区有不同的地质构造组合,从而得出一系列大地构造分区。每一大地构造分区不仅具有区域地质发展史和地质构造组合的共同性,而且具有岩性组合的共同性以及共同的地貌表现特点,即表现为相应的大山系、大平原或大高原地貌,或表现为山脉、平原、高原等的中小级别的有规律的组合。在大地构造——地貌分异的基础上,便可形成其他自然要素或自然综合体的非地带性分异。大地构造的空间分布格局不存在热量带那种近乎完美的数学规则性,相反常表现为使地带性发生畸变的破坏作用,使地表热量和水分重新分配。在中国,非地带性的典型表现就是分异出这样的三大区域:东部隆陷区、西北差异上升区和青藏高原新褶皱高隆区。在这三大区域内分别发展着迥然不同的自然景观,成为中国自然地理环境结构的基本特色。

地带性的能量来自太阳辐射,非地带性的能量来自地球内能,因此地带性因素和非地带性因素互不从属,两者具有矛盾性,但它们又共同作用于自然地理环境中,两者存在着相互制约的联系,具有统一性。正是这两种基本的地域分异规律的矛盾统一性在不同规模的地域上发生作用,才使自然地理环境产生复杂的空间分化。

（二）纬向地带性与经向地带性

纬向地带性是地带性规律在地球表面的具体表现,指自然景观及其组成要素大致沿纬线延伸,按纬度发生有规律的排列,而产生南北向的分化,它是全球尺度上的地域分异规律。由于地表获得的太阳辐射能随纬度增加而减少所形成的温度带的分异是纬向地带性的典型表现,通常划分为热带、亚热带、温带、亚寒带、寒带等。在温度带的基础上,其他自然要素也表现出明显的纬向地带性。对应于一定的温度带,气候、水文、土壤、生物以及地表形态都具有相应于该温度带热力特征的性质,于是就产生了自然景观及其组成要素沿纬度的地域分化。近东西向延伸的山脉可以强化沿纬度的地域分化,形成重要的地理分界线,如秦岭便是亚热带和暖温带的分界线。土壤和生物(首先是植物)的纬向地带性更是地带分异的集中表现和具体反映。不同地域的特定水热组合长期与地表物质作用就形成该地域中有代表性的植被和土壤类型。土壤的纬向地带性表现在土壤的水热和盐分状况、淋溶程度、腐殖质含量、种类和组成等方面。与此相联系,风化过程和风化壳类型也具有明显的地带性差别。植物的纬向地带性最为鲜明,不同地带具有显著不同的植被外貌和典型植被类型。植被的种类、组成、群落构造、生物质储量、生产率等也都受到地带性规律的制约。不同的植物带内有相应的动物生活,热带森林的猩猩、河马,亚热带森林的灵鼠,温带森林的松鼠、黑熊,寒带森林的麋鹿、紫貂,以及极地冰原带的北极熊、海豹等都具有鲜明的纬向地带性差异。不仅陆地表面存在着纬向自然带,在海洋表面,由于水温、盐度以及海洋生物、洋流等都具有纬向地带性差别,因此在海洋上也可分出一系列纬向自然带。

经向地带性是非地带性规律在地表的具体表现。它表现为自然地理要素或自然综合体大致沿经线方向延伸,按经度由海向陆发生有规律的东西向分化。产生经向地带性的具体原因主要是海洋和大陆两大体系对太阳辐射的不同反应,从而导致大陆东西两岸与内陆水热条件及其组合的不同。在本质上,这种差异可以归结到干湿程度的差异,通过干湿差异而影响其他因素分异。一般来说,大陆降水由沿海向内陆递减,气候也就由湿润到干旱递变。与海岸平行的高亢地形,由于其对水汽输送的屏障作用,往往加深了这种分异。而大陆东西两岸所处大气环流位置不同,更会引起气候的极大差异,形成不同的气候类型。从全球范围看,世界海陆基本上是东西相间排列的。在同一热量带内大陆东西两岸及内陆水分条件不同,自然地理环境便发生明显的经向地带性分化。在赤道带和寒带这方面的分化是不大的;在热带则形成了西岸信风气候和东岸季风气候的差别;在温带形成了西岸西风湿润气候、大陆荒漠草原气候和东岸干湿季分明的季风气候的差别。相应于气候的东西分异,自然要素以及自然综合体也发生了东西向的分异,表现出诸如森林—森林草原—草原—半荒漠—荒漠等不同景观的规律性更替。

(三)垂直地带性

垂直地带谱是山地垂直带的更替方式。它反映了自然综合体在山地的空间分布格局,是地域结构的一种特殊形式。垂直地带谱中的每一垂直地带都不是孤立的地段,而是通过普遍存在的能量传输和物质循环联系起来的整体。

垂直地带谱的起始带为基带,基带类型决定了整个带谱的性质,如图4.1所示。

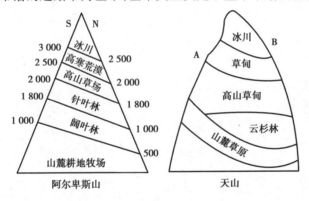

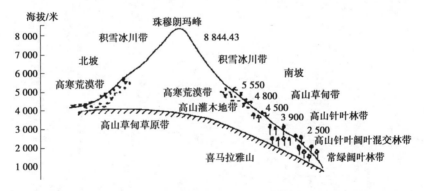

图4.1 雪线、自然带的海拔高度

森林上限是垂直地带谱中一条重要的生态界线,常称为树线。这条界线以下发育着以乔木为主的郁闭的森林带;而界线以上则是无林带,发育着灌丛或草甸,常形成垫状植物带,在海洋性条件下有的可发育成高山苔原带。树线对环境临界条件变化的反应十分敏锐,其分布高度主要取决于温度和降水,强风的影响也很显著。树线通常与最热月平均气温10 ℃

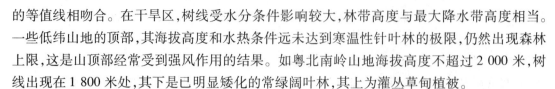

的等值线相吻合。在干旱区,树线受水分条件影响较大,林带高度与最大降水带高度相当。一些低纬山地的顶部,其海拔高度和水热条件远未达到寒温性针叶林的极限,仍然出现森林上限,这是山顶部经常受到强风作用的结果。如粤北南岭山地海拔高度不超过 2 000 米,树线出现在 1 800 米处,其下是已明显矮化的常绿阔叶林,其上为灌丛草甸植被。

　　垂直地带谱中另一条重要界线是雪线。雪线是永久冰雪带的下界,其海拔高度受气温与降水的共同影响,一般气温高的山地雪线也高,而降水多的山地雪线又低。因此,雪线高度是山地水热组合的综合反映。例如,喜马拉雅山南坡虽然日照高于北坡,但有丰富的降水,所以雪线低于北坡。

　　顶带是某一山地垂直地带谱中最高的垂直地带,是垂直地带谱完整程度的标志。一个完整的带谱,顶带应是永久冰雪带。如果山地没有足够的高度,顶带则为与其高度及生态环境相应的其他垂直地带所代替。

下篇

旅游地理景观分类与赏析

第五章　大地骨架，育景天梯——中国山地景观地理

一、景观概述

地球陆地的表面，有许多蜿蜒起伏、巍峨奇特的群山，高大的山称山岳，低矮的山称丘陵，一般也把山岳、丘陵通称为山。如果是山峰、山岭和山谷组成的地区，就叫作山地。山地是对众多山的总称，这些群山层峦叠嶂，群居一起，形成一个山地大家族。

山地，属地质学范畴，世界基本地形之一，地表形态按高程和起伏特征定义为"海拔500米以上，相对高差200米以上，且具有明显山顶、山坡和山麓组成的隆起高地"，其特点是起伏大，坡度陡，沟谷深，多呈脉状分布。在所有的地理景观类型中，山地是地表的基本骨架。山地的表面形态奇特多样，有的彼此平行，绵延数千千米；有的相互重叠，犬牙交错，山里套山，山外有山，连绵不断，成为具有美学和科学价值的旅游地理景观。

中国是一个多山的国家，较大的山脉有210多条，山地丘陵面积约占国土面积的70%以上。这些山脉、山地常常是一些江河的源地、分水岭和地理上的重要界线，是形成中国高原、盆地、平原地形轮廓的骨架。

山地既是风景构成的基本要素，又是造景、育景的风景舞台。千姿百态的山地景观是长期自然地质变迁和气候影响的结果，而不同的山地条件又孕育出不同的气象、气候、水体、植物、动物景观。

在人们逐渐认识自然、了解自然的过程中，山地又被赋予了丰富的人文内涵，成为自然与人类文化传承的载体之一。在旅游业发展越来越大众化的今天，山地是极其重要的旅游地理景观，吸引着大量的旅游者。

◎拓展资料

山地的分类

世界上山地规模大小各不相等，根据山地的规模大小通常被划分为"山""山脉"和"山系"三个级别，等级依次提高，高等级可以包含低等级。在地球表面形成一些规模较小的山地，我们通常就直接称为"山"，比如日本的富士山，由于是火山喷发形成，是较独立的山地。在地质构造中，断层地质构造中的地垒通常会向上抬升，形成较为陡峭的断块山地，也通常比较独立，比如江西庐山、山东泰山等。

比"山"规模大、呈脉状分布的称为"山脉"，比如中国南北方的分界线秦岭，就是一列东

西走向的山脉,绵延1 600多千米,秦岭也是由于断层断裂上升而形成,不过规模巨大,呈脉状分布,其中就包含地势险要的西岳华山。

"山脉"的形成通常是因为规模巨大的板块运动。中国的山脉走向主要有两类:一类是东北西南走向山脉,其形成与亚欧板块和太平洋板块的碰撞挤压有很大关系,包括台湾山脉、长白山脉、武夷山脉、大兴安岭山脉、太行山脉、巫山山脉和雪峰山脉等;另一类是东西走向山脉,其形成与亚欧板块和印度洋板块的碰撞挤压有很大关系,包括天山山脉、阴山山脉、昆仑山脉、秦岭山脉和南岭山脉等。

"山系"是指在一个巨大构造单元或者是构造体系范围内发育而形成的,在成因、结构和形态上具有密切相关性的一系列山脉的综合体。世界上高大的构造山系大致分为两个带:一是围绕太平洋沿岸的构造山系带,主要有科迪勒拉山系、亚洲和大洋洲太平洋沿岸及边缘海外围岛屿上的山脉;二是略呈东西向的横贯亚洲、欧洲南部和非洲北部的山脉带,主要有亚洲南部的爪哇岛和苏门答腊岛上的山脉、喜马拉雅山脉、欧洲南部的阿尔卑斯山脉、非洲西北部的阿特拉斯山脉。位于南北美洲的科迪勒拉山系是世界上最长的山系,贯穿整个南北美洲。

二、地理分布

中国地势西高东低,呈三级阶梯状,山地面积广大,主要山系如下:天山—阿尔泰山系,帕米尔—昆仑—祁连山系,大兴安岭—阴山山系,燕山—太行山系,长白山系,喀喇昆仑—唐古拉山系,冈底斯—念青唐古拉山系,喜马拉雅山系,横断山系,巴颜喀拉山系,秦岭—大巴山系,乌蒙—武陵山系,东南沿海山系,台湾山系,海南山系。

世界上海拔最高的山地是喜马拉雅山脉,其中的珠穆朗玛峰是世界上最高的山峰,海拔高度为8 848.86米。从海拔500米以上至8 848.86米的珠穆朗玛峰都是山地,根据山地海拔高度的不同,可以把山地划分为低山、中山、高山和极高山四大类,下面就以中国的山脉来举例介绍一下这四类山地。

低山是指海拔在500～1 000米的山地,是山地当中的"矮个子",在有些时候一些海拔刚刚500米出头的低山,和海拔在200～500米、有一定起伏的丘陵地形很难区分开,所以在生活当中也往往不会说丘陵这个词,一般都称为山。在地形分布上,丘陵和低山往往是结合在一起的,所以在中国的地形单元中,如长白山、山东丘陵、辽东丘陵、江南丘陵、两广丘陵和浙闽丘陵等,多是由丘陵地形和低山地形组成的。

中山是指海拔在1 000～3 500米的山脉。与地势起伏相对缓和的低山不同,中山的海拔高度相对较高,而且相对高度较大,山势相对陡峭。在中国的地形单元中,如太行山、大兴安岭、长白山、阴山山脉、巫山、雪峰山等山脉,海拔多在1 000～2 000米,属于中山中相对较矮的山脉;如秦岭、大巴山、贺兰山、阿尔泰山等山脉,海拔多在2 000～3 500米,属于中山中相对较高的山脉。

高山是指海拔在3 500～5 000米的山脉。高山海拔高,相对高度极大,山势陡峭,山顶可能有冰川的分布。在中国的东部地区有一座高山,那就是位于台湾岛上台湾山脉的玉山。台湾山脉的平均海拔在3 000～3 500米,属于中山范畴,但是主峰玉山海拔为3 997米,属于高山。除此之外,中国的祁连山、横断山脉、阿尔金山都属于高山,这些山脉的主峰高度可能更高,海拔在 5 000 米以上。

极高山是指海拔在 5 000 米以上的山脉,极高山在世界范围内罕见,中国的青藏高原地区是世界上极高山分布最为集中的区域,青藏高原的平均海拔超过 4 000 米,喜马拉雅山脉是世界上平均海拔最高的山脉,平均海拔高达 6 000 米。除此之外,中国的天山山脉、昆仑山脉、巴颜喀拉山脉、唐古拉山脉、冈底斯山脉、喀喇昆仑山脉等都属于"极高山"。

◎拓展资料

秦岭——中国最重要的分界山脉

中国是一个多山脉分布的国家,这些山脉形成了中国地形分布的基本格局,同时也是中国自然地理中重要的分界线。在中国具有地理分界线意义的山脉中,位列第一位的毫无疑问应该是秦岭山脉。

秦岭是中国东西走向主要山脉中的一列,在中国北、中、南三列东西走向山脉中,秦岭属于中列。秦岭的纬度位置为北纬32°~34°,经度范围为东经105°~113°。秦岭东西延伸约 1 500 千米,南北宽度约为 100 千米。秦岭的形成主要是由于汾渭断裂带的存在,该断裂带位于秦岭北侧,断层运动使北侧渭河谷地下降,而南侧秦岭不断抬升,形成断块山地。由于秦岭在地质构造上属于断层中的"地垒"部分,相当于是垂直上升而形成的山地,因此秦岭山势十分陡峭,其中西岳华山就是典型的代表,古语有云"自古华山一条路"。位于陕西省宝鸡市境内的太白山是秦岭的最高峰,海拔 3 771.2 米。秦岭以北的地形单元是"渭河谷地",秦岭以南的地形单元是"汉中谷地",都位于中国的第二级阶梯上。在地形方面秦岭并不是重要的分界线(表5.1)。

表5.1　中国自然地理界限

项　目	秦岭—淮河一线以南	秦岭—淮河一线以北
气温	1 月 0 ℃以上,7 月 28 ℃以上	1 月 0 ℃以下,7 月 28 ℃以上
温度带	亚热带、热带	暖温带、中温带
年降水量	800 毫米以上	800 毫米以下
干湿地区	湿润地区	半湿润、湿润地区
水文特征	流量大,变化小;含沙量少,无冰期	流量小,变化大;含沙量大,有冰期
自然植被	常绿阔叶林,热带季雨林	落叶阔叶林,针阔混交林
耕作制度	一年两熟至三熟	一年两熟或两年三熟、一年一熟
耕地类型	水田为主	旱地为主
主要作物	水稻、油菜、茶、蚕丝、热带作物	小麦、杂粮、棉花、花生、温带水果

秦岭的分界意义主要体现在气候方面。年降水量800毫米等降水量线穿过秦岭,也就是说秦岭以南地区年降水量在800毫米以上,属于"湿润区",秦岭以北地区年降水量在800毫米以下,属于"半湿润区"。

冬季最冷月 0 ℃等温线穿过秦岭，也就是说秦岭以南地区最冷月均温在 0 ℃以上，河流没有结冰期；秦岭以北地区最冷月均温在 0 ℃以下，河流有结冰期。4 500 ℃积温等值线穿过秦岭，也就是说秦岭以南地区年积温在 4 500 ℃以上，热量带属于"亚热带"；秦岭以北地区年积温在 4 500 ℃以下，热量带属于"暖温带"。从气候类型的角度来看，秦岭以南地区为"亚热带季风气候"，秦岭以北地区为"温带季风气候"。

秦岭南北都是季风气候，但是气候特征还是有一定差别，秦岭以南的亚热带季风气候的特征表现为"夏季高温多雨，冬季低温少雨，雨热同期"；秦岭以北的温带季风气候的特征表现为"夏季高温多雨，冬季寒冷干燥，雨热同期"。在自然带方面，秦岭以南地区为亚热带常绿阔叶林带，秦岭以北地区为温带落叶阔叶林带。秦岭南北方的气候差异，也使农业生产存在巨大差异，秦岭以南地区的人们以种植水稻为主，耕地属于"水田"；秦岭以北地区的人们以种植小麦为主，耕地属于"旱地"。

三、地学成因

山地旅游景观以其高大的形象、特殊造型以及各种特殊地质构造引人注目。地球上绝大多数的山脉都是由不同地质时期的板块移动碰撞逐渐形成的，被称为造山运动。造山运动是指地壳局部受力、岩石急剧变形而大规模隆起形成山脉的运动，仅影响地壳局部的狭长地带。目前观测到的最后一次造山运动是燕山运动，其结束的时间是白垩纪末期，距今已有 1 亿年。中国地理板块上重要的造山运动包括：

加里东运动，指发生在早古生代的强烈构造运动。在这次造山运动中，整个亚洲的地槽缩小了，而陆台扩大了，主要褶皱隆起的是俄罗斯西伯利亚南部的山脉。

海西运动，指发生在晚古生代的地壳运动。这一运动使中国北部阿尔泰山、天山、大兴安岭、阴山、昆仑山、阿尔金山、祁连山、秦岭等山脉隆起，形成巨大山系。

印支运动，指三叠纪中期至侏罗纪早期的地壳运动。此次运动改变了之前中国"南海北陆"的格局，川西、西北一带隆起成为山地，如岷山、邛崃山、大雪山、云岭等。

燕山运动，指侏罗纪和白垩纪期间中国广泛发生的地壳运动，以北京附近的燕山地区为标准而得名。这一运动不仅产生燕山、太行山、贺兰山、雪峰山、横断山、唐古拉山、喀喇昆仑山等山脉，而且形成许多山间断陷盆地，并在盆地内堆积了巨厚的砂页岩层。

喜马拉雅运动，是新生代地壳运动的总称，因喜马拉雅山的形成而得名。此次运动不仅造成了青藏高原的隆起，而且前期形成的古老山脉受其影响，都有不同程度的变化。喜马拉雅山位于青藏高原南缘，是中国和尼泊尔、印度等国的交界处，是由第三纪印度板块和亚洲板块碰撞而形成的巨大褶皱山系，也是目前世界上最高大、最年轻的山脉。

不同的内营力环境和外营力环境造就了高低形状各异的山体，按山地旅游景观的地学成因可分为褶皱山、断层山、穹形山、火山、侵蚀山等。褶皱山是当两个大陆板块相互碰撞时，地壳中的岩层受到水平方向的力的挤压，向上弯曲拱起而形成的（如喜马拉雅山脉、阿尔卑斯山脉和安第斯山脉）；断层山是当地壳出现裂缝，来自地下的压力迫使部分岩层上升，部分岩层下降，岩层相互堆叠形成的；穹形山脉是由地下大量熔岩涌向地表不断侵蚀周围地形而形成的；火山山脉是由岩浆喷出地壳表面形成的；侵蚀山脉是海拔较高的平地，其中的峡谷由侵蚀作用形成。喜马拉雅山是典型的褶皱山,江西的庐山是断层山,天山山脉属于褶皱—断层山。另外,外力作用对山的外貌和高低的形成也有很大的作用,构造作用形成山的同时,外力作用也在不停地对其进行影响,流水侵蚀、风力侵蚀、风化作用等不断地改变着山体的具体形状。横断山脉由于流水侵蚀的作用,形成了狭窄的深谷,山峰与谷底高低悬殊,构成了壮观的山体。

①褶皱山。褶皱山是由褶皱构造形成的山地,包括简单的隆起并经过侵蚀形成的背斜山、向斜山、单斜山、猪背山,以及复式褶皱形成的山地,分布广泛。如图5.1所示,原始的褶皱山是背斜岩层构成山,向斜岩层构成谷,这种地形称为顺地形。但是随着山岳的不断破坏,背斜因顶部岩层软弱,易剥蚀而形成谷地,原来的向斜岩层形成的凹地则因岩层坚硬反而变成山岭,这种地形称为逆地形(或地形倒置)。顺地形的破坏和逆地形的发育既取决于外力作用的强度和地貌演化的阶段,也取决于褶皱构造本身的产状特点和软硬岩层的组合情况。背斜山的保留条件是:褶曲舒缓,起伏不大,坚硬岩层厚,软弱岩层薄。向斜山的发育条件是:褶曲陡峻,起伏很大,软弱岩层厚、坚硬岩层薄。褶皱山往往沿褶皱方向延伸,其分布和褶皱轴一致,形态因褶皱形式而异,当线状褶曲呈平行排列时,在地貌上表现为岭、谷相间平行排列分布的地形,例如川东的平行岭谷区;在短轴褶曲中褶皱山多呈雁行式排列,短轴的背斜和向斜交替组成倾伏褶曲,在地貌上表现为"之"字形山脊。

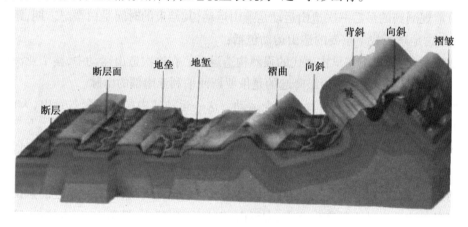

图5.1　褶皱断层模式图

②断层山。又称断块山,是地壳断裂成块,产生阶梯构造,由正断层控制的块体,呈整体抬升或翘起抬升(沿断层翘起)形成的山地,前者称地垒式断块山地,后者称掀斜式断块山地。地垒式断块山地的山坡两侧较对称;掀斜式断块山地翘起的一坡短而陡,倾斜的一坡长而缓,山体的主脊偏于翘起的一侧,庐山就是典型的地垒式断块山地。断层山的特点是山连边线平直,山坡陡峻成崖,与相邻平地之间没有过渡的缓冲地带,常常急转直下。最初形成的断层山具有完整的断层面及明显的断层线。后来断层崖不断遭受侵蚀,原始断层面受到破坏,山坡后退,变成一系列的三角形的平面,又称断层三角面。断块山可以在各种构造的基础上形成,如在褶皱构造上形成则是褶皱断块山。断层山大多成群分布,有时单独存在,其分布受断层排列方向的控制。

③侵蚀山。侵蚀山是指地壳上升区，地面遭长期外力剥蚀和侵蚀作用而成的山地。有的是构造山或高原经外力作用塑造而成的，也有经外力作用不断冲刷，坚硬岩层残留下来而成的蚀余山，多分布于上升的古陆地区和地台区。

④单面山。单面山是指发育在单斜构造上的山地。单斜构造是被破坏了的背斜或向斜的一翼。它的特征是山体沿着岩层走向延伸，两坡不对称，一坡陡而短，另一坡缓而长（图5.2）。与岩层倾向相反但与层面近乎垂直的一坡是陡而短的前坡，与岩层倾斜一致且与层面近乎平行的一坡是缓而长的后坡。紫金山就是一单面山，南坡与岩层倾斜一致，缓而长，而北坡则陡而短。

图5.2 单面山示意图

⑤猪背山。猪背山是单面山的一个特殊形态，指形成于岩层倾斜较大的单斜构造上的两坡较陡，并且近似于等长的山岭。由于岩层倾角都超过45°，因此由构造面控制的后坡同由侵蚀形成的前坡常形成对称的斜面，形如猪背脊。

⑥桌状山。山顶部呈圆形，平展开阔，峰巅周围峭壁如削，峭壁下面坡度由陡到缓，这种像戴着平顶帽子的山就是"桌状山"。在中生代的燕山运动和新生代喜马拉雅运动中，地壳激烈地沿着断层垂直错动，形成无数地垒式的断块山。又经过几百万年的流水侵蚀和风化侵蚀，逐步演变为桌状山或方山，就是现在的岱崮（图5.3）。沂蒙山区岱崮的数量之多、形态之美，不仅在中国大地首屈一指，就是在世界上也罕见。这些岱崮千姿百态、形状各异，其成因主要是古生代寒武纪石灰岩经受了强烈的地壳切割和抬升运动，地壳切割和抬升运动区经过侵蚀、溶蚀、重力崩塌和风化等多重动力作用而形成了呈驼、帽、桌和鸡冠等形态的崮。

图5.3 岱崮景观

◎知识链接

杭州飞来峰真是飞来的吗？

飞来峰又名灵鹫峰，位于杭州灵隐寺前，山高168米，属于石灰岩地貌，堪称中国最奇特的山峰。在飞来峰西北、西南、东南三面分布有北高峰、美山峰、天竺山、天马山等高峻山岭。飞来峰与外围山岭之间为溪涧或平缓坡麓地形,呈环状紧紧裹着飞来峰,把飞来峰与外围山岭分割开来,形成"峰外有溪,溪外有山"的奇特景观。在这种地形环境下,飞来峰显得孤立突兀,给人以"飞来"之感。有人说它是从印度飞来的,也有人说是从峨眉山飞来的,这当然只是美丽的传说。

　　整座飞来峰是一个典型的向斜构造,飞来峰处在向斜核部,由船山灰岩和少量黄龙灰岩组成。石灰岩遭受强烈溶蚀而"千疮百孔",形成一线天、通天洞、玉乳洞、老虎洞等岩洞景观。而飞来峰外围的山岭处在飞来峰向斜翼部位置,由泥盆纪石英砂岩、石英砾岩组成。因砂岩抗蚀力强,形成高丘陵地形,山峰险峻,山坡陡峭。在飞来峰与外围山岭之间地区分布石炭纪砂、泥岩地层,岩性松软,同时又受北东及北西向断层切割,经风化作用与流水作用使这一薄弱地带剥蚀、侵蚀而形成低凹地形,把飞来峰与外围的山岭分割开。于是,飞来峰孤立无靠,宛似飞来。因此,飞来峰的塑造是因组成向斜的、不同岩性的地层在漫长的地质历史时期差异侵蚀的结果,属于典型的"向斜成山,背斜成谷",而非飞来的。

四、景观赏析

　　地球上的自然景观千变万化,精彩纷呈,山地则是形成风景的骨架,它决定了风景的骨架、气势和纹理,也影响着动植物的生长,形成了风景的雄、奇、野、险、秀、旷等美感。因此,山地旅游景观是富有综合美的自然景观实体,是一个地域范围较大的空间综合体,包括地下的基岩、地表的地形、土壤、植被、流水、人类遗址等,还包括天上的雨雾风云、日月光辉等气象、气候要素。不同的山地旅游景观富有不同美学形象特征,还具有不同的色彩美、协调美等特征,多姿多态的山地是地球表层最为壮观的地貌景观。

(一)花岗岩山地景观

　　花岗岩山地景观是由花岗岩石体所构成的峰林状高丘与球状石蛋或馒头状岩丘的通称。《淮南子·精神训》中说:"刚柔相成,万物乃形。"这说的就是花岗岩刚与柔的无穷变幻。花岗岩是地球表面最常见的岩石,在中国的分布面积大概占到国土面积的9%。中国是世界上花岗岩地貌景区最多的国家之一,花岗岩名山很多(图5.4)。

图5.4　典型的花岗岩山地

1.景观特点

　　①主峰突出。花岗岩地貌节理发育,经过抬升作用,可形成高大挺拔的山体,使主峰十分明显。

②象形石峰。花岗岩因为十分坚硬,在漫长的地质年代中,表面多呈"球状风化",形成浑圆的"石蛋",或其他各种惟妙惟肖的象形石峰。黄山的怪石就是黄山"四绝"之一。

③危崖峭壁。花岗岩山地岩体垂直节理发育,经流水切割侵蚀或风化崩塌作用,常出现大面积的危崖峭壁,峰林深壑。

④雄伟险峻。主峰高大挺拔,周围群峰簇拥,各种奇妙的石蛋和象形石峰,共同构成花岗岩山地的最直观印象:雄伟险峻。中国自古就有"泰山天下雄""华山天下险"之说,就是这个道理。

2.分布区域

中国的花岗岩山地分布广泛,集中分布在云贵高原和燕山山脉以东的第二、三级地形阶梯上,以海拔2 500米以下的中低山和丘陵为主,其他一些山地也有分布。中国的许多名山,如东北的大、小兴安岭,辽宁千山、凤凰山,山东的泰山、崂山、峄山,陕西的华山、太白山,安徽的黄山、九华山、天柱山,浙江莫干山、普陀山、天台山,湖南的衡山、九嶷山,江西三清山,河南鸡公山,福建的太姥山、鼓浪屿,广东罗浮山,广西桂平西山、猫儿山,湖北九宫山、黄冈陵,江苏的灵岩山、天平山,天津的盘山,北京云蒙山,河北老岭山,宁夏贺兰山,甘肃祁连山,四川贡嘎山,海南大洲岛、铜鼓岭、七星岭、五指山等,几乎全部或大部分由花岗岩所组成,其中许多已成为国家风景名胜区和自然保护区。

3.地学成因

潜伏在地下的花岗岩在地壳抬升作用和剥蚀作用下,常常出露地表。由于花岗岩特殊的结构和构造,主要是节理和裂隙发育,暴露在地表的花岗岩体在流水、冻融、风力作用下,形成千姿百态的景观。花岗岩山的发育深受岩性影响,一方面因块状结构,坚硬致密,抗蚀力强,常形成陡峭高峻的山地;另一方面因风化壳松散,其下原岩不透水,易产生地表散流与暴流,水土流失严重。且因节理丰富,产生球状风化;地表水与地下水沿节理活动,逐步形成密集的沟谷与河谷;在节理交错或出现断裂的地方,往往形成若干小型盆地;节理的多少和形式决定山坡的形态,节理密集区,重力崩塌显著,出现垂直崖壁;层状风化与剥蚀,使坡面角保持不变,而球状风化与剥蚀,使坡面浑圆化。沿节理进行的风化作用,可深入岩体内部,形成很厚的红色风化壳。此外,岩体构造对花岗岩景观也有影响(图5.5)。

正长石

斜长石

云母

石英

图5.5　花岗岩

4.发育过程

花岗岩是深成的岩浆岩,由地下深处炽热的岩浆上升失热冷凝而成。其凝结的部位一般都在距地表3千米以下。花岗岩岩浆冷凝成岩并隆起成山,大致可分为以下几个阶段:

第一阶段:冷凝成岩和深成阶段。

花岗岩岩浆从地下深处向上侵入,到达地壳的一定部位(一般在3千米以下)而冷凝结晶,形成岩体。在冷凝结晶的过程中体积要发生收缩,从而在花岗岩体中产生裂隙,即"原生节理"。花岗岩中的原生节理一般有三组,彼此近于垂直,三个方向的节理把岩体切割成大大小小的近似的立方体、长方体的块体。这些节理裂隙则在地壳运动的作用下,部分发育成为断裂构造。

第二阶段:上升到接近地表风化阶段。

花岗岩体接近地表,地下水作用增强。在地下水作用下,花岗岩中的主要矿物长石变成了黏土矿物。这种变化最易发生的部位是被原生节理切割成的立方体、长方体的棱角处。久而久之,受原生节理切割而成的立方体、长方体的块体,就变成了一个个不太规则的球体,称为"球状风化",形成的球状岩块称之为"石蛋"(图5.6)。

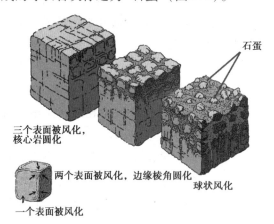

图5.6　花岗岩球状风化示意图

第三阶段:继续上升出露地表,形成山地并接近剥蚀阶段(图5.7)

图5.7　花岗岩特殊景观形成图

这个阶段,根据上升的速度可分为两种情况。第一,慢速上升缓慢剥蚀,花岗岩体出露地表后会继续上升。上升速度较慢时,花岗岩体会隆起成为低矮的丘陵。在这种情况下,花岗岩风化壳受到的侵蚀作用较弱,粗大的石蛋则会残积在原处。如果地处湿热的气候带,在很厚的风化壳中石蛋会相互垒砌起来,并形成石蛋垒砌而成的山丘,地貌学上将这种景观形态称为"花岗岩石蛋景观"。厦门植物园所处的万石岩就是这种景观的典型。第二,快速上升强烈剥蚀,花岗岩出露地表并快速上升成为高峻的山峰,流水的侵蚀冲刷能力增强,将花岗岩基岩上的风化壳和石蛋几乎全部冲刷掉,流水继续沿近于直立的节理、断裂冲刷、下切,将花岗岩体切割成一个个陡峻的山峰,只有在很少的山峰顶部还残留有石蛋,地貌学将这种地貌形态称为"花岗岩峰林景观"。

5.景观分类

根据花岗岩景观类型特色,结合地质构造背景和花岗岩景观的成因,最具代表性的花岗岩景观为三清山、黄山、华山、泰山、普陀山和克什克腾,它们反映了花岗岩山地景观形成演化过程中的不同阶段,可构成一个花岗岩景观的序列,分别称为:三清山式、黄山式、华山式、泰山式、普陀山式等。其中的三清山式花岗岩景观,是具有世界对比意义的花岗岩景观之一。

①三清山式。三清山地处古地质板块间不安分的碰撞对接带,褶皱和断裂发育,岩浆活动频繁,经过燕山运动、喜马拉雅期的造山运动,山岳进一步大幅度抬升,位于岩体顶部的地层不断地被风化剥蚀掉,岩体逐渐被暴露出地表。山体不断抬升,伴随水力侵蚀的强烈下切,使地势高低悬殊。再加上三清山的断层、节理及裂隙异常发育,风化剥蚀和流水冲刷形成了三清山所特有的花岗岩峰林景观。

②黄山式。黄山式花岗岩景观(图5.8)属于构造侵蚀与冰川侵蚀叠加地质成因。主要是在区域性块状隆升背景下,以构造切割、冲刷侵蚀作用为主,后又受冰川刨蚀,山势峻峭,大型浑圆状和部分锥状山峰相对较少,且分布稀散,其花岗岩峰林景观规模不大,且残留于岩体的中下部。同海拔在1 000米以上的花岗岩体相比,成群出现的有棱尖峰是其最大特征。从花岗岩景观演化发展的阶段而言,黄山式晚于三清山式,早于华山式。

图5.8 黄山天都峰

③华山式。华山式以构造切割冲刷侵蚀作用为主,以高峰陡崖绝壁山体景观为特色,以险峻著称(见图5.9)。"自古华山一条路"正说明了此类景观的险峻程度。安徽的天柱山也是类似于华山式的花岗岩景观。

图5.9　华山断臂悬崖地貌景观

④泰山式。化学风化作用较强,以浑圆雄厚山体与陡坡、崖壁组合景观为特色,以雄伟著称。花岗岩景观演化发展的阶段晚于华山式,早于普陀山式。类似于泰山式的花岗岩景观有湖南衡山等,但不如泰山雄伟。

⑤普陀山式。普陀山式花岗岩的成因与古太平洋板块向西俯冲作用有关,以浑圆状花岗岩低丘和花岗岩石蛋景观为特色。类似的花岗岩景观还有福建的鼓浪屿、万石山、平潭岛等。这类花岗岩景观以海蚀风化作用为主,化学风化作用较强,以大型球状风化丘陵和多种石蛋、柱状石林和石峰造型为多。

6.景观实例

图5.10　大别山花岗岩球形风化产物——锡锅顶

花岗岩山地主峰凸出,山岩陡峭险峻、气势宏伟,多奇峰、悬崖、深壑、怪石,石柱林立、雄伟壮观(图5.10)。代表旅游景观如下:

①石蛋及其垒砌造型。花岗岩特殊的球状风化是美景形成的关键。花岗岩在自然界分布广泛,质地坚硬、节理发育,由于其物质成分比较均一,在长期内外营力作用下球形风化明显,形成千姿百态的奇峰、奇石、台地、石丘、石蛋等花岗岩造型和象形地貌,分布于山巅溪涧,给人以宽阔的想象空间,成为旅游区的重要景观、神话和传说的源泉。如黄山顶部的"猴子观海"和"飞来石",天都峰上的四块"仙桃石",鸡公峰前的"天鹅孵蛋",鳌鱼峰的"金龟"和"螺蛳",排云亭前的"仙人靴",华山西峰顶的"劈山救母石",三清山的"司春女神",福建平潭岛的"骆驼石""神龟石""鸳鸯石",山东崂山的"毛公石",泉州灵山的"风动石""太姥奇石",厦门鼓浪屿的"日光岩"和海南三亚的"鹿回头"等。石蛋垒砌造型也是花岗岩旅游景区的重要景观,例如河南鸡公山顶的"雄鸡"、嵖岈山的"八戒醉酒"和"双猴望月"、平潭岛上的"海潭天神"等。

②石柱、孤峰及峰林。当花岗岩出露地表并处于强烈上升时,流水沿垂直节理裂隙下

切,形成石柱或孤峰,如安徽黄山主峰莲花峰、天都峰等(图5.11)。石柱、孤峰丛集成为峰林,如黄山的"妙笔生花"。花岗岩峰林显得极为雄伟壮观,如黄山切割深达500~1 000米,形成高度在千米以上的山峰就有70多座。华山则是东西南北中五峰对峙局面。另外,天柱山的天柱峰和九华山的观普峰也是非常典型的峰林地貌景观。

图5.11 安徽黄山世界地质公园——尖峰花

③一线天。当流水沿花岗岩体中近于直立的剪切裂隙冲刷下切时,形成近于直立的沟壑,沟壑越来越深,形成两壁夹峙,向上看蓝天如一线,这就是一线天。中国花岗岩山岳,如黄山、九华山、华山、太姥山、天柱山、嵋岈山、千山和平潭岛的将军山等,都有一线天景观。

④绝壁、陡崖。花岗岩体中或边缘发育有断裂构造时,由于断裂带岩石破碎,抗风化能力变弱,或由于断裂的抬升,在花岗岩体的周边或内部产生悬崖绝壁。另外,流水沿直立节理冲刷,也会产生高差较小的陡崖。绝壁和陡崖为花岗岩景观增添了险峻的美感,这一点在华山体现最为明显。华山之险,名冠群山,是因为华山四周均是绝壁,从东峰沿长峰至石楼峰更是构成了一个巨大的崖壁,被称为"华山仙掌"(图5.12)。

图5.12 华山仙掌

⑤洞穴、石窟。花岗岩是不易溶解的岩石,因此不能形成在石灰岩地区常见的溶洞。但雨水沿花岗岩体内断裂冲刷,断裂上盘岩块松动崩塌,能形成不规则的堆石洞,即洞穴(图5.13)。两者形成机理是不一样的,花岗岩洞穴的形成是以物理作用为主(图5.14),后者主要是化学溶蚀作用。另外,石蛋景观发育的地区,石蛋间的空隙也可以构成岩洞。如黄山的水帘洞、莲花洞、鳌鱼洞,崂山的白云洞、明霞洞,太姥山的璇矶洞,罗浮山的朱明洞,嵋岈山的万人洞。

⑥泉、温泉、矿泉。"自古名山多聚泉",泉是花岗岩山地的重要旅游景观。著名的有崂山的矿泉、黄山的温泉和骊山的温泉等。花岗岩一般含有极少量的放射性元素。因此,从花岗岩中流出的泉水一般均含有少量的对人体有益的具放射性的氡气,这些泉水可饮可浴,不仅是重要的旅游资源,也是宝贵的水资源。

⑦瀑布。中国的花岗岩地貌大多出现在雨水允沛的东部地区,山高水高,所以在花岗岩

图 5.13　安徽天柱山世界地质公园——崩塌叠石洞景观

图 5.14　叠石洞的形成示意图

峰林地貌发育或较为发育的山岳地区,一般都有瀑布出现,如黄山的人字瀑、百丈泉、九龙瀑,崂山的龙潭瀑布,太姥山的九龙漈瀑布,九华山的桃崖瀑布、织锦瀑布和龙池瀑布,罗浮山的白石漓瀑布、白水门瀑布和黄龙洞瀑布等。

◎知识拓展

★华山为何如此险峻?

首先,由于花岗岩岩性十分坚硬,抵抗物理风化的能力很强,在化学成分上,花岗岩主要成分是石英和长石,黑云母很少,因此岩石抵抗化学风化的能力也较强。风化作用是欺软怕硬的,华山周围的片麻岩和片岩,因不耐风化而早就被夷平了。因此,由花岗岩组成的华山就在自然界的风雨中傲然屹立。其次,在花岗岩体上,常常具有纵横交错的节理,特别是岩体边缘节理尤其发育,给风化剥蚀创造了条件。而且,节理使岩石整块塌落,形成了突兀的柱状山崖,"千尺幢"就是大自然沿着节理修凿而成的。再次,华山的岩体比较年轻,是华山险峻的另一个原因。地球在约46亿年的漫长历史中,有过多次的岩浆活动,而形成华山花岗岩的岩浆侵入时代,距今仅约一亿年。古老岩石饱经沧桑之变,而年轻的花岗岩受的变动少,受风化剥蚀时间短,因此更坚硬,更耐风化,形成奇而险的地形。除此之外,华山东西两侧河流下切和南北两个断层错动,使华山形成"太华之山,削成而四方"的陡峭、峻险、雄伟的花岗岩地形。

★黄山为什么如此秀丽?

首先,从岩石角度看,它是由坚硬的花岗岩组成的。随着地壳构造运动,花岗岩体不断抬升形成了高山。其次,构造运动又使岩石发生断裂、破碎,后来流水、冰川沿裂隙进行切割,就形成了悬崖陡壁。再次,风化作用又像技艺精湛的石匠,用神斧仙刀把断裂切割的花岗岩修饰成了各种奇特的形态。最后,因为冰川的特殊作用。在第四纪时,中国是一个冰天雪地的世界,这时的黄山也是冰雪的海洋。在山岳区域,由冰雪形成的河流——冰川在缓慢地流动,它像传送带那样,携带着沿途的石块,而冰川的刨蚀作用,像一把大的开山斧,将黄山铲、刨、刮、磨,雕刻成独特的冰蚀地形。在天都峰陡峭的山峰下,高高悬挂的簸箕状冰斗,就是冰川在向下流动时挖刨成的斗状凹坑。

★狼山风火轮是怎么形成的?

狼山在内蒙古自治区西北部,山上风光绚丽,令人遐想。传说当年孙悟空大闹天宫时和哪吒在空中鏖战,孙悟空的金箍棒打在哪吒身上,哪吒口喊饶命,脚踏风火轮,转身就跑,急忙中将一只风火轮落在狼山上,而今山上立着一块圆盘状石头就是那个风火轮的化身。风火轮燃烧时的熊熊大火,而今在岩石上还留下了"火星儿"。它是一块普通的花岗岩,只是花岗岩上节理比较发育,纵横交错把岩石切割成板状。而且,这里的气候多风,一年中,小风不断,大风常见,年平均风速在每秒3米以上,飞沙走石,风夹带着沙子、砾石,吹打在岩石上面,久而久之,岩石被风化、剥蚀成板状的花岗岩块,经长期风化剥蚀后,就形成了形状奇特的摇摆石——风火轮。岩石上的火星又是怎么回事呢?仔细看去,那落在风火轮上的火星是结晶比较粗大的钾长石,呈肉红色,均匀嵌布在花岗岩中,人们形象地说它是点点火星。

(二)玄武岩山地景观

地质历史中,新生代时期,中国东部进入地壳活化阶段,岩浆作用活动频繁,沿造山带、裂谷带和大洋中脊均有大量玄武岩喷发,并构成了一系列玄武岩地质景观地貌和构造,是最能吸引人的一种山地旅游景观。

1.地学成因

玄武岩在地质学的岩石分类中,属于岩浆喷出岩,是地下岩浆在内力作用下,沿地壳薄弱地带喷出地表冷凝而形成的岩石,它的矿物结晶颗粒细小,有的有流纹或气孔构造。火山爆发流出的岩浆温度高达1 200 ℃,因有一定的黏度,在地势平缓时,岩浆流动很慢,每分钟只流动几米远;遇到陡坡时,速度便大大加快。它在流动过程中,携带着的大量水蒸气和气泡冷却后,便形成了各种变异的形状。玄武岩的多孔构造可形成具有观赏价值的岩石。熔岩流均沿着原地形基础奔泻而下,可形成多种旅游景观,诸如熔岩绳、火山石海、火山锥、熔岩舌、熔岩瀑布、熔岩波涛、石熊、石虎、石猴、熔岩隧道等。另外,岩流流动过程中,外表已冷却凝固,中间岩流仍继续流动溢出,便形成中空的洞,又称熔岩洞。

2.景观特征

玄武岩是由火山喷发出的岩浆冷却后凝固而成的一种致密状或泡沫状结构的岩石。玄武岩是基性喷出岩,一般呈黑色和灰黑色,风化后多呈黄褐色和灰绿色,因流动性大,常具气孔。由于喷发后迅速冷凝,冷凝收缩时产生大量原生节理,呈六方柱状,形成拟人拟物景观。著名景观地有黑龙江五大连池、峨眉山顶、吉林长白山、湛江硇洲岛等。五大连池条条石龙是玄武岩顺坡流动的熔岩流,因流动时表面冷凝,但内部仍继续涌流,故形成麻花状、绳状、蛇状、木排状、溶洞等景观。峨眉山山顶覆盖大面积玄武岩,山顶的舍身崖绝壁是世界最著名的金顶佛光观景地。

3.代表景观

①玄武岩台地。基性玄武岩熔浆喷出地表后,沿地面流动,大面积覆盖地表形成顶部起

伏和缓的熔岩高原或熔岩台地。如中国河北张家口以北的玄武岩台地(地理上称为坝上高原),受流水作用和柱状节理的影响,熔岩高原或台地被分割为顶部平缓、四周陡峻的熔岩方山——桌状台地地貌。常见于中国东北敦化、密山一带,长江中下游的长江以南也常见,如江苏南京的方山和灵岩山,浙江新昌的玄武岩台地等。

②玄武岩石柱林。柱状节理为玄武岩中常见的一种原生破裂构造,尤其在大面积覆盖的碱性橄榄质玄武岩流中发育更为普遍。基性玄武岩岩浆因其黏滞度小,流动性大,所以喷出以后很容易覆盖较大的面积,成为相对平坦的熔岩台地,熔岩流动面称为冷凝面。在此面上,熔岩围绕若干冷凝中心点冷却收缩,形成多棱柱状节理,石柱垂直于冷凝面,多为六边形,偶见五边形、七边形,高数米或数十米,一眼望去,形状奇特,犹如一把筷子矗立在平原上,气势十分壮观,再经过崩塌侵蚀,会出现相当整齐的石林景观。

(三)流纹岩山地景观

1. 地学成因

流纹岩是典型的酸性喷出岩,由花岗质岩浆喷出地表冷凝形成,多灰白、粉红、浅紫、浅绿等色,以爆发相的火山碎屑岩为主,多形成岩钟、岩针、岩穹和短而厚的岩流形态,因经常发育流纹构造而得名,称为流纹岩景观。除了流纹构造外,部分流纹岩还具有球(石)泡构造。呈熔岩流产出的流纹岩分布有限,一般呈规模不大的火山穹丘和岩流产出;而大面积分布、具流动构造的流纹岩,多呈岩席、穹丘和岩墙产出。

2. 景观特征

流纹质火山岩垂直节理发育,经过构造上升,河流下切,重力崩塌,常常造成造型奇特的微地貌,形成叠嶂、锐峰、异洞、幽谷、峭壁、柱峰、方山、石门等组合,以雁荡山地区为典型,故又称为雁荡山地貌景观。这些造型不仅丰富逼真,而且造型景观变幻多端,同一景物从不同时间、不同角度观看,还会步移景换,呈现多种不同的形态特征。如浙江雁荡山的著名造型峰岩灵峰,在不同时间不同角度,可变幻成双手相合、雄鹰展翅、夫妻幽会等形象,因此又有合掌峰、雄鹰峰和夫妻峰等名称,是浙江雁荡山世界地质公园内主要的地理景观之一。此外,浙江仙居神仙居、杭州西湖宝石山、临海国家地质公园等地,都发育了典型、壮观的流纹岩景观。

◎景点链接

★虎丘山

虎丘山是苏州城的标志性景观,有"吴中第一名胜"之称,位于苏州古城西北,海拔34.3米,占地0.19平方千米,山体为距今1.5亿年的中生代侏罗纪时代喷发的岩浆凝结而成的流纹岩。虎丘山古迹很多,传说丰富,集林泉之致,丘壑之韵。苏轼曾说过:"到苏州不游虎丘,乃憾事也。"远古时代,虎丘山曾是海湾中的一座随着海潮时隐时现的小岛,历经沧海桑田的变迁,最终从海中涌出,成为孤立在平地上的山丘,人们称它为海涌山。"海涌流辉"的照壁,海涌桥,海涌泉,拥翠山庄月驾轩内立有清代学者钱大昕书写的"海涌峰"石刻,都可见虎丘山与海的渊源。苏州在春秋时是吴国的首都,吴王阖闾死后就葬于此山。葬后3日,便有白虎踞于其上,故名虎丘山。而后秦始皇曾登虎丘山览胜,西楚霸王项羽又在此率子弟起兵反秦。唐代诗人白居易在苏州任刺史时,曾凿山引水,修七里堤,使虎丘山景致更加秀美。

★*雁荡山*

雁荡山是以白垩纪流纹质火山地质地貌为基础的自然公园,保存有地质、岩相、岩石等火山地质景观和嶂、峰、门、洞、飞瀑等地貌景观,因其地貌的特殊性,被称为流纹质火山岩景观群(俗称古火山天然博物馆)。

雁荡山地区(图5.15)位于环太平洋亚洲大陆边缘火山带中的一座白垩纪流纹质古火山——破火山,1.2亿年前白垩纪火山活动喷发形成,经历了早期火山岩流与碎屑喷发—火山塌陷—复活穹起—晚期火山碎屑喷发—晚期破火山形成岩浆侵入的演化过程,抬升、剥蚀、切割导致火山根部天然裸露成多方位立体断面模型,具有酸性岩浆火山爆发、喷溢、侵入全过程火山岩浆活动产物的完整性,形成的岩石以流纹岩及凝灰岩为主,都是浅色、坚硬、较难风化的,向人们展示了火山喷发各种产物岩相模式的典型性、完整性和各种近代火山喷发产物堆积的可类比性。再经多次构造运动,使断裂与垂直节理发育,经地壳抬升、断裂切割、崩落垮坍、风化剥蚀,形成叠峰、石门、天生桥、锐锋、独柱、奇特的象形石、崩坍或倒石堆积洞穴、U形和V形峡谷、瀑布等景观组合,形成多种旅游景观。雁荡山流纹质火山,从其成分、发育古火山类型和喷发堆积的岩相学上均最具代表性,从时间上比环太平洋安第斯火山带、美国西部火山带古老。雁荡山的自然景观个性和成因模式,记录了中生代古火山发生、演化历史和深部地壳、地幔的相互作用过程,起到天然深钻的功能,展示了1亿年来地质作用所产生的独特自然景观。

图5.15　雁荡山

(四)砂岩峰林山地景观

特殊的地层岩性、高角度裂隙的发育、特殊构造地位、新构造运动的抬升等一系列因素造就了砂岩峰林景观的形成。凡有大片砂岩的地方皆是地质历史上的海滨海滩,经过漫长过程的沉积之后被积压胶结而成为砂岩。后因为地壳上升运动而成为陆地,如果上升的幅度很大,便被抬升,成为丘陵山地。后又经漫长过程的雨水河水冲刷破坏,使原来完整的砂岩山地被切割成许多山峰,而成为砂岩峰林;而被风化侵蚀掉的那部分砂岩变成了泥沙,被流水重新带回大海。

砂岩按碎屑成分可分为石英砂岩、长石砂岩和岩屑砂岩。石英砂岩由于抗化学风化强、节理稀疏而抗蚀性最强。这种岩石出露区地表切割密度比较低,常构成外表为赭色的支离破碎的悬崖、单斜山岭和陡峻的山地。武汉的龟山、蛇山、珞珈山等,南京的紫金山单斜山山顶部分,庐山山体东部的五老峰、大月山等就是由硅质胶结的石英砂(砾)岩构成的。厚层铁质胶结的砂岩有比较高的渗透率,顺裂隙有比较快的化学风化和流水深切,因而常发育成陡峭的悬崖与深邃的谷地。中国湖南张家界几百平方千米范围内,近水平的厚层石英砂岩被强烈侵蚀切割,形成独特的石英砂岩峰林峡谷奇观。

砂岩峰林景观的特点是:奇峰林立,造型生动,峡谷纵横,植被茂密。张家界武陵源风景区是中国最有代表性的砂岩峰林地貌景观,共有4 000多处砂岩石峰,形成峰林、峰柱、方山、石林、峡谷、嶂谷、幽谷等奇特的砂岩峰林,集神、奇、秀、野等特色于一体,峭壁万仞,千姿百态,世所罕见。1982年张家界武陵源风景区建成为中国第一个国家森林公园,1992年被列入世界自然遗产名录。

张家界武陵源砂岩峰林景观(图5.16)代表了地球上一种独特的地貌形态和自然地理特征,被联合国教科文组织誉为"无价的地理纪念碑"。亿万年前的张家界曾是一片波涛翻腾的汪洋大海。日月升沉,斗转星移,沧海桑田,大量死去的海洋生物堆积为土,凝结成岩,终于在最后一次"燕山运动"中升出海面,从而有了这个原始生态体系的砂岩峰林峡谷景观,变幻出今日的奇峰异石、溪绕云谷、绝壁生烟。在天子山出产着一种龟纹石,属湖南两大名石之一,它实际上就是生长在大海中的珊瑚化石,真实地记录了张家界沧海变高山的历史。

图5.16　张家界武陵源

构成张家界砂岩峰林地貌的地层主要由远古生界中、上泥盆纪云台观组和黄家墩组构成,地层显示滨海相碎屑岩类特点。岩石质纯层厚,底状平缓,垂直节理发育,岩石出露于向斜轮廓,反映出砂岩峰林地貌景观形成的特殊地质构造环境和基本条件。外力地质活动作用的流水侵蚀和重力崩坍及生物的生化作用、物理的风化作用,则是塑造张家界地貌景观必不可少的外部条件。因此,它的形成是在特定的地质环境中内外地质重力长期相互作用的结果。这里厚达500余米的石英砂岩所组成的峰林景观为国内外所罕见。特定的地质构造条件和质纯层厚、结构致密的特殊岩石基础,为石英砂岩峰林景观的形成提供了前提。同时本区石英砂岩大部分裸露地表，这使地表流水的侵蚀作用更加明显，更有利于砂岩峰林的发育，其发展演变经历了平台、方山(如天子山、黄石寨、鹞子寨等处)、峰墙(如百丈峡)、峰丛、峰林(如十里画廊、矿洞溪等处)、残林(如武陵源泥盆纪砂岩分布区的外围地带)几个主要阶段，形成了峰林、峰柱、方山、石林、峡谷、嶂谷、幽谷等奇特的砂岩峰林地貌景观，并由于暴露时间的长短和节理裂隙发育程度的不同，造就出石山、石墙、石柱、石峰、石门、天生桥等奇峰异石，鬼斧神工，形态各异，仿佛一座天然的艺术宫殿。

(五)变质岩山地景观

变质岩是岩浆岩、沉积岩由于所处的地质环境和理化条件的变化，使原来岩石的矿物成分和结构发生改变而形成的岩石。为什么最古老的山体景观多是变质岩形成的呢？变质岩跟沉积岩、岩浆岩相比，空隙小且少，硬度大，不易在外力作用(流水、风力、冰川、人为等因素)下快速侵蚀风化，因此经历了漫长地质时代的变迁，依然矗立在大地之上。其种类很多，由于原有岩石的岩性及所受的变质程度的差异，变质岩的岩性差别很大，组成的山地风景的风格特色也不同。

1.区域分布

变质岩在中国的分布很广。华北地块和塔里木地块主要由早前寒武纪的区域变质岩组成，并构成了中国大陆的古老核心，以后的变质活动带则围绕或斜切地块呈线型分布。中国由变质岩构成的名山很多，大江南北分布广泛。著名的变质岩景观地主要有山东泰山、云南苍山、山西五台山、贵州梵净山(图5.17)、湖北武当山、鄂豫皖交界的大别山、江苏茅山、江西庐山、陕西太白山等。其他著名的变质岩山还有江苏孔望山、花果山，浙江南明山等。

图5.17　梵净山

2.景观特色

在高温高压的内营力作用下变质的变质岩，质地坚硬、棱角分明，又在外营力(风化、剥蚀为主)作用下，使山体挺拔陡峭、雄浑险峻、苍劲巍峨。典型变质岩造型景观有泰山拱北石(探海石)、庐山黄云万里石、豁然贯通石、纵览云飞石，梵净山万卷书石、蘑菇石，华山的斧劈石、混元石、擎天柱、老鹰石、锯齿石、太子石等。

庐山地质由变质核杂岩组成，是由断裂作用上升而成的断块地垒，最高海拔1 474米。山体内的褶皱、断层和单斜构造地貌都很明显(地质学家李四光认定庐山为第四纪冰川形成之地貌)。坚硬的岩块形成许多山峰与横岭，软弱的石英砂岩受雨水侵蚀与袭夺，形成许多峡谷、急流与瀑布。"横看成岭侧成峰,远近高低各不同",说明庐山景观的多变性。

嵩山形成包含了太古代、元古代、古生代、中生代和新生代五个地质历史时期的地层,又历经燕山、嵩阳、中岳少林等多个构造运动,使嵩山形成复杂多样的地貌景观。岩石景观包括岩浆岩、沉积岩、变质岩、登封朵岩等,以主峰地带的石英岩簇林地貌最为著名。

梵净山海拔2 572米,相对高差达2 000余米,千枚岩、板岩、片岩出露于群峰之巅,在风化、侵蚀等外力作用下,造就了无数奇峰怪石,巍峨壮观,如鹰嘴岩、蘑菇岩、冰盆、万卷书等。

苍山由石灰岩变质后的大理岩构成,山石如玉,山峰险峻,林木苍苍,犹如人间仙境。太白山、大别山变质岩地貌景观具有山峰尖峭、岭脊狭窄等特征。

◎**景点链接**

★**泰山**

泰山位于中国山东省的中部,地处华北平原东侧,拔起于鲁中南群山之上,是中国的"五岳"之首,拥有"中华国山""天下第一山"之美誉,又称东岳,也是中国最美、最令人震撼的十大名山之一。它融雄伟壮丽的自然风光与悠久灿烂的历史文化于一体,1987年被联合国教科文组织列入中国首例文化与自然双重遗产名录。

景观特色:泰山以山体高大雄伟著称,地势差异显著,地形起伏大,总体地势呈现北高南低、西高东低的特征,主峰玉皇顶海拔1 545米,在不到10千米的水平距离内,与其山前平原相对高差达1 300米以上。泰山地貌分界明显,地貌类型繁多,可分为六种景观类型,即侵蚀构造中山、侵蚀构造低山、溶蚀侵蚀构造低山、溶蚀侵蚀丘陵、侵蚀丘陵和山前冲洪积台地。在空间形象上不仅造成层峦叠嶂、凌空高拔的势态,而且总体上的雄伟形象与群体组合上多种地形相结合,成为丰富多彩的景观形象。在新构造运动的影响下,泰山的侵蚀切割作用十分强烈,侵蚀地貌十分发育,造就了泰山拔地通天的雄伟山姿,形成了不同类型的侵蚀地貌以及许多深沟峡谷、悬崖峭壁和奇峰异景,塑造了众多奇特的微地貌景观,如三级夷平面、三折谷坡、三级阶地、三级溶洞、三叠瀑布等。此外,泰山不断间歇性抬升,形成了诸如壶天阁的谷中谷、后石坞的石海和石河、岱顶的仙人桥和拱北石等许多奇特怪异的地貌景观。泰山不仅以漫长的地质演化历史和重要而典型的地质遗迹令地质学家着迷,而且还以其深厚的文化魅力和优美的自然景观而令人神往。泰山的峰、岭、沟、壑甚至每个石刻碑体,都是亿万年地质历史演化的产物,是地球历史的珍贵档案。

地学成因:泰山是世界级的地质公园,大约形成于三千万年前的新生代中期,地层组成主要是各种片麻岩、混合岩、混合花岗岩,其中还有许多火成岩体侵入。变质时代距今24.5亿年,侵入其中的伟晶岩最古老的年龄是25.86亿年,属于地壳发展史上的太古代。这时鲁西地区(包括泰山在内)曾经是一个巨大的沉降带或海槽,上面堆积了泥砂质岩层和基性火山岩。继而又发生了强大的造山运动,即泰山运动,使沉降带原先堆积的岩层褶皱隆起为古陆,形成了规模巨大的山系,古泰山露出了海面。同时伴随着岩层的褶皱产生了一系列断裂、岩浆活动和变质作用,使原先沉积的岩石发生变质。在泰山山麓的南缘,出现了一个大致呈东西走向的泰山弧形深断裂。随后又遭受多次强烈的混合岩化和花岗岩化作用,逐渐变成了今日在泰山上所看到的各种变质岩和混合岩。

泰山的形成演变过程:泰山在长期的演变过程中,经受了泰山运动、加里东运动、海西运动、燕山运动和喜马拉雅运动五次大地壳运动的强烈变革,经历了地壳发展历史太古代、元古代、古生代、中生代和新生代五个主要阶段的改造,真可谓几度沉浮、几经沧桑。今日的泰山不是太古代的古老隆起,而是一个中新生代的掀斜断块凸起,燕山运动奠定了山体的基础,喜马拉雅山运动构造了山体的基本轮廓,著名的泰前断裂活动塑造了泰山今天的自然景观面貌。泰山作为地壳发展某一阶段的产物,它的形成经历了一个漫长而复杂的演变过程,大体上可分为古泰山形成、海陆演变、今日泰山形成三个阶段。

基岩生成与抬升——古泰山阶段:在遥远的太古代,泰山地区曾是一个巨大的海槽,堆积着很厚的各种泥沙物质和火山岩。24亿年前后,一次强烈的造山运动将古泰山抬出海平面之上,这就是地质学上的"泰山运动"。

沉积抬升——泰山再造阶段:古泰山长期接受风化剥蚀,经过了18亿~19亿年,古泰山地势渐趋平缓。至古生代初期,随着华北地区沉降,海水侵入,古泰山又沉没在一片汪洋大海之中。在古泰山老变质结晶岩的剥蚀面上,堆积了一系列的海相沉积,形成2 000米厚的海相地层。中奥陶世末,在加里东运动的影响下,泰山又缓慢地上升为陆地。中石炭世初,华北地区发生了短暂的升降交替,整个鲁西处于时陆时海的环境,而后,又持续上升,进入大陆发展阶段。

抬升剥蚀——泰山的返老还童阶段:中生代晚期,在燕山运动的影响下,南麓产生了数条断裂,处于该断裂北盘的古泰山,一方面不断地掀斜抬升隆起,另一方面又不断地风化剥蚀了原来覆盖在表面的沉积盖层。25亿年前形成的变质杂岩又重新出露地表,呈现了泰山穹隆,泰山快速隆起,泰山的雏形基本形成。后来,又经过长期的风化腐蚀和不停的地壳运动,到了距今6 000万年前的新生代时期,由于喜马拉雅山运动的影响,今日的泰山轮廓真正形成。新生代期间,在喜马拉雅山造山运动的影响下,泰山沿泰前断裂继续大幅度抬起,至新生代中期,今日泰山的总体轮廓基本形成。

★五台山

景观特点:五台山地处华北大陆的腹地,与恒山—太行山连续,最低处海拔仅624米,最高处海拔达3 061.1米,为华北最高峰,有"华北屋脊"之称。五台山大面积出露了地壳不同层次的岩层和地质构造,完美展示出中国大陆基底的地质构造和地质组成,北部切割深峻,五峰耸立,峰顶平坦如台,东台望海峰、西台挂月峰、南台锦绣峰、北台叶斗峰、中台翠岩峰,故称"五台"。台顶雄旷,层峦叠嶂,峰岭交错,挺拔壮丽,大自然为其造就了许多独特的景观,并且由于类型繁多的冰缘景观、地质地貌的多样性,造就了五台山生物的多样化,其植被分布具有明显的垂直地带性,形成罕见的自然美地带。五台山区域内植物595种,种类繁多,金莲花、迎红杜鹃,被专家认定为中国独有。山中活动着众多的动物飞禽,其中有国家一级保护动物金雕等。昆虫学家还在这里发现了20多种昆虫新种。山中气候寒冷,台顶终年有冰,盛夏天气凉爽,故又称清凉山,为避暑胜地。五台山有多种颜色的黑曜石矿山,且储量惊人,已经开采,有重大经济价值。

地学成因:在漫长的地球演进中,经过了"铁堡运动""台怀运动""五台运动""燕山运动",形成了以"五台群"绿色片岩及"豆村板岩"构成的"五台隆起"。五台山由古老结晶岩构成,岩层主要组成是绿色片岩与变质砾岩,绿色片岩是太古代海洋中裂谷内沉积和火山喷发形成的岩层组合;变质砾岩经历多期变质作用,保留了前寒武纪罕见的中高压变质岩系,具有高亢夷平的古夷平面、十分发育的冰川地貌、独特的高山草甸景观,更有第四纪冰川及巨大剥蚀力量造成的"龙磐石""冻胀丘"等冰缘地貌的奇观。可以说,五台山拥有独特而完整的地球早期地质构造、地层剖面、古生物化石遗迹、新生代夷平面及冰缘地貌,完整记录了地球新太古代晚期—古元古代地质演化历史,具有世界性地质构造和年代地层划界意义及对比价值,是全球地质科学界研究地球早期演化以及早期板块碰撞造山过程的最佳纪录,是开展全球性地壳演化、古环境、生物演化对比研究的典型例证。五台山地层完整丰富,绝大部分地层组段都是以该地区的山、水、村、镇命名的,它们在地质学领域具有重要的位置和作用,特别是前寒武系地层典型奇特,是地质科考的重点地区,因此,五台山当之无愧地被誉为"中国地质博物馆"。

第六章 色如渥丹，灿若明霞——中国丹霞景观地理

一、景观概述

"丹霞"一词源自曹丕的《芙蓉池作诗》，"丹霞夹明月，华星出云间"，指天上色彩斑斓的彩霞。近代中国地质学家在粤北韶关发现一种以陡崖坡为特征的红层地貌形态，其强大的造景功能和绚丽的色彩为中国大地增添了绝美的风景，"丹霞"作为这种独特的"赤壁丹崖"地理景观名称而蜚声中外。

丹霞景观在中国分布广泛，类型多样，发育典型，形成了顶平、身陡、麓缓的方山、石墙、石峰、石柱等奇观，呈现一派"色如渥丹，灿若明霞"的壮观景象，是大自然鬼斧神工造就的自然瑰宝，具有很高的科研价值。奇、险、秀、美的丹崖赤壁及千姿百态的造型具有很高的美学价值和旅游观赏价值，是中国重要的旅游地理景观资源。

丹霞展示了罕见的自然美，高耸的山峰、陡峭的崖壁和幽深的峡谷，加之绝美的瀑布、河流、湖泊以及广为覆盖的植被，构成了中国丹霞壮美的画卷。2010年第34届世界遗产大会上，贵州赤水、福建泰宁、湖南崀山、广东丹霞山、江西龙虎山和浙江江郎山6个国家级风景名胜区以"中国丹霞"系列提名的形式被列入世界遗产名录。"中国丹霞"这个名字并不是单纯的地貌概念，而是以丹霞地貌为载体，包含提名区的水体、生物和生态系统以及在这种地貌背景上形成的综合地理景观，构成了一个完整的地貌演化序列。其陡峭的悬崖、红色的山块、密集深切的峡谷、壮观的瀑布及碧绿的河溪构成的景观系统丰富性无与伦比，形成了丹山—碧水—绿树—白云的最佳景观组合，是中国乃至世界上最美丽红层地貌发育的杰出例证，尤其是中国丹霞所代表的系列整体地球科学价值和景观美学价值，填补了世界遗产在地貌景观类型上的空白。

二、地理分布

世界上红层广泛分布在除南极之外的各大洲，发育了与中国丹霞相同或相似的景观类型。所以，丹霞是一个具有全球意义的特殊自然地理现象和红层景观类型，主要分布在中国、美国西部、中欧和澳大利亚等地。

中国是世界上拥有丹霞景观资源数量最多、分布最为广泛的国家。丹霞景观在中国热带、亚热带湿润区，温带湿润、半湿润、半干旱、干旱区和青藏高原高寒区等14个气候区均有

分布,最低海拔可以形成于东部的海岸带,最高海拔可以出现在 4 000 米以上的青藏高原,东北至黑龙江省宁安市牡丹江凹岸的红石砬子,南至海南省琼海市白石岭,西至新疆乌恰县的柯孜勒苏河两岸,东到浙江象山沿海,均以丹崖赤壁为其基本特征。整体看来,中国的丹霞景观相对集中分布在西北、西南、东南三个区域,分别属于三种主要的类型:西北部高寒干旱山地型丹霞、西南部湿润—高原—山地—峡谷型丹霞、东南部湿润低海拔峰丛—峰林型丹霞。

中国目前已查明丹霞景观 1 005 处,遍及 28 个省区市,包括东南沿海、浙江、江西、云南、贵州、四川、广西、湖南及甘肃等地。中国现有的完全或部分以典型、独特的丹霞景观为主的国家级风景名胜区共计 27 处。第一批至第三批国家地质公园中,完全或部分是丹霞景观而被列入其中的就有 14 处。

中国丹霞的典型地理景观具体分布如下:江西龙虎山、鹰潭、弋阳、上饶、瑞金、宁都,福建泰宁风景区、武夷山、连城、永安,湖南怀化溆浦县思蒙(位于湖南省西部)、邵阳新宁县崀山(位于湖南省西南部,青、壮、晚年期丹霞景观均有发育),贵州赤水(约有 1 300 平方千米),青海坎布拉,广东省韶关市仁化县丹霞山(名称来源地)、坪石镇金鸡岭、南雄市苍石寨、平远县南台石和五指石,浙江永康、新昌、衢州江郎山,广西桂平的白石山、容县的都峤山,四川江油的窦圌山、成都的青城山,重庆酉阳桃坡一品丹霞、綦江的老瀛山,陕西凤县的赤龙山,云南丽江老君山,甘肃张掖(张掖市临泽县和肃南裕固族自治县),江苏新沂马陵山等地(表 6.1)。

表6.1　中国各区域丹霞景观特色

丹霞地貌分区	数量	比重/%	分布特色
东南区(8 省区)(广东、江西、浙江、福建、湖南、湖北、海南、香港)	400	39.9	沿仙霞岭—武夷山—南岭弧状地带分布;呈现"丹山碧水,风景如画"
西南区(6 省区市)(重庆、四川、云南、广西、贵州、西藏)	318	31.7	四川盆地东部—南部—西部马蹄形盆地边缘分布;是"丹霞盆景,大佛之乡"
西北区(5 省区)(陕西、甘肃、青海、新疆、宁夏)	223	22.2	陇山周围—河西走廊 T 形分布;可谓"丝绸之路,丹霞画廊"
其他地区(9 省区)(安徽、江苏、河南、山东、山西、内蒙古、河北、辽宁、黑龙江)	62	6.2	盆地镶嵌、零星分布,较少集中连片;个别发育了典型丹霞地貌景观,如河北承德地区、江苏与山东马陵山一带,内蒙古的狼山—阴山山前红层盆地等

三、地学成因

丹霞是由盆地中堆积的红色岩系(红色砾岩、砂砾岩、砂岩等),在地壳运动中被抬升,以流水侵蚀为主,并在风化、溶蚀、重力等外动力共同作用下,塑造成的以赤壁丹崖为特征的地理景观。科学地说,丹霞景观是大自然鬼斧神工的杰作,是漫长历史时期地壳运动的产物和自然力量的体现，是地质年代的记录。丹霞景观的发展和演化是内、外营力多种因素共同作用下进行的，其形成与演化不仅与红层岩性有关，也离不开红层发育区的构造、表生作用等因素的参与，这些因素共同构成了丹霞景观的成景系统。

1. 物质基础——红层

所谓"红层"目前尚未有统一的定义，大多数时候是指中生代以来即三叠系、侏罗系、白垩系和新生代古近系沉积形成的陆相碎屑岩（岩石是由当时的河流或湖泊沉积物所形成的，而不是在当时的海洋环境中形成的）。它们多以夹层互层出现，颗粒粗大（直径在2毫米以上，碎屑的含量大于50%）的岩层叫"砾岩"；细密均匀（直径在0.05~2毫米，碎屑含量大于50%）的岩层叫作"砂岩"；从外表来看主要颜色为红色，一般称为"红色砂砾岩"。它的最早提出者是李四光。

地壳发展史上红层盆地的形成与中国大陆板块构造及其运动分不开。侏罗纪和第三纪时期气候干热，干湿季明显，沉积物富含氧化铁和氧化铝，由于富集程度差异，岩层出现紫红、绛红、浅红等色彩。发育于此时期的红色、紫红色砂砾岩，夹有泥岩、火山碎屑岩，形成了中国的红层盆地，是构成中国丹霞景观的最基本的物质基础。

中国的红层主要分布在西南、华南、东南和西北地区；四大盆地、陕甘宁盆地以及云南高原中部、南部等地都有完整成片的红层分布；江南地区红层多分布在一些山间和小盆地中；新疆的红层地貌景观主要分布在准噶尔盆地、吐鲁番—哈密盆地、塔里木盆地的边缘。

中国丹霞景观的分布受控于陆相红层盆地的分布，而红层盆地在华南以拉张型盆地为主，华北、西北以及四川的红层盆地则以挤压型盆地为主；前者规模小而数量多，后者规模大而数量相对少。大型构造单元之间的差异，控制着丹霞景观的分布状态，乃至丹霞景观的形态。

2. 形成时间——中生代侏罗纪至新生代第四纪时期

中国丹霞景观发育始于第三纪晚期的喜马拉雅运动（图6.1）。这次运动使部分红色地层发生倾斜和舒缓褶曲，并使红色盆地抬升，形成外流区。岩层大致接近水平展开，透水性很好，雨水很容易渗透到地下，不易形成地表径流，因此岩石表面受到的流水侵蚀的作用不大。但是岩层中垂直节理和断裂发育，因而形成窄深的"一线天"景观。"一线天"发育以后，流水、风力继续作用，陡壁沿着垂直节理面崩

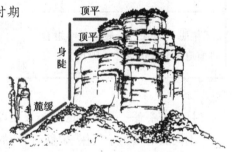

图6.1　丹霞景观示意图

塌形成较宽的巷谷，巷谷再进一步发展成为较大的山涧。巷谷崖麓的崩积物在流水不能全部搬走时，形成坡度较缓的崩积锥。随着沟壁的崩塌后退，崩积锥不断向上增长，覆盖基岩面的范围也不断扩大，崩积锥下部基岩形成一个和崩积锥倾斜方向一致的缓坡。崖面的崩塌后退还使山顶面范围逐渐缩小，形成堡状残峰、石墙或石柱等具有平顶和陡壁的奇峰景观。随着进一步的侵蚀，石墙被蚀穿形成石窗；石窗进一步扩大，变成石桥，即通常所说的"天生桥"；最终石桥崩塌，残峰石柱逐渐消失，地貌形态演变成缓坡丘陵。由于砂岩和砾岩的孔隙度及成分不同，砂岩比砾岩更容易被风化，岩层差异风化可以形成丹霞崖壁上的大大

小小的洞穴壁龛,如丹霞山的"梦觉关"。在红色沙砾岩层中有不少石灰岩砾石和碳酸钙胶结物,碳酸钙被水溶解后常形成一些溶沟、石芽和溶洞,或者形成薄层的钙华沉积,甚至发育有石钟乳。

3.形成过程

丹霞景观的形成发育大致经历了三个过程:一是在低洼盆地中形成了透水性良好、垂直节理发育的红色水平砂砾岩层;二是红色水平砂砾岩形成后,盆地随周围地区一起整体抬升,不再有其他堆积物覆盖;三是在湿热气候下,岩体在流水、风化、重力等外动力作用下,沟谷不断展宽,崖壁崩塌后退,顶面积不断缩小,形成了种种地形奇观。

根据其演化过程,丹霞景观包括了一个地貌系列:从景观不太显著、下切不太发育的青年期,到迷宫般的峰群和峡谷发育较好的壮年期,再到以大范围低地和广泛河流体系围绕的孤峰为特征的老年期(表6.2)。

表6.2　丹霞景观发育演化过程及特征

类　型	指标依据	特　征	分　布
幼年期丹霞地貌	山顶保持连续的原始顶面或剥夷面(>60%)	高原峡谷型地貌组合。地壳抬升—流水下切—巷谷、峡谷发育,上部保持大面积的原始堆积顶面、古剥夷面或弱侵蚀平台	红层堆积后或侵蚀后的新抬升区
青年期丹霞地貌	山顶逐步分离,原始顶面0~50%	高原峡谷型进一步切割,山顶呈山原面,除主河谷外峡谷和巷谷仍为负地貌主体	红层盆地抬升后的侵蚀区
中年期丹霞地貌	峰丛—峰林状组合地貌50%~100%	主河谷接近区域侵蚀基面,近河谷形成丹霞峰林,远河谷地带发育丹霞峰丛,地表崎岖	红层盆地抬升后的长期稳定侵蚀区
老年期丹霞地貌	河谷—丘陵—孤峰组合地貌50%~100%	主河谷与主要支谷接近侵蚀基面,河谷平原、红层丘陵和孤峰相间分布,局部保持峰林状	红层盆地抬升后的长期稳定侵蚀区

4.形成条件——构造运动和表生因素

不同的地区由于气候、岩性、构造的不同,造成了丹霞景观特征的复杂性。从本质上说,地表形态来源于地球内外力对地壳的综合作用,是红色砂岩经长期风化剥离和流水侵蚀,加之特殊的地质结构、气候变化以及风力等自然环境的影响所形成的红层侵蚀景观。其发育和演化主要受控于以下因素:

①构造运动。构造运动(特别是新构造运动)形成区域断裂作用和间歇式的抬升,导致地层产状变化,形成边界断层和网格状垂直节理,流水沿节理下切并不断扩大,发育出平顶山、方山、岩堡、岩峰、岩塔、岩墙、岩柱及丹崖上的岩槽、岩沟、岩穴等景观,这些景观的发育程度和高度主要取决于构造运动的幅度、断裂的发育程度和岩层层理的发育程度。

②岩性条件。岩石的组成、结构、构造及其组合特征,特别是岩石碎屑的分选性、胶结物性质和可溶性碳酸盐含量等对丹霞景观的形成具有非常重要的影响。红层固结程度较

差，易风化崩塌形成崩崖峭壁，加之岩石钙质胶结物易溶于水，造成岩石分离，不同岩性的红层发育的丹霞地貌景观有所不同，较硬的砾岩、砂砾岩层形成高峻的陡峭崖壁，而较软的砂岩、泥岩层常常被风化剥蚀形成千奇百态的造型景观。在红色砂砾岩层中有不少石灰岩砾石和碳酸钙胶结物，碳酸钙被水溶解后常形成一些溶沟、石芽和溶洞，或者形成薄层的钙化沉积，甚至发育有石钟乳，沿节理交汇处还发育漏斗。在砂岩中，因有交错层理所形成锦绣般的地形，称为锦石。河流深切的岩层，可形成顶部平齐、四壁陡峭的方山，或被切割成各种各样的奇峰，有直立的、堡垒状的、宝塔状的等。在岩层倾角较大的地区，则侵蚀形成起伏如龙的单斜山脊，多个单斜山脊相邻，称为单斜峰群。岩层沿垂直节理发生大面积崩塌，则形成高大、壮观的陡崖坡；陡崖坡沿某组主要节理的走向发育，形成高大的石墙，石墙的蚀穿形成石窗，石窗进一步扩大，变成石桥。各岩块之间还常形成狭陡的巷谷，其岩壁因红色而名为"赤壁"，壁上常发育有岩洞。

③表生条件。地表水、地下水侵蚀下切的时间、速度，以及强烈的物理化学风化作用是丹霞景观形成、演化的重要表生条件。如流水、重力、植被覆盖系数、人类活动等外力因素决定了外力侵蚀的速度。流水作用在丹霞景观发育和演化中的主导性表现在流水是下蚀和侧蚀的主动力；同时流水又不断地蚀去坡面上的风化产物使风化得以继续进行；流水的侧蚀作用为重力崩塌提供了可能。重力作用多发生在流水的下切和侧蚀形成的临空谷坡，也可沿各种破裂面发生崩塌。植被覆盖系数大的地区，可减缓风化侵蚀作用。热带、亚热带地区，雨水多，流水对岩层裂隙及节理的切割和溶蚀作用强，对丹霞景观的形成有重要影响。湿润、半干旱地区，多以台地和方山类型为主，而谷地多呈峡谷状。干旱的西北地区，在暴雨作用下，也可形成多种丹霞景观类型，由于风力可在岩壁上形成蜂窝状洞穴，有时在顶层有黄土覆盖，而被称为类丹霞景观类型。

◎**知识拓展**

张掖"七彩丹霞"并非丹霞景观，而是彩色丘陵

在1亿多年前的白垩纪，河水在张掖汇聚成湖并形成了巨厚的红色地层，随后1亿年的风雨侵蚀，令一种特殊的景观脱胎而出——彩色丘陵。彩色丘陵常被误认为丹霞，但其实两者并不相同。彩色丘陵是质地较软的粉砂岩和泥质岩经过缓慢的沉积，随后挤压变形、抬升，在流水和暴雨冲刷下被侵蚀、土崩瓦解，最终形成波浪起伏状的矮丘（图6.2）。地层中不同的矿物组成，也让彩丘比丹霞的色彩更加丰富。彩色丘陵不同岩层中的矿物成分不同，表面经过风化后显现为不同的颜色。而质地更坚硬的红色砂岩和砾岩经过风化后留下四壁陡立的群峰，才会形成典型的丹霞景观。

图6.2 张掖彩丘景观

典型的张掖丹霞指的是西侧肃南县的冰沟、大肋巴沟所分布的丹霞景观。之所以这两种景观被混为一谈，大概是因为它们同属张掖丹霞国家地质公园，加之电影《三枪拍案惊奇》的推波助澜，于是很多人便把彩色丘陵也当成了丹霞景观。张掖的丹霞高大开阔，并且表面植被稀疏，形态之美更是展露无遗，在干旱的西北大地上如城堡、如宫殿。

四、景观赏析

丹霞风光的主要特征是陡峻的红色砂岩峰群与碧水的组合。红色柱峰与碧水相掩映，景色妩媚动人。丹霞景观整体感强，线条明快质朴，体态浑厚稳重，丹山碧水，引人入胜。丹霞景观地区天然森林广泛覆盖，红色的山块与河流组合，形成丹山碧水景观；与植被组合则形成绿树丹崖景观，动静相生，摇曳多姿。在地质和地貌学层面上，丹霞有这样的定义：丹霞是一种形成于西太平洋活性大陆边缘断陷盆地极厚沉积物上的地貌景观。它主要由红色砂岩和砾岩组成，反映了一个干热气候条件下的氧化陆相湖盆沉积环境。这些沉积层经历了区域地壳抬升、剧烈的断裂、流水的深度切割侵蚀、块体运动、风化和溶蚀作用，塑造了群峰、崖壁以及峡谷等绝妙景观。

1. 景观成因分类

①流水冲刷侵蚀型。多分布在地壳相对抬升的地区，沿节理及垂直节理，经流水冲刷、侵蚀切割成"一线天"、峰谷、石崖、石墙、石寨、石梁、石柱、石峰等丹霞景观。在陡峭的岩壁上，因软硬岩层的差别侵蚀，往往形成槽、穴、洞、坑及鼻状、柱状等微形态。

②侵蚀崩塌残余型。丹霞景观发育到中、晚期，石柱、石峰进一步受到侵蚀及崩塌，而原来的石柱逐渐形成残峰孤石。

③崩塌堆积型。由陡峭的岩壁上沿节理崩塌落于山麓或江边的巨石，因具有独特的形体特征而呈有较高观赏价值的微型景观类型。

④溶蚀风化型。在红色砂砾岩中，若含有较多的石灰质砾石或钙质胶结物质，经水溶蚀后，可形成许多溶蚀洞或喀斯特式岩洞景观（表6.3）。

表6.3　丹霞景观成因分类

流水作用	坍塌作用	风化作用	
		凹片状风化	凸片状风化
一线天、巷谷、洼穴、壶穴、圆潭、平行小沟、河床、各种形状的沙波、泥钟乳、岩檐、岩槽、天生桥	丹崖赤壁、岩堡、岩墙、岩柱、岩峰、岩洞、石门、崩积形成的洞穴、天生桥、洼地、堰塞湖、岩块、地下河等	岩槽、扁平洞、额状洞、天生桥、蜂窝状洞穴、口小肚大洞穴、洞口向上小洞、干裂充填小凹槽	浑圆山体及山顶、山脊、山墙、岩墙、岩柱、岩峰、石蛋、天生桥、干裂充填凸条

2. 景观发育演化序列

"中国丹霞"在申报世界自然遗产过程中，基于红层侵蚀量和保留量的对比关系，将"中国丹霞"6个世界自然遗产提名地组成"青年早期—青年晚期—壮年早期—壮年晚期—老年早期—老年晚期"6个阶段的演化系列。中国丹霞6个遗产地反映了红层盆地从抬升接受侵蚀开始，到大部分红层被侵蚀，仅残留少部分红层的演化过程，即从侵蚀量最小到侵蚀量最大的不同发育阶段的丹霞景观区，从科学角度展示了丹霞景观的自然演化系列，也从形态上展示了各个阶段的不同景观特色，构成了亚热带湿润区丹霞景观系列。

贵州赤水:青年早期——高原面保存完好和阶梯状峡谷组合的高原峡谷型丹霞的代表;

福建泰宁:青年晚期——迷宫般密集的峡谷与雏形峰丛组合的峰丛峡谷型丹霞的代表;

湖南崀山:壮年早期——群峰林立、起伏跌宕、大气壮观的密集峰丛型丹霞的代表;

广东丹霞山:壮年晚期——疏密相间、造型丰富的簇群式丹霞峰丛峰林的代表;

江西龙虎山:老年早期——以疏散型丹霞峰林与孤峰群为特征的宽谷峰林型丹霞的代表;

浙江江郎山:老年晚期——残余孤峰再抬升的高位孤峰型丹霞的代表。

以下为中国6个提名世界遗产的丹霞景观对比分析:

①贵州赤水丹霞景观地处四川盆地和云贵高原结合部,是中国最大的丹霞分布区。高原的剧烈抬升与流水的强烈下切造成了地形的巨大反差。这里发育了最为典型的阶梯式河谷与最为壮观的丹霞瀑布群,成为青年早期高原峡谷型丹霞的代表。这里的丹霞发育在亚热带常绿阔叶混交林所组成的茫茫林海,只有沿着水系进入山体内部的峡谷中,才展现出它真实的一面——环状绝壁、高悬瀑布,这是赤水丹霞最显著的特点。环状绝壁出现在地形由平缓的宽谷向陡窄的峡谷转换的拐点上(地貌学上称为"裂点")。这种"见崖不见峰",发育巨大环形赤壁的丹霞命名为环崖丹霞,以区别于东南地区的丹霞地貌和西北干旱区的丹霞地貌。有的环形红崖直径达数百米,像一面面环幕,绝壁后缘还常有高悬的飞瀑,发育环形绝壁的特殊地形——瓮形沟谷,形成封闭小区域,保持了最完整、具有代表性的中亚热带森林生态系统和物种多样性,造就"丹山""碧水""飞瀑""林海"有机结合的丹霞景观。据研究,这个奇特的丹霞仅出现在四川盆地南缘川、黔、渝三省交界,四川的叙永、马边,贵州的赤水,重庆的江津均有分布,而赤水则是其分布中心和最为典型区域(图6.3)。

图6.3 "中国丹霞之冠"贵州赤水——青年早期的丹霞景观

②福建泰宁盆地记录了白垩纪以来华南板块东部大陆边缘活动带的演化历史。独特的崖壁洞穴群、密集的深切峡谷曲流和原始的沟谷生态构成罕见的自然特征。峡谷急流与密集峰丛紧密结合,山水景观优美,保持了生态环境的原生性、生物和生态多样性(图6.4)。

③湖南崀山处于华南板块与扬子板块交汇处和中国地势的二、三级阶梯过渡地带,经历了多次间歇性地壳抬升。崀山以圆顶密集式丹霞峰丛、峰林为特点,如万笋插天,若万马奔腾;巷谷、线谷和天生桥规模宏大,丹霞喀斯特独特;植被"生态孤岛效应"和生境狭窄特有现象突出,是丹霞植物群落演替系列最完整的地区和动植物协同进化的代表地,其丹霞景观具有罕见自然美和原始属性,是中国丹霞中的"国之瑰宝"(图6.5)。

图6.4　福建泰宁——青年后期的丹霞景观

图6.5　湖南崀山——壮年早期的丹霞景观

④广东丹霞山发育在南岭褶皱带中央的构造盆地中,具有单体类型的多样性和地貌景观的珍奇性,是中国丹霞景观的命名地及主要类型和基本特征的模式地,也是发育到壮年中晚期簇群式峰丛峰林型丹霞的代表(图6.6)。在系列提名中热带物种成分最多,沟谷雨林特征最突出,是丹霞生物谱系、丹霞"孤岛效应"与"热岛效应"研究的模式区域。丹霞山由丹霞、韶石、巴寨、飞花水、仙人迹5个园区和锦江风光带、浈江风光带组成。在地质构造上位于南岭山脉南麓的一个构造盆地,称为丹霞盆地,大约在1亿年前形成。盆地内长达数千万年的沉积,形成厚达3 700米的红色岩层,其上部是1 300米厚的坚硬砂砾岩。丹霞山的群峰、石柱就发育于此岩层,整体呈现出红层峰林式结构,赤壁丹崖是其最基本的形态特征,大小石峰、石堡、石墙、石柱600多座,主峰巴寨海拔619.2米。

(a)旭日东升的长老峰

(b)茶壶峰

图6.6　广东丹霞山——壮年后期的丹霞景观

⑤江西龙虎山(图6.7)所在的信江盆地,经历了早白垩世火山活动、晚白垩世石膏岩沉

积和风沙堆积以及恐龙灾变等重大地质事件，记录了该地区白垩纪重要地质演化；突出的侵蚀残余峰丛、峰林、孤峰、残丘组合特征，表明这里属于壮年晚期—老年早期疏散峰林宽谷型丹霞的代表。区内保留了难得的低海拔中亚热带常绿阔叶林，是重要的珍稀濒危物种栖息地；悬崖洞窟中众多的古代悬棺群，中国道教祖庭的文化景观等巧妙结合，构成一幅多彩多姿的山水画卷。

(a)散落孤峰型　　　　　　　　　　　(b)仙水岩及"升棺"表演

图6.7　江西龙虎山——老年早期的丹霞景观

⑥浙江江郎山(图6.8)所在的峡口盆地是一个位于深断裂上的构造盆地。坚硬的方岩组火山碎屑构成的红层，是江郎山孤石撑天地的物质保障。抗侵蚀性不同的岩石由于受到差异性侵蚀而形成景观上突出的孤峰。除了孤峰以外，景观特征还包括狭窄的巷谷、巨大的近垂直的石墙。这里主要处于丹霞景观发展的老年晚期。

(a)三爿石　　　　　　　　　　　　(b)一线天

图6.8　江郎山——老年晚期的丹霞景观

3.单体景观形态

丹霞景观代表了地球上一种特殊的自然面貌，与其他类型的景观具有明显的差别。丹霞景观最突出表现是赤壁丹崖广泛发育，不同尺度和形态的陡崖坡构成了形态各异的石崖、石塔、石峰、峰丛、石堡、石墙、石柱、沟谷(谷壁)、一线天、天生桥、穿洞、岩槽、洞穴壁龛、石钟乳等单体景观形态，这是区别于其他类型景观的最显著的特征。常见的单体景观形态见表6.4。

表6.4 丹霞单体景观形态分类

景观名称	指标依据	景观特征	分布
丹霞崖壁	坡度>60°,高度>10米的陡崖坡	多直立陡崖,可因岩性差异呈层状组合;壁上多顺层凹凸和竖向流水蚀槽	坚硬岩石的绝大部分边坡或河流侵蚀部位
丹霞方山	近平顶,四面陡坡,长宽比小于2:1	岩层近水平,山顶平缓,四壁陡立,呈城堡状、宫殿式丹霞景观	近水平岩层分布区,构造盆地中部
丹霞石墙	长度大于两倍宽度,高度大于宽度	山块顺断裂构造线延伸,呈薄墙状,低缓者可称为石梁	近水平岩层分布区,构造盆地中部,或垂直断裂切割成条块状的地带
丹霞石柱	孤立石柱,高度大于直径	方形或圆形孤立石柱,低矮者可称为石墩	构造盆地中部近水平岩层分布区或垂直断裂切割的地段
丹霞尖峰	由陡崖坡构成的锥状山峰	四面陡坡,局部有陡崖,但山顶面不发育,呈锥状山峰	无明显规律
丹霞低山	局部陡崖,多为30°~60°的陡坡山峰	可能有1~2个面呈局部陡崖坡,大部分以陡坡或陡缓坡相间构成山峰或山梁	无明显规律或岩性稍软地段
丹霞丘陵	局部有陡崖,山顶浑圆化的低缓丘陵	无连续陡崖坡,总体上呈圆化丘陵状	老年期丹霞景观或软岩地段
丹霞石球	浑圆状风化、蚀余球状石	由坚硬的厚层、巨厚层砂岩或砂砾岩风化或侵蚀而残余的球状石	老年期丹霞景观分布区,分布无明显规律
崩积堆和崩积巨石	陡崖下不规则锥状崩积体和巨石块	块状崩塌堆积,叠置洞穴;石块大小不同,单块巨石可大至几百立方米	陡崖坡的下部
沟谷	同一般沟谷	主河谷多宽谷;支谷多峡谷;源头多巷谷;落差较大的谷底多壶穴	主要顺构造破碎带发育,或继承原始洼地下切
顺层凹槽	顺软岩层发育的凹槽,深度小于槽口高度	岩性垂向差异使崖壁上软岩层快速风化成凹槽,顺层可连续或不连续	崖壁上软岩出露地带
丹霞洞穴	深度大于外口最小尺度(高或宽)的凹穴	顺层延伸较长(宽),如额状洞、扁平洞;纵深方向多顺层延伸	崖壁软岩带或流水侧蚀部位
丹霞穿洞	蚀穿山块的通透洞穴	通透洞穴即穿洞(穿岩、石窗);洞顶厚度小于跨度者称为石拱;拱跨在河谷者称为天生桥	丹霞石墙中软岩地段,流水侧蚀部位
竖向洞穴	高度大于宽度,垂直方向延伸的洞穴	顺垂直裂隙发育的垂向洞,或崖壁表面水流侵蚀的竖向洞穴	大节理交叉部位的下水通道

①丹霞峰丛景观。丹霞地貌发育到中后期阶段的一种景观。丹霞地貌中四壁陡峭的方山或堡垒状的峰顶山面，由于砂岩中的节理、裂隙的扩张，不断向裂谷、巷谷发展，破坏分割峰顶面的台地，形成峰柱的残留体保留在峰体的上部，塑造成山顶峰丛景观（图6.9）。

②丹霞丘陵景观。局部有陡崖，山顶呈浑圆状的低缓丘陵，无连续陡崖坡。在老年期丹霞地貌分布区或软岩层分布区发育。

图6.9 丹霞峰丛景观

③丹霞尖峰景观。由陡崖坡构成的锥状山峰。

④丹霞石墙景观。长宽比大于2、高度小于宽度的山体。侧看成峰、横看成墙；山体走向与断层走向一致，低缓者称石梁。多形成于近水平岩层分布区、构造盆地的中部或被多条平行的产状陡倾的断层切割的地段。

⑤丹霞石柱景观。孤立石柱，高度大于其直径，一般呈方形或圆形，低矮者称石墩。一般分布在构造盆地中部水平岩层分布区或直立断裂发育区（图6.10）。

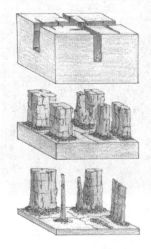

图6.10 丹霞石柱、拱门景观

⑥丹霞石林景观。丹霞地貌发育到中后期阶段的一种景观。丹霞地貌中的台地、方山或堡垒状的峰顶山面，由于砂岩中的非常发育的垂直节理和裂隙不断扩张，使裂谷、巷谷不断向单个的岩峰、石柱发展，继而形成现在见到的丹霞石林景观。

⑦丹霞方山景观。低海拔红色盆地中常见的一种景观。其特点是紫红色砂岩层理成水平状，周围断崖峭壁，山顶具有一定规模的平缓台坡地，呈城堡状、宫殿状，崖壁周围有残留的岩柱和石峰，山脚有岩块崩塌物，山上岩穴发育，时有瀑布流泉、天门巷谷，形成方山城堡和台地状的地貌景观。

⑧独壁丹峰景观。属丹霞地貌的老年期，主要分布在盆地中部的河谷平原上，或在盆地的边缘上，是由河流切割侵蚀、旁蚀作用而塑造的红色砂砾岩丹霞地貌。其特点是出露面积不大，相对高度不高，海拔亦不高，呈孤峰、孤山、孤岭状态出现。

⑨丹霞石球景观。呈浑圆状的风化、蚀余球状石,由坚硬的岩层、巨厚层砂岩、沙砾岩风化或侵蚀而残留在原地。常分布在老年期丹霞地貌区。

⑩丹霞穿洞景观。蚀穿山体的通透洞穴,也称穿岩、石窗等。洞顶高度小于跨度者称为石拱,拱跨在河谷上者称为天生桥。多形成于丹霞石墙中软岩层分布区、地面流水的侵蚀作用较强的部位。

⑪崩积堆和崩积巨石。陡崖下的不规则状崩积体和巨石块。崩积体多为块状岩体崩塌、堆积而成,大小不等,常形成叠置洞穴;崩积巨石指由于重力崩塌后停积在陡崖下的巨大岩块,大者可达数百立方米。

⑫丹霞洞穴景观。丹霞景观中常见的微地貌形态,数量多、形状多而且大小不一,多由差异性风化或流水的侵蚀作用而形成。其大型洞穴均为扁平洞,这种洞穴不像石灰岩中的洞穴,不封闭。洞的规模很大,长度可达数十米到数百米,高度一般也有七八米到十数米甚至数十米,进深七八米到数十米。这种大型的特殊的扁平洞穴是丹霞地貌中独有的。甘肃丹霞景观如图6.11所示。

图6.11　甘肃丹霞景观

◎知识拓展

★丹霞景观与道教文化

道教是中国土生土长的宗教,至今已有2 000余年的历史。是什么孕育了道教文化呢?除了历史、社会的原因外,丹霞景观和道教文化有着密切的关系。中国道教的两个发源地——福建武夷山和江西龙虎山,均为典型的丹霞景观地区。江西龙虎山是正一道诞生和传教的地方。为什么张天师及其后代始终在丹霞景观中的龙虎山传教布道呢?这可能与丹霞景观的特点密切相关。

道教讲究"炼丹修道"。丹是红色的,而丹霞景观也是红色的,这种颜色上的相近使道教的信仰者更加坚信他们的"炼丹修道"。而且丹霞景观所在地往往山清水秀,风水很好。如武夷山的丹霞景观有九曲溪围绕,龙虎山有泸溪河围绕,丹霞山也有锦江相伴。面对丹霞景观丹红的岩石、独特的形状、繁茂的植被、秀美的流水,道教徒很容易产生"成仙"的思想。因此,不少道教把道观建在了丹霞景观的扁平洞穴中。后来,随着外来宗教——佛教于东汉传入中国，并经400余年终于在隋唐时期在中国站稳了脚跟，不少道观改为了佛寺。但是，无论是佛寺还是道观，那些建在洞穴中的建筑都构成了独特的建筑景观和建筑文化。

在洞穴及岩洞中建筑寺庙一定要考虑洞的特点。如泰宁的甘露岩寺，建于南宋的1146年。岩庙建在巨大洞穴之中，洞穴上宽下窄，高约80米，最宽和最深处各为30米，建造者采用"一柱插地，不假片瓦"的设计方案，依凭岩壁，顺势架造。整个建筑群全赖"T"字架下一根大柱支撑着。这种特殊造型解决了在上宽下窄的岩洞建造楼阁的难题，成为中国古建筑史上享有盛名的佳作之一。日本奈良东大寺大佛殿于1180年重建时曾派名僧来此学习。

★丹霞景观与"性"文化

大自然的鬼斧神工造就了各种各样的形状，无论在哪种景观型中均可看到惟妙惟肖的动物、植物、人物等的造型。丹霞景观由于其岩性的特殊，在内外地质作用下形成的造型景观更加丰富多彩和生动有趣。尤其令人津津乐道和叹为观止的是龙虎山和丹霞山景区内的"性"造型。龙虎山景区有一处"天下绝景"，那就是自然形成的一处非常逼真的女性生殖器造型。这个造型十分高大，有20~30米，在地学上被称为"竖状侵蚀洞穴"。和这个地学名词相比，"大地之母"这个称谓更能为人们所接受。在这竖状洞穴中不时还有渗出的流水，使中间部分颜色较暗。更让人难以置信的是，在洞穴的中央还生有一丛绿色的草本植物。阴阳合一不仅是道教文化也是中国文化的特点。有"大地之母"就应有"大地之父"，不错，它就是广东丹霞山"阳元岩"景区的"阳元石"。它高28米，直径7米，根在下，头在上。从地学上讲，它是一个"石柱"，属于丹霞景观的晚期类型，不少人称之为"天下第一奇石"。有趣的是，丹霞山景区还有一处"阴元石"，外形也很像女性的生殖器，但比龙虎山的要小，而且它发育在一块巨大的石头上，而龙虎山则发育在一陡壁上，其震撼力前者没有后者大。丹霞景观中的"性"造型，把男女最隐蔽的部分惟妙惟肖地展示在世人的面前，有很强的观赏性和震撼力。从根本上说，人类也是大自然的产物，然而，任何人类的艺术在大自然这个艺术大师面前都显得渺小和苍白！

★丹霞景观与船棺崖葬

丹霞景观中的船棺崖葬是中国古代一种独特的丧葬习俗，或者说是丧葬文化。福建武夷山、福建泰宁大金湖、江西的龙虎山、广东的丹霞山等都有船棺崖葬，简称为"悬棺"。对船棺遗物的科学测定表明，武夷山和龙虎山的船棺年代为距今2 000~3 000年前，丹霞山的悬棺为明代的。但是，古代人怎样才能把一具具沉重的船形棺木安置在几乎无法攀登的悬崖绝壁上的洞穴之中呢？江西龙虎山乡镇设置了30万元的奖金来征求答案，至今没有人解开此"谜"。虽然现在龙虎山景区每天都要上演用绳索和滑轮进行"升棺"和"落棺"的杂技表演，但古代人有能力制造这种现代的滑轮吗？

有人把船棺葬和道家思想联系在一起，说这些船棺正是得道的人用以蜕化、升天的仙舟。道教认为凡人经过修炼，自能离形出神，羽化而登天，成为真人，即"升真"。人怎能上天呢？这绝壁上的船棺给了人们一个答案。当然，这只不过是传说罢了。船棺岩葬实际上是中国古代居住在丹霞景观区的某一民族的丧葬习俗，这种习俗肯定和某种崇拜有关。至于这种习俗后来为什么消失，看来并不是技术的原因。

第七章　巨龙奔腾，喷薄张扬——中国冰川景观地理

一、景观概述

冰川俗称冰河,极地或高山地区地表上多年存在并具有沿地面运动状态的天然冰体。冰川由多年积雪经过压实、重新结晶、再冻结等成冰作用而形成的,它具有一定的形态和层次,并有可塑性,在重力和压力下,产生塑性流动和块状滑动,是地表重要的淡水资源。冰川旅游资源是由冰川作用形成的有旅游价值的地理景观系统。

冰川景观主要分布在地球的两极和中、低纬度的高山区,地球上现代冰川的分布面积达2 900多万平方千米,约占地球陆地面积的11%。冰川按形态、规模、所处地形分为大陆冰川和山岳冰川。两极地区冰川几乎覆盖整个极地,称为大陆冰川,又称为冰盖冰川,地球上冰川面积的97%分布在南极冰盖和格陵兰冰盖。山岳冰川,又称阿尔卑斯式冰川,零星分布在中、低纬度的高山和高原上气温在零度以下的地带。山岳冰川的形态受地形的控制,又大致可分为悬冰川、冰斗冰川、山谷冰川、平顶冰川等类型。山岳冰川面积居世界前三位的国家依次是加拿大、美国和中国。

冰川以它巨大的能量塑造了独特的冰川地貌景观。在中国,冰川景观指由山岳冰川对地表的冰蚀、搬运和堆积作用所形成的冰蚀景观、冰碛景观和冰川堆积景观。冰蚀景观包括冰斗、刃脊和角峰、U形谷、羊背石、冰川磨光面和擦痕;冰碛景观包括终碛堤、侧碛堤、中碛堤和鼓丘等;冰川堆积景观主要有冰水湖、冰水扇、蛇行丘和锅穴。

冰川景观对于旅游者来说具有强烈的吸引性,因为这种景观的可达性较差,不常见,而冰体壮观浩大,颜色洁白无瑕。冰川由于其长度、宽度、厚度各不相同,因此它们的形态也各不一样,有的冰川宽厚而浩荡,有的窄薄而秀丽。冰川融化的时候又会形成冰塔林、冰洞、冰桌等奇特的冰体景观,高矮各异,形态多样,瑰丽而神奇。身处冰川之上,我们能感受到冰塔林的晶莹剔透、姿态优美,冰瀑布的气势磅礴、雄伟壮观。冰山上的冰川以及各种冰体形态、冰川地貌、山麓的植被与周围的环境等景观可以形成各种各样的组合,根据欣赏角度的不同而呈现不同的组合,同时也给人不同的欣赏感受。

二、地理分布

中国是世界上中低纬度带冰川数量最多、规模最大的国家。在中低纬度带(包括赤道

带、热带和温带)，大体位于北纬 60°～南纬 60°，66% 的冰川分布在亚洲，中国独占 30%。根据 2014 年出版的《中国冰川目录》，中国共发育冰川 46 298 条，分布面积 59 400 平方千米，占全球冰川总面积的 0.4%，占亚洲山地冰川面积的 47.6%，冰储量 5 590 立方千米，可以装满约 114 个三峡水库。

中国冰川景观主要分布于东经 120°以西的地区，北起阿尔泰山、天山、帕米尔高原，南至青藏高原、横断山区，包括西藏、新疆、四川、云南、甘肃、青海等省区，青藏高原分布最为集中，主要位于喜马拉雅山、横断山、昆仑山、祁连山等诸多山脉。由于冰川冰雪累积和融化相对稳定，当冰川消融时，冰川融水汇入不同的河流成为大江大河的重要来源，其中中国境内有 164 条冰川融水汇入黄河，469 条冰川融水汇入澜沧江，1 528 条冰川融水汇入长江，2 177 条冰川融水汇入怒江，2 401 条冰川融水汇入印度河，12 641 条冰川融水汇入恒河，成为中国"江湖"的源头和人类文明的哺育者。

第四纪冰期古雪线比现代雪线低数百至千余米，当时的冰川规模比现代冰川大许多倍，但由于内陆干旱气候限制，其分布地域仍很有限，所以古冰川和现代冰川刨蚀或堆积地貌范围都不大，只是冰水堆积作用影响所致，可达河西走廊及一些内陆盆地。

6 500 万年以来，随着青藏高原持续隆升，高原内部及周边的降水量、温度出现显著分异，冰川开始生长，"冰河"肆意倾泻，这里成为冰川的王国，风雪不休、冻结不化，存在了成千上万年之久。22% 的海洋型冰川、32% 的极大陆型冰川以及 46% 的亚大陆型冰川，组成了中国丰富多彩的冰川家族(图 7.1)。

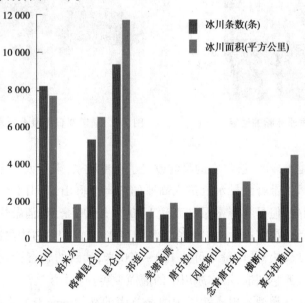

图 7.1　2014 年第二次冰川编目中国各山系冰川分布统计

1. 极大陆型冰川

高原西北部及中部的高山因为深处内陆而气候干燥，年降水量仅有 200～500 毫米，但是这里即便是夏季，平均气温也低于 -1 ℃，大气中的水汽凝结形成的降雪可以年复一年不断堆积压实，很少消融。这种降水稀少、成冰温度较低、累积时间漫长的冰川被称为极大陆型冰川。它积累慢、消融慢,运动速度也极为缓慢,平均每年仅移动数米到数十米,是冰川中的敦厚长者,其面积约占中国冰川总面积的32%。

在高寒的昆仑山脉最西端,7 000米级的公格尔峰发育出了面积高达115.16平方千米的极大陆型冰川,可拉牙依拉克冰川比北京市东城西城之和还要大。再往东,以海拔7 167米的昆仑峰为中心连片的高海拔山地形成了中国最大的冰川作用区,这也是中国巨型冰川最为集中的区域,中国22个面积超过100平方千米的冰川中有8个分布在此区域,包括237.46平方千米的中峰冰川、236.77平方千米的多峰冰川、199.09平方千米的昆仑冰川、166.08平方千米的崇测冰帽、135平方千米的玉龙冰川、120.51平方千米的西玉龙冰川、111.37平方千米的古里雅冰帽、108.18平方千米的弓形冰川。其中的崇测冰帽、古里雅冰帽这些被称为冰帽的冰川,就像一项巨帽一样覆盖山体,冰雪之下很少有山坡裸露,雪没山顶、冰舌四溢(图7.2)。而深居在青藏高原腹地的羌塘高原地形更为平坦,数个冰帽型冰川又组成了一个大冰原——普若岗日冰原,覆盖面积高达422.58平方千米,山峰在庞大的冰原上只能露出尖尖一角,称"冰原岛峰"(图7.3)。

图7.2　古里雅冰帽的边缘

图7.3　普若岗日冰原上的冰原岛峰

2. 海洋型冰川

青藏高原不全是干冷的气候,它的隆起改变了行星风系,来自太平洋的东亚季风以及来自印度洋的南亚季风携带着大量水汽进入高原的东南部群山,高山上虽然夏季平均气温在1~5℃,冰雪快速消融,但是年降水量却高达1 000~3 000毫米,消融快,补给更快,融水渗浸到粒雪周围,再冻结成冰,这种冰川被称为海洋型冰川,面积约占中国冰川总面积的22%。海洋型冰川运动速度较快,平均每年可达100~500米,活跃的状态让它往往直接深入温暖的绿色地带,与森林、灌丛同框,堪称冰川中的懵懂少年。

正是这种特性让海洋型冰川成就了中国最靠南的冰川——玉龙雪山冰川(图7.4),它位于北纬27°,几乎与贵阳平行。也正是这种特性,让海洋型冰川快速补给、快速流动,在贡嘎山奔流直下,形成中国已知落差最大的冰瀑布——海螺沟冰瀑布(图7.5),落差高达1 000米左右。最震撼的海洋型冰川群则出现在喜马拉雅山脉东段的南迦巴瓦峰周围以及念青唐古拉山脉东段,这里正好面对着雅鲁藏布江大拐弯,西南季风携带着大量水汽,穿越大拐弯汹涌而来,形成大量降雪,各处发育的冰川不断汇流,造就了一个个充满运动旋律的大型冰川群。在念青唐古拉山脉东段 204.36 平方千米的恰青冰川面积位列全国第 6,179.59 平方千米的雅弄冰川面积位列全国第 9,167.05 平方千米的夏曲冰川面积位列全国第 11,122.33 平方千米的那龙冰川面积位列全国第 16。

图 7.4 玉龙雪山上的冰川 　　　　　 图 7.5 贡嘎山海螺沟大冰瀑布

3. 亚大陆型冰川

该类型冰川位于前两类冰川之间的过渡地带,年均降水量 500 ~ 1 000 毫米,夏季平均气温 0 ~ 3 ℃,积累与消融速度、运动速度也都居于两者之间,其面积约占中国冰川总面积的 46%,是中国分布最广的冰川类型。

其中天山山脉随着青藏高原隆升而加速隆起,西风及来自北冰洋的水汽成为它的主要降水补给来源,其冰川面积和冰储量仅次于昆仑山脉和念青唐古拉山脉,在中国所有山系中排名第 3。天山以北的阿尔泰山,因为纬度高、温度低以及较丰富的降水,发育出了中国末端海拔最低的冰川——喀纳斯冰川(图 7.6),末端海拔仅有 2 416 米。在喜马拉雅山脉中段和西段的北坡,还有一种特殊的冰塔林景观。而在喀喇昆仑山脉,并不太大的范围内分布着 4 座 8 000 米级山峰、25 座 7 000 米级山峰,如此高密度的极高山分布,让这里形成了一条众多冰川沿河谷分列的"冰川走廊"——克勒青河谷冰川群,面积高达 359.05 平方千米,中国最大、最长的冰川——音苏盖提冰川就位于此处。

图 7.6 中国末端海拔最低的冰川——喀纳斯冰川

◎知识扩展

★中国冰川最多的山系:天山山脉

按山系划分,中国冰川主要分布于9个山系:天山9 035条,9 225平方千米;昆仑山7 697条,12 267平方千米;念青唐古拉山7 080条,10 700平方千米;喜马拉雅山6 472条,8 418平方千米;喀喇昆仑山3 563条,6 262平方千米;冈底斯山3 554条,1 760平方千米;祁连山2 815条,1 931平方千米;横断山1 725条,1 579平方千米;唐古拉山1 530条,2 213平方千米。此外,羌塘高原958条,1 802平方千米;帕米尔山地、阿尔泰山、准噶尔西部山地等也有少量分布。

★中国冰川面积最大的省区:西藏自治区

中国冰川主要分布在西部的6个省区:西藏自治区是中国冰川面积最大的省区,冰川面积达28 664平方千米,占全国冰川总面积的48%;新疆维吾尔自治区冰川面积25 342平方千米,占全国的43%;青海省冰川面积为3 675平方千米,占全国的6%;甘肃、云南和四川也有少量的冰川分布,三省共有冰川仅占全国的3%。

★中国最东部的冰川:雪宝顶冰川

中国现代冰川作用最东部的山峰——四川岷山雪宝顶,海拔5 588米,分布着8条冰川,冰川总面积为2.64平方千米,冰川规模比较小,大都是悬冰川,中值高度为4 800~5 220米。其中最大的雪宝顶冰川面积为1.20平方千米。

★中国最南部(纬度最低)的冰川:玉龙雪山冰川

云南玉龙雪山主峰扇子陡海拔5 596米,是中国现代冰川最南的分布区。山脊两侧分布着19条冰川,总面积11.61平方千米,冰川平均面积0.61平方千米。白水河1号冰川是玉龙雪山最大冰川之一,长2.7千米,面积1.52平方千米。

★中国末端海拔最低的冰川:喀纳斯冰川

喀纳斯冰川位于新疆阿尔泰山友谊峰,是由两支冰流组成的复式山谷冰川,长10.8千米,面积30.13平方千米,冰储量3.93立方千米,冰川末端海拔2 416米,是中国末端下伸海拔最低的冰川。

★面积最大、长度最长、冰储量最大的山谷冰川:音苏盖提冰川

中国冰川按形态和规模分为悬冰川、冰斗冰川、山谷冰川、平顶冰川、冰帽和冰原。山谷冰川是山岳冰川成熟的标志,规模较大,长达几千米至几十千米,厚度可达几百米,具有明显的粒雪盆和冰舌两部分。音苏盖提冰川位于新疆喀喇昆仑山脉乔戈里峰北坡,冰川总长约42千米,冰舌长约4 200米,冰川覆盖面积达380平方千米,冰储量116立方千米,名列中国境内已知山谷冰川的首位。

三、地学成因

1.冰川的诞生

冰川是气候的产物。地球在40多亿年的地质历史中,曾出现过三次气候寒冷的大规模冰川活动的时期,称为冰河时期(其时间跨度是几千万年甚至两三亿年),简称冰期,即前寒武晚期、石炭-二叠纪和第四纪。其中前寒武纪与古生代的冰河期持续了几千万年,新生代

的冰河期则持续了两百万年。两次冰期之间唯一相对温暖的时期,称为间冰期。关于冰河期的成因学界至今仍无一定论,有学者认为,可能和地球自转时,地轴周期性倾斜角度的改变导致阳光照射量减少有关。冰期时期最重要的标志是全球性大幅度气温变冷,在中、高纬(包括寒冷的冰期极地)及高山区广泛形成大面积的冰盖和山岳冰川。

大约是人类刚出现在地球舞台的 260 万年前,地质史上"第四纪冰河期"同时揭开序幕。全球各地气温开始下降,地球的年平均气温曾经比现在低 10 ~ 15 ℃,冰川最强盛时,全球有 1/3 以上的大陆为冰雪覆盖,冰川面积达 5 200 万平方千米,冰厚有 1 000 米左右,大量水分以固态停滞于大陆,海平面要比如今低 130 米。

今天的我们仍然处在第四纪大冰期之中,只不过并非其鼎盛阶段。最近一次冰川广布的情况是在 1 万多年前结束的,因此我们把距今约 1 万年以来的时期叫冰后期。此期气候仍有过多次低量级的冷暖波动,如距今 4 000 ~ 6 000 年曾出现的较明显的寒冷期,使全球冰川一度扩展前进,被称为新冰期。最近一次较明显的小规模冰川推进出现在 13—14 世纪至 20 世纪初(有的文献主要指 16—19 世纪),约在 18 世纪中期至 19 世纪中期达到最鼎盛,通称为小冰期。冰后期气候总的来说在逐渐变暖,冰川逐渐消融,规模变小,现在冰川的面积只占陆地面积的 10%。观测的结果告诉我们,阿尔卑斯山上的冰川在 1876—1934 年面积减少了 15%,较大的冰川缩短了 1 ~ 3.5 千米。喜马拉雅山上的绒布冰川,冰舌中部近百年来减薄了约 50 米。说到这,可能有人会问,目前不是大家都在关注"温室效应"和"全球变暖"吗,那么地球到底将会越来越热,还是越来越冷?其实这个问题是局部与整体的关系问题,"温室效应"与"全球变暖"是由人为因素导致的短暂气候变化,它与地质历史上的冷暖变化比起来是极其微小的,只是一个局部现象,对整个地球气候变化的总趋势产生不了影响。但并不是说温室效应就无足轻重了,温室效应的加剧会导致短期气候异常,进而影响人们的正常生活。

冰期对全球的影响是显著的。大面积冰盖的存在改变了地表水体的分布,如果现今地表冰体全部融化,则全球海平面将会上升 80 ~ 90 米,世界上众多大城市和低地将被淹没。有科学家预测,地球的下一次冰河时期最早会出现在 1.5 万年以后,前提是人类活动在此期间对地球没有造成严重影响。

冰川是水的一种存在形式。陆地上的水体分为液体和固体,所有河流、湖泊及地下水的总量仅占陆地淡水总量 15%,其余 85% 的水以固态的形式构成冰体。全部陆地冰川的总量约有 2 625 万立方千米,或相当于 2 406 万立方千米的水。

要形成冰川(图 7.7)首先要有一定数量的固态降水,其中包括雪、雾、雹等。没有足够的固态降水做"原料",就等于"无米之炊",根本形不成冰川。冰川存在于极寒之地,地球上南极和北极是终年严寒的,在其他地区只有高海拔的山上才能形成冰川。人们知道越往高处温度越低,当海拔超过一定高度,

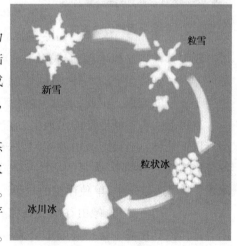

图 7.7 冰川冰的形成过程

温度就会降到0℃以下,降落的固态降水才能常年存在。这一海拔高度被冰川学家称为雪线。在南极和北极圈内的格陵兰岛上,冰川是发育在一片大陆上的,所以称为大陆冰川。而在其他地区,冰川只能发育在高山上,所以称这种冰川为山岳冰川。

雪线是冰川学上一个重要的标志,它控制着山岳型冰川的发育和分布。只有山体高度超过该地的雪线,每年才会有多余的雪积累起来,年深日久,才能成为永久积雪和冰川发育的地区。一个地方的雪线位置不是固定不变的,季节变化就能引起雪线的升降,这种临时现象叫作季节雪线。只有夏天雪线位置比较稳定,每年都回复到比较固定的高度,由于这个缘故,测定雪线高度都在夏天最热月进行。就世界范围来说,雪线是由赤道向两极降低的,珠穆朗玛峰北坡雪线高度在6 000米左右,而在南北极,雪线就降低在海平面上。

冰川是雪经过一系列变化转变而来的,粒雪盆是冰川的摇篮。雪线以上的区域,从天空降落的雪和从山坡上滑下的雪,容易在地形低洼的地方聚集起来,随着外界条件和时间的变化,雪花会变成完全丧失晶体特征的圆球状雪,称为粒雪,这种雪就是冰川的"原料"。由于低洼的地形一般都是状如盆地,所以冰川学上称其为粒雪盆。聚积在粒雪盆里的雪,究竟是怎样变成冰川的呢?

图7.8 勒多曼因峰的粒雪盆

雪花经过一系列变质作用,逐渐变成颗粒状的粒雪(图7.8)。粒雪之间有很多气道,这些气道彼此相通,因此粒雪层仿佛海绵似的疏松。有些地方的冰川粒雪盆里的粒雪很厚,底部的粒雪在上层的重压下发生缓慢的沉降压实和重结晶作用,粒雪相互联结合并,减少空隙;同时表面的融水下渗,部分冻结起来,使粒雪的气道逐渐封闭,被包围在冰中的空气就此成为气泡。这种冰由于含气泡较多,颜色发白,容重为0.82~0.84克/立方厘米,也有人把它专门叫作粒状冰。粒雪冰进一步受压,排出气泡,就变成浅蓝色的冰川冰。

持续上百万年的造冰过程,当冰川冰层层堆叠,在重力作用下发生流动,巨厚的冰川冰在本身压力和重力的联合作用下发生塑性流动,越过粒雪盆出口,蜿蜒而下,形成长短不一的冰舌,可以延伸到山谷低处以至谷口外。发育成熟的冰川一般都有粒雪盆和冰舌,雪线以上的粒雪盆是冰川的积累区,雪线以下的冰舌是冰川的消融区。二者好像天平的两端,共同控制着冰川的物质平衡,决定着冰川的活动,而雪线正好相当于天平的支点。由此,地球上最壮观的景象之一——冰川便诞生了。

冰川诞生在不同地形的山地上,形态各异,规模不等。山岳冰川中具有代表性的形态类型有以下几种:山谷冰川、山麓冰川、冰斗冰川、悬冰川、平顶冰川。山谷冰川是山岳冰川中发育最早的一种类型,大量的冰体从冰斗中溢出,并进入山谷形成几千米乃至几十千米长的冰舌,厚可达数百米,单独存在的一条冰川叫单式山谷冰川,由几条冰川汇合的叫复式山谷冰川。复式山谷冰川,像山谷中一条拥有众多支流的大河突然被冰封。山麓冰川实际上是山谷冰川流到山麓一带扩展或汇合成一片广阔的冰原。冰斗冰川的三面围壁较陡峭,下方有一短小的冰舌流出冰斗,而在冰斗内,由于围壁较陡峭,经常发生雪崩,不过这也形成了冰川补给的一个途径。悬冰川是山岳冰川中数量最多、体积最小的冰川，它们对气候变化反应灵敏，容易消退或扩展。平顶冰川是发育在起伏平缓的高地上的冰川，这种冰川比较薄，在高地周围伸出许多冰舌，很是壮观。

2. 冰川运动

冰川在地面坡度和冰体厚度差异所产生的侧压力的作用下，产生缓慢的运动。运动是冰川区别于其他自然冰体（如河冰、湖冰、海冰和地下冰）的最主要特点。一系列的冰川地质景观现象，如裂隙、褶皱等的形成，冰川侵蚀、搬运和沉积作用都与冰川运动紧密相关。

冰川表面常有许多裂隙，有些裂隙有几十米深。裂隙的存在，说明冰川有脆性。不过，经过数百年的调查观测，冰川上的裂隙极少超过 60 米深，多数裂隙远远小于这个深度就闭合了，这又说明冰川下部是塑性的，它可以"柔软"地适应各种外力作用而不致发生破裂。因此，可以把冰川分为两层，表面容易断裂的这层叫作脆性带，而下部"柔软"的那层叫作塑性带。塑性带的存在是冰川流动的根本原因。

冰川有两种运动方式：基底滑动和塑性流动。前者是冰川借助冰与床底岩石界面上融水的滑润和浮托作用，沿冰床向前滑动；后者是由于冰川自身的压力而导致冰内晶粒发生蠕变，使冰晶向前错位，产生冰川的定向蠕动，是进行侵蚀、搬运、堆积并塑造各种冰川景观的动力。冰川运动是塑造地表形态的一种外力作用，但它不是塑造冰川景观的唯一动力，而是与寒冻、雪蚀、雪崩、流水等各种应力共同作用，才形成了冰川地区的地貌景观。

冰川运动有些和水流相似。同一条冰川在不同部分的运动速度亦有明显差异，在纵向上，零平衡线附近流速最大，而向源头或冰舌末端流速降低；在垂向上，冰面流速大于冰内和冰下；在横向上，冰川边缘运动速度慢，中间快，两边慢。要是横过冰川插上一排花杆，不需太长时间就可发现，中间的花杆远远跑到前面去了，原来呈直线的花杆连线变成向下游凸出的弧线。许多海洋性冰川上出现的形象十分奇特的弧形连拱，就是冰川运动过程中，中间和两边速度不一而产生的。

常态冰川运动的速度很缓慢，日平均不过几厘米，多的也不过数米，以致肉眼发觉不到冰川是在运动的。格陵兰的一些冰川，运动速度居世界之首，但每年也不过运动千余米而已。其他地区的冰川，像比较著名的某些阿尔卑斯山的冰川，年流速不过 80～150 米。中国冰川大多数是大陆性冰川，冰川积累不丰富，冰川上物质循环较为缓慢，因而导致冰川运动速度比较慢。但是，有些冰川的脾气却很古怪，它们会在长期缓慢运动或退缩之后，突然爆发式地向前推进或产生巨大的水平位移，称为冰川跃动，跃动期间运动速度为正常冰川速度的 10～100 倍，人们把这种具有波动性质的冰川叫作"动冰川"。

冰川运动速度也随着季节而变化，夏快冬慢。天山和祁连山的冰川，夏季运动速度一般要比冬季快 50%（均指冰舌而言）。造成这种差别的原因之一是冰川温度的变化。当冰川增温时，冰的黏度迅速减小，从 –20 ℃增高到 –1 ℃，冰的黏度随温度升高作近直线的下降。黏度减小使塑性增加，因而冰川运动速度加快。此外，夏天冰融水出现在冰川内部及底部产生"润滑作用"也是促进冰川快速运动的另一个原因。

◎资料链接

冰川运动历史记载

19世纪初叶,在阿尔卑斯山上,有几个登山者不幸被雪崩掩埋在冰川粒雪盆里。当时有个冰川工作者推测说,过40年后这几个人的尸体将在冰舌前出现。果然不出所料,43年后,这几个不幸者的尸体在冰舌前出现了,登山者同伴中的幸存者很快把尸体辨认出来。

1827年,有个地质工作者在阿尔卑斯山的老鹰冰川上修筑了一座石砌小屋,13年后,发现这座小屋向下游移动了1 428米。小屋本身是不会移动的,原来是小屋的地基——冰川向下运动,把小屋捎带着一起移动了。

1937年,阿拉斯加有一条名叫黑激流的冰川曾在世界新闻上引起注意,报纸上连日刊载它向前推进的消息。原来,黑激流冰川位于一条重要公路的上方,冰川出现爆发式前进有破坏公路的可能。当时住在公路边的一家人,入冬后几个星期,常常听到冰川方向有隆隆响声传来,好像坦克履冰的声音。10月3日,他们从望远镜中突然发现,数千米外的黑激流冰川,冰舌前端乱七八糟地堆着的一堆碎冰块,被冰舌推送着向前移动。此后,冰川移动越来越快,冰川撞击谷床伴随着冰裂的声音,把住房的玻璃震得发响,大地也在微微颤动。移动最快时每天推进60米,创造了当时所知的冰川前进的世界纪录。从1936年9月到1937年2月,黑激流冰川前进了6.5千米,最后在离公路800米的地方停下来,总算没有造成灾祸。

3. 冰川作用

冰川不仅仅拥有漂亮的外表,事实上,它们还是地球上宏伟的力量之一,拥有改天换地的能量。冰川是一种流动的固体,巨大体量的冰川拥有远超河流的洪荒之力,可以劈山裂石,带来天翻地覆的改变,成为地表的塑造者,为人类带来极致风光(图7.9)。

①侵蚀作用。冰川在流动过程中,以自身的动力及挟带的沙石对冰床岩石进行机械破坏作用,破坏力巨大,其方式有挖掘作用和磨蚀作用两种。挖掘(拔蚀)作用是指冰川在运动过程中,将冰床基岩破碎并拔起带走的作用;磨蚀(锉蚀)作用是指冰川以冻结在其中的岩石碎屑为工具进行刮削、磨蚀冰床的过程。通过侵蚀作用冰川塑造出小到擦痕、磨光面,大到冰斗、槽谷、岩盆等冰川侵蚀景观。

②搬运作用。冰川将刨蚀的产物以及坠落冰面的岩块一并冻结在冰体中向前搬运。冰川搬运物都是碎屑物,冻结在冰体内的岩石碎块不能自由移动,彼此间很少摩擦与撞击,在搬运过程中不会发生形态的改造。冰川搬运能力很大,可将体积几百立方米,重几十吨到几万吨的石块搬走。一般将冰川搬运的直径大于1米的岩块称为漂砾。搬运物因在冰体中所处的部位不同而称谓不同:表碛分布在冰川表面,内碛分布在冰体内部,底碛分布在冰体底部,侧碛分布在冰体两侧。两条冰川汇合,相邻两个侧碛就合二为一,位于会合后冰川的中间称为中碛;随冰川前进,而在冰川末端围绕的冰碛物,称为终碛;冰川在后退过程中,会发生局部的短暂停留,而每一次的停留就会造成一个后退碛。

③堆积作用。引起冰川堆积和沉积的原因主要是冰川消退和融化。山岳冰川从高处往雪线以下运动,大陆冰川从高纬度向低纬度运动,由于气温逐渐升高,冰川冰逐渐消融,冰川

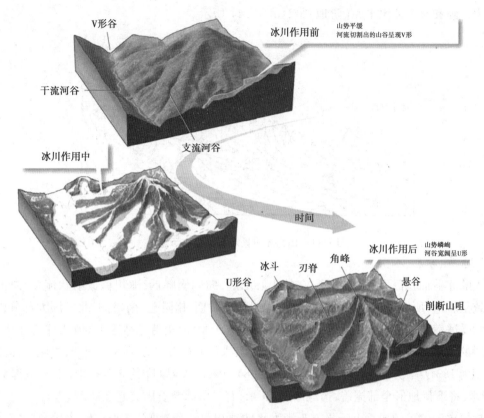

图7.9 冰川作用对地形地貌改造示意图

内部的碎屑物就会在冰川的末端或边缘堆积起来,称冰碛物(图7.10)。沉积作用包括冰川冰沉积,冰川冰与冰水共同作用形成的冰川接触沉积,以及冰河、冰湖或冰海形成的冰水沉积。这些沉积物在地貌上组成形形色色的终碛垄、侧碛垄、冰碛丘陵、槽碛、鼓丘、蛇形丘、冰砾阜、冰水外冲平原和冰水阶地等。

图7.10 冰川堆积物

四、景观赏析

大陆冰盖很少受下伏基岩地形的控制,形态单调,其塑造的地貌景观也不甚复杂。从冰盖中心到外围,冰川景观呈有规律的带状分布:最内部是侵蚀区,出现大量的冰蚀湖泊,如芬兰曾是第四纪时期冰盖的中心,有"千湖之国"之称;此带之外鼓丘成群出现;鼓丘带之外为散乱的冰碛丘陵和冰砾阜景观,蛇形丘也分布其中;再外即为标志着古冰川边界的终碛系列和宏伟的外冲冰水平原。

山岳冰川地貌景观的规模不及大陆冰盖地区,但更为复杂,因为还受山地地形以及冰缘雪蚀、雪崩和寒冻风化作用的影响。由上到下可分为几个垂直带:雪线以上是以冰斗、刃脊和角峰为主的冰川和冰缘作用带;雪线以下和终碛垄以上为冰川侵蚀—堆积地貌交错带;最下部为终碛和谷地冰水平原(阶地)带,如图7.11所示。

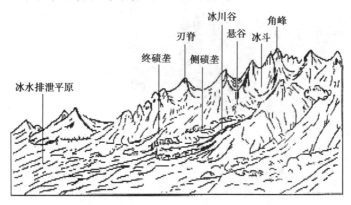

图7.11　山岳冰川景观垂直分布示意图

1. 冰盾、冰原、冰帽

大陆冰盖面积巨大,冰层很厚,它的中心凸起,向四周降低,冰川做放射状流动,总的轮廓大致呈盾形,所以又叫冰盾。当第四纪冰川最盛时期,格陵兰、南极洲、北美洲大部分以及北欧均受冰盖作用,南极冰盖约为1 229.5万平方千米,北美劳伦冰盖1 380万平方千米,欧洲斯堪的纳维亚冰盖409万平方千米,西伯利亚冰盖156万平方千米。现今,格陵兰冰盖整个面积为183万平方千米,约占该岛面积的84.7%;平均厚度约2 300米,中心最厚处为3 415米,将下伏地形全部掩盖,边缘厚度45米,有一些冰原石山突起在冰面上。

规模次于冰盖的成百上千平方千米大小的冰川可称作冰原。1999年,中美科学家在西藏中部的那曲地区发现了中国最大的冰原——普若岗日冰原,它位于东经89°59′~89°20′,北纬33°44′~33°04′,冰川覆盖面积约423平方千米,被确认为迄今为止世界上除两极地区以外最大的冰川,也是世界上最大的中低纬度冰川。

冰帽又称冰穹,是一种规模比冰原小,外形与其相似,而穹形更为突出的覆盖型冰川。冰帽总的形状为平凸形,外形接近于大陆冰川,但覆盖面积较大陆冰川小得多,其穹形也不及大陆冰川平缓。山岳冰川向大陆冰川发展时,必经冰帽阶段。典型的冰帽发生在冰岛,有八九个,如伐特纳冰帽、朗格冰帽、霍夫斯冰帽和米尔达尔斯冰帽等。中国最大的冰帽——崇测冰帽,位于藏西北高原昆仑山脉,北纬35°14′,东经81°07′,顶部海拔6 580米,冰川面积163.06平方千米,冰储量38.16立方千米。

2. 冰舌

冰舌是指山岳冰川从粒雪盆流出的舌状冰体。冰舌区是冰川作用最活跃的地段,大部分也是冰川的消融区。冰舌的最前端部分也称为冰川末端,冰面常发育冰面水流、冰裂隙等,舌前端有较陡的冰崖,其下方有冰洞,涌出大量的冰融水(图7.12)。

3. 冰斗、刃脊和角峰

这一组冰川侵蚀地形出现在山岳冰川区的上游,位于古雪线之上。当群峰之巅被冰川包裹,强烈剥蚀之后,原本平缓的山

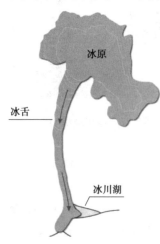

图7.12　冰原、冰舌示意图

体或变得尖削如刀刃,或如上帝之矛以 90°直刺向天空,或醉卧冰原如大厦将倾,或巨石嶙峋
有如剑龙之背,或似铅笔头,如天赐如椽大笔,著名的阿尔卑斯马特洪峰形似金字塔形,如图
7.13 所示。

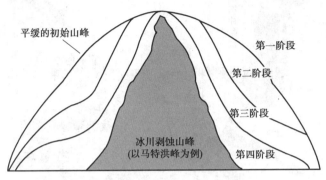

图 7.13　冰川剥蚀山峰示意图

　　冰斗是山岳冰川重要的冰蚀地貌之一,它位于冰川的源头。典型的冰斗是冰川在山坡
上不断刨蚀,形成围椅状的洼地,三面是陡峭的岩壁,底部是具有岩石磨光面的斗底。其出
口向山坡前方,口上常有凸起的岩坎,整个地形似匙状。冰斗一般发生在雪线附近,是调查
冰川遗迹的重要标志之一。

　　典型的冰斗由岩盆、岩壁和岩槛 3 部分组成。底部为岩盆,平面上呈半圆形;三面环以
陡峭的岩壁;出口处为一高起的岩槛,常有羊背岩位于其上。冰斗按位置可分为谷源冰斗和
谷坡冰斗两种。谷源冰斗规模一般大于谷坡冰斗,往往还有次一级的冰斗分布在周围,因而
也叫围谷。

　　各个方向的冰斗向山体溯源侵蚀,冰斗后壁不断后退,山峰越来越陡峭,山脊也变成了
刀刃状,这便是角峰和刃脊(图 7.14)。角峰为尖状金字塔形的山峰,由数个冰斗包围形成,
其发育程度是冰川地形发育成熟与否的标志之一。当庞大的冰川群批量制造出数不胜数的
角峰和刃脊,中国西部的雪山就成了世界上最凌厉的雪山画作,群山"狰狞"、云海壮阔。一
众造型美得"令人发指"的神山:贡嘎、萨普、缅茨姆、南迦巴瓦、央迈勇、夏诺多吉、冈仁波齐、
乔戈里、纳木那尼等纷纷塑形完毕,蔚为壮观。

图 7.14　角峰和刃脊

4. 冰坎

冰坎是位于冰斗、冰窖出口处或冰川谷中的陡坎（图7.15）。

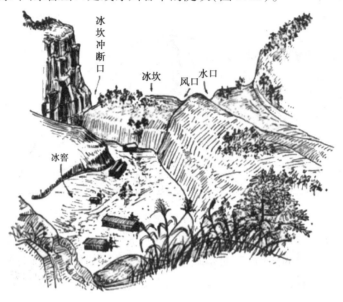

图7.15　冰坎景观示意图

冰川谷总的倾向下游，但在冰前河谷突起处，或冰床基岩坚硬段，冰川翻越而过，以致流速加快，侵蚀量小，冰面坡度大，多冰裂隙和冰瀑布；冰退后，则形成岩槛横亘谷底，或由一岸突入槽谷，高十数米至数百米。有冰川磨光面和冰川擦痕，多道冰坎使冰川谷呈阶梯状，故又称"冰阶"。有时冰坎常被后期流水截断。在冰坎上部的排水口就是水口，它往往不在谷的低处，而在一侧的较高处。此外，在冰坎上还常留有二至三个缺口，称为风口。风口上常留有条痕石等冰积物或冰溜擦痕。

5. 削断山嘴、冰川U形谷

图7.16　松错U形谷

当山谷冰川自高地向低处移动，山嘴被削平成三角形，称为削断山嘴。

当巨大的冰流贯穿山麓还会塑造出开阔的冰川谷，冰川谷是冰川作用区最明显的冰蚀地貌类型之一，典型的形状是槽谷，亦称冰川槽谷或U形谷（图7.16），谷底宽缓、谷坡陡峻，与周围的凌厉山峰交相辉映，是人类、动物、河流的重要通道。近几年来大量实测资料表明，大多数冰川谷的横剖面是抛物线型，U形的出现主要与谷底被冰碛和冰水沉积充填有关。

冰川槽谷在山岳冰川地区分布在雪线以下，源头和两侧被冰斗包围，主、支冰川汇合处易形成悬谷。冰川槽谷两侧一般具有明显的槽谷肩和冰蚀三角面，槽谷底部常见冰阶（岩槛）与岩盆，两者交替出现，积水成为串珠状湖泊。大的冰阶形成冰瀑布，如贡嘎山海螺沟冰川有高达千米的冰瀑布。大陆冰盖或高原冰帽之下也有槽谷，这种槽谷上源没有粒雪盆，曾被称为冰岛型槽谷。中国川西高原也有这种槽谷。

6. 冰川套谷

又称冰川谷中谷。后期冰川侵蚀了前期冰川谷，谷地下切，形成新谷套在旧谷中的现象。它的形成过程为最初的谷地被冰川侵蚀形成冰川谷，这次冰川退去后，河流切割了老的冰川谷，成为U形谷中叠套V形谷的态势；当下一次冰川推进到此时，冰川遂将河流形成的V形谷改造成新的U形谷，形成先后两次冰川侵蚀成的谷地叠套现象。

7. 悬谷

悬谷的形成来自冰川侵蚀力的差异。主冰川因冰层厚、下蚀力强，故U形谷较深；而支冰川因为冰层薄、下蚀力弱，故U形谷较浅。因为在支冰川和主冰川的交汇之处，常有冰川底高低的悬殊，当支冰川的冰进入主冰川时必为悬挂下坠成瀑布状，称为悬谷。

8. 峡湾

在高纬度地区，冰川常能伸入海洋，在岸边侵蚀成一些很深的U形谷，当冰退以后，海水可以沿谷进入很远，原来的冰谷便成峡湾。大陆冰盖或岛屿冰帽入海处常形成很深的峡湾，如挪威西海岸的峡湾发育完整，以风光旖旎闻名于世。

9. 冰蚀洼地和冰蚀湖

U形谷两侧有明显的谷肩，谷肩以下的谷壁较平直，底部宽而平，若是在冰川谷的底部，因冰川的挖蚀和刨蚀，而造成向下低凹的水坑，称为冰蚀洼地。山谷冰川形成的冰蚀洼地常积水形成冰蚀湖，如秦岭太白山的大爷海、二爷海等。

10. 冰臼

冰臼是古冰川作用和古冰川气候环境的直接产物和重要遗迹。在巨厚冰层覆盖的"封闭"和"半封闭"状态下，冰川融水携带冰碎屑、岩屑物质，沿冰川裂隙自上而下以滴水穿石的方式流动，在冰层的巨大压力下呈"圆柱体水钻"，对下覆基岩进行强烈冲击和研磨所形成的石坑，因其形态很像古代舂米的石臼而得名"冰臼"（图7.17）。

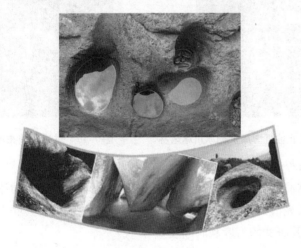

图7.17　冰臼

冰臼平面上多数呈圆形、近圆形、椭圆形和不规则的形状，一般冰臼口稍小，中下部较大，底多较平或呈锅底微凹，形体"似臼""似盘""似盆""似匙"等，也有酷似"漏斗""交椅"

"板壁""龙爪印"等。一般臼口宽0.3～2米,深0.1～2米,最大的直径达10.5米,深4.5米;最小的只有几厘米,似一般纽扣大小。

冰臼以往在中国的黄山、庐山和西藏等地有过零星的记录,北欧、北美、南极等地也有一些报道。冰臼在中华大地上的大量发现是自1997年开始的,自高纬度区的北国到低纬度、低海拔的海南岛、广东等地,也有广泛分布。

11.冰瀑布

冰川流动在陡坡段,冰体呈如瀑布那样坠落或滑落状态。冰瀑布的上部冰川有许多裂隙,冰瀑布的下部有许多冰坠落体。冰瀑布可出现在冰川的中段,也可出现在冰舌部位。四川贡嘎山海螺沟冰川冰瀑布是中国已知最大的冰瀑布,高1 080米,宽0.5～1 100米。

12.冰塔林

由于冰川各部位运动速度不同,造成冰川表面出现裂隙,而中低纬度地区直射的阳光,又不断将冰川末端这些裂隙加深,最终由于冰川消融而残留发育出一个个塔状冰体,成群出现的冰塔为冰塔林(图7.18)。它往往已与冰舌分离,冰塔与冰塔之间也密布冰碛,而冰塔是一种罕见的珍稀的景观,高度一般有几十米,当冰塔大面积分布,从空中俯瞰,仿佛是一条由锯齿组成的冰河。珠穆朗玛峰山脚下的中绒布冰川末端的冰塔林(图7.19),一个个既像黄山的奇峰,又像云南路南的石林,让人惊叹大自然才是真正的艺术家!

图7.18　希夏邦马北坡野博康加勒冰川冰塔林　　图7.19　珠峰的绒布冰川冰塔林

13.冰溜面、冰川擦痕和冰川刻槽

冰溜面是基岩冰溜面的简称,是刻画有冰川擦痕的基岩磨光面,为冰川流行的重要证据之一。这种被磨得很光滑的冰溜面,往往由无数的细小擦痕组成,其磨光的程度取决于磨料的硬度和颗粒度,以及研磨的力度和时间长短。

冰川擦痕是古冰川地区基岩表面最常见的冰川侵蚀微形态。它们是冰川内的砂粒或石块的棱角在基岩上刻画的结果,具有指示冰流方向的意义。擦痕形状多样,深浅粗细不等,有细到肉眼难辨的擦痕,也有延伸数米至数十米的冰川擦痕。同一基岩面上出现几组擦痕,说明冰流方向曾发生变化;相邻地方擦痕方向不同则表示冰川底部流向的局部变化。冰川擦痕一般呈钉头鼠尾状(图7.20),绝大多数平行于砾石的长轴,可有不同方向的条痕重叠出现,与洪流、泥石流和滑坡等在石块或基岩面上形成的条痕不同,多数冰川擦痕平行密集形成于磨光面上。

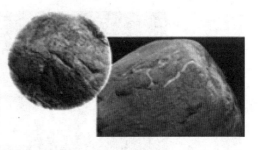

图7.20　冰川条痕石——"丁头鼠尾"

冰川刻槽是携带石块的冰川铲刮冰川谷两壁,刻画出的规模较大的沟槽,冰川刻槽长可达数十米。这种粗大的条痕沟,常作为确定古冰川运动存在的重要证据之一。

14. 鼓丘和蛇形丘

鼓丘是一种主要由冰碛物组成的流线形冰川堆积丘陵,通常高数十米,长数百米,平面呈卵形,长轴与冰流方向平行,迎冰面陡而背冰面缓。鼓丘的纵剖面形状为不对称的上凸形,颇似机翼,是流体中物体为减少阻力所能采取的最佳形态。一般认为鼓丘是由于冰川的搬运能力减弱,底碛遇到阻碍所堆积而成的。其主要分布在大陆冰川终碛堤以内的几千米到几十千米,常成群出现,造成鼓丘田;山谷冰川的鼓丘数量较少。

蛇形丘为冰前或冰下河流的堆积物,延伸成狭长弯曲的长堤,如蛇行状,两壁陡直,丘顶狭窄,其延伸的方向大致与冰川的流向一致,主要分布在大陆冰川区。其内部构造常为砂砾石层堆积,具斜交层理,有时含冰碛物包裹体,外表常有融碛层覆盖(图7.21)。

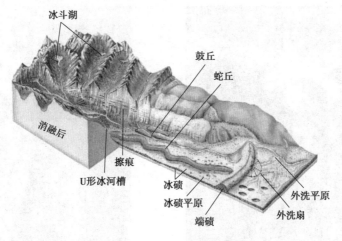

图7.21　鼓丘和蛇形丘示意图

15. 羊背石

羊背石是冰川侵蚀岩床形成的石质小丘,在冰川谷内或大陆冰川的底部发育,常成群分布,远望如匍匐的羊群,故称为羊背石。其平面为椭圆形,长轴方向与冰流动方向一致,向冰川上游方向的一坡由于冰川的磨蚀作用,坡面较平,坡度较缓,并有许多擦痕;而在另一侧,受冰川的挖蚀作用,坡面坎坷不平,坡度也较陡(图7.22)。如果羊背石的迎冰面和背冰面都发育成流线型,便称为鲸背石。

图 7.22　巴塘海子山羊背石

16. 冰碛垄和冰碛湖

所谓的冰碛垄,是冰川搬运、堆积下来的巨大石块,呈垄状堆积(图 7.23)。在冰川侵蚀山体的过程中,大量碎屑随冰川流动,碎屑在冰流两侧聚集形成侧碛垄,又称槽碛垄,在冰川末端聚集形成终碛垄。冰碛垄是典型的第四纪冰川遗迹,一般在中国的青藏高原比较多见。

侧碛垄、终碛垄是冰川进退的重要标志,而当冰川融水下泄时,它们还是天然的堤坝。冰川末端消融,形成巨大的冰洞,融水在冰面汇流形成冰面河,之后或注入冰斗形成冰斗湖(图 7.24),或注入冰川末端的冰碛垄围合中,形成冰碛湖,这样,我们才能在高原上得以看见各种各样美丽的冰川湖。著名的喀纳斯湖就是由冰碛垄阻塞冰川谷后积水而成的。

图 7.23　山南浪卡子县卡鲁雄峰枪勇冰川与强宁错　　　**图 7.24　雅拉香波冰斗湖**

17. 冰碛丘陵和冰川沙漠

冰碛丘陵是冰川消失时由冰面、冰内和冰下碎屑降落到底碛之上,所形成的不规则丘陵地形。在山岳冰川区其规模较小,中国西藏波密地区古冰川谷底有冰碛丘陵,最高者为 30~40 米。

那些被冰川研磨得更细碎的物质,则会发育出罕见的"冰川沙漠",普若岗日冰原海拔

5 200~5 600 米,数十米高的新月形沙丘连绵起伏,冰川与沙漠相生相伴,颇为独特。

18.冰川漂砾、冰桌

冰川搬运的巨大石块,体积大小悬殊,有的直径达 20 米以上,可随冰川翻山越岭。具有磨面擦痕的异地大漂砾,是最有说服力的冰川流动证据。在冰川作用地区,其可用作测量冰川流向和圈定冰川范围,或用来追溯漂砾的来源,找寻砂矿、原生矿的标志等。如波兰和德国中部和北部平原上的变质岩漂砾就是由冰川从西北欧古老地盾上带来的。

图 7.25　庐山莲花台"冰桌"

冰川漂砾有时在 U 形谷中或山麓地带聚集,呈巨石林立,横置于其他漂砾上的巨大漂砾,则称冰桌(图 7.25)。

19.龟背条痕石

龟背条痕石是冰碛石在冰床上被推移、拖曳,长期受阻时冰流从它上部推磨,久而久之该冰碛石底面平坦,顶部成龟背状,微上隆,迎冰流一端形如犁头,顺冰流一端展宽且有断口,故得名。龟背迎冰流部位多有擦痕。龟背条痕石形成于滞碛中,是冰川作用的重要证据。

20.冰水扇、冰水平原和冰水阶地

在冰川末端的冰融水所携带的大量砂砾,堆积在冰川前面的山谷或平原中,就形成冰水沉积。冰源河的流量有很大的日变化与季节变化。在大陆冰川末端的碛堤后,因地形展宽变缓,形成冰前的辫状水流,冰源河的泥沙负载量又很高,导致冰川外围地区强烈的加积,所携带的碎屑物质在终碛堤外形成顶端厚、向外变薄的扇形冰水堆积体,称为冰水扇。

几个冰水扇相连就形成广大的冰水冲积平原,又名外冲平原。在大陆冰盖外围有许多冰水扇联合成外冲冰水平原,在山谷冰川地区联合成谷地冰水平原。谷地冰水平原在后期被切割则成冰水阶地。由于水流很急,冰水平原的组成物质粗大而缺乏分选,砂砾层中常夹有大漂砾,并有许多锅穴(图 7.26)。

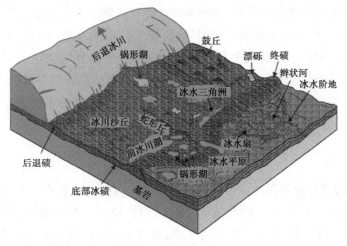

图 7.26　冰水扇、冰水平原和冰水阶地形成示意图

第八章 流水与光阴的故事——
喀斯特景观地理

一、景观概述

复杂的地表水和地下水系统密布于可溶性岩石的表面和内部裂隙,在漫长的岁月中循环往复,对山体、岩石进行侵蚀和溶蚀,导致岩石被融解、切割、坍塌、搬运和重新沉积,千姿百态的岩溶奇观便在流水的光阴中被雕琢而成。地理学中,在可溶性岩类(主要指石灰岩)分布地区,由于喀斯特作用而形成的地表和地下的各种地貌形态总称为喀斯特地貌景观。

喀斯特是前南斯拉夫西北部伊斯特里亚半岛石灰岩高原的地名,意为岩石裸露的地方,那里发育了各种奇特的石灰岩溶蚀地貌景观。19世纪末,南斯拉夫学者J.司威治研究了该区地貌,他把当地的地名作为这种地貌的名称,以后"喀斯特"一词逐渐被地貌学界公认,并成为世界各国通用的地貌学术语。1966年,中国在广西桂林召开的全国"岩溶"学术会议上建议将"喀斯特"改为"岩溶",把石灰岩溶蚀形成的地形称为"岩溶地貌"。1966—1989年,中国出版物中"喀斯特"一词全改用"岩溶",主要是指经过天然水对可溶性和易溶性岩石的溶解作用后所形成的地表和地下各种地质现象与景观。可溶性岩石主要有碳酸类岩石、硫酸盐类岩石和卤化物盐类岩石。由于硫酸盐类岩石和卤化物盐类岩石出露地表的面积较小,而碳酸盐类岩石出露的面积广阔,因此碳酸盐类岩石地区的岩溶地貌景观最为广泛和壮观。现在,又统一更正,在地貌上恢复使用"喀斯特"这一国际上统一的专业术语。中国对喀斯特景观的研究历史悠久,远在两千多年前的《山海经》中就有"伏流"的记载。在距今300多年前,明代地理学家徐霞客(1586—1641年)在广西、贵州和云南一带的石灰岩地区考察了100多个岩洞,对喀斯特景观的特点、成因进行分类描述。他的不朽著作《徐霞客游记》,被人们称为喀斯特方面的经典著作。

二、地理分布

喀斯特景观分布在世界各地的可溶性岩石地区。可溶性岩石有3类:①碳酸盐类岩石(石灰岩、白云岩、泥灰岩等);②硫酸盐类岩石(石膏、硬石膏和芒硝);③卤盐类岩石(钾、钠、镁盐岩石等)。总面积达51×10^6平方千米,占地球总面积的10%。从热带到寒带、由大陆到海岛都有喀斯特景观发育。较著名的区域有中国广西、云南和贵州等省(区),越南北部,前南斯拉夫狄那里克阿尔卑斯山区,意大利和奥地利交界的阿尔卑斯山区,法国中央高原,俄罗斯乌拉尔山,澳大利亚南部,美国肯塔基和印第安纳州,古巴及牙买加等地。

中国喀斯特地貌景观分布广、面积大。全国碳酸盐岩石分布面积达200万平方千米,以广西、广东、云南、贵州、四川、湖北、湖南的石灰岩分布较为集中而广泛,其中又以广西、贵州、云南和四川青海(即云贵高原)东部所占的面积最大,约占全国分布面积的一半。这些地区的喀斯特是在2亿年前海洋环境沉积下来的碳酸盐的基础上发育的,现在这些海洋沉积已经变成坚硬的岩石。这里,气候炎热,降水丰富,石灰岩厚度大、质地纯,形成了世界上最大的喀斯特风景区。另外,在山西、西藏等地也有大面积的碳酸盐岩石分布。

中国喀斯特景观广布于全国南北,常常形成特殊的景观资源,成为旅游胜地。喀斯特风景区可开展多种旅游活动,主要发展观光旅游、洞穴探险、峡谷漂流、悬崖攀登、科学考察和考古,以及洞穴医疗和疗养旅游等。中国著名的喀斯特风景名胜区有桂林山水、路南石林、黄果树瀑布、九寨沟黄龙、瑶琳仙境等。

中国东部喀斯特景观呈纬度地带性分布,自南而北为热带喀斯特、亚热带喀斯特和温带喀斯特。中国西部由于受水分的限制或地形的影响,属干旱地区喀斯特(西北地区)和寒冻高原喀斯特(青藏高原)。

1. 热带

分布于桂、粤西、滇东和黔南等地。地下洞穴众多,以溶蚀性拱形洞穴为主。地下河的支流较多,流域面积大,故称地下水系,平均流域面积为160平方千米,最大的地苏地下河流域面积达1 054平方千米。地表发育了众多洼地,峰丛区域平均每平方千米达2.5个,洼地间距为100~300米,正地形被分割破碎,呈现峰林—洼地景观。峰林的坡度很陡,一般大于45°。峰林又可分为孤峰、疏峰和峰丛等类型,奇峰异洞是热带喀斯特的典型特征。

中国热带海洋的珊瑚礁是最年轻的碳酸盐岩,大多形成于晚更新世和全新世。高出海面仅几米至10余米,发育成洞穴和天生桥、滨岸溶蚀崖及溶沟、石芽等,构成礁岛的珊瑚礁多溶孔景观。

2. 亚热带

亚热带分布于秦岭淮河一线以南。地下河较热带多而短小,平均流域面积小于60平方千米。洼地较少,每平方千米仅为1个左右,且从南向北减少,相反,干谷的比例却迅速增加。正地形不典型,主要为馒头状丘陵,其坡度一般为25°左右,洞穴数量较热带大为减少,以溶蚀裂隙性洞穴居多,溶蚀型拱状洞穴在亚热带喀斯特的南部较多。

3. 温带喀斯特

地下洞穴虽有发育,一般都为裂隙性洞穴,其规模较小。喀斯特泉较为突出,一般都有较大的汇水面积和较大的流量,例如趵突泉和娘子关泉等。这一带中洼地极少,干谷众多。正地形与普通山地类同,唯山顶有残存的古亚热带发育的缓丘—洼地和缓丘—干谷等景观。强烈下切的河流形成峡谷,局部地区,如拒马河两岸有类峰林景观。

4. 干旱地区

仅在少数灰岩裂隙中有轻微的溶蚀痕迹,有些裂隙被方解石充填,地下溶洞极少,已不能构成渗漏和地基不稳的因素。

5. 寒冻高原

青藏高原喀斯特在冰缘作用下,冻融风化强烈,喀斯特景观颇具特色,常见的有冻融石丘、石墙等,其下部覆盖冰缘作用形成的岩屑坡。山坡上发育有很浅的岩洞,还可见到一些穿洞,偶见洼地。

中国主要喀斯特景区分布如图8.1所示。

图8.1　中国主要喀斯特景区分布图

三、地学成因

岩溶作用是通过一系列化学过程进行的。喀斯特地貌景观的发育首先在于该地区岩石的可溶性。数亿年前中国南方还是一片汪洋,大量海洋生物的钙质骨骼,以及其他碳酸盐类物质不断沉积,形成了总厚度达 10 千米的碳酸盐岩地层。石灰岩是一种比较坚硬的岩石,它的主要成分是碳酸钙($CaCO_3$)。这种岩石对机械侵蚀和物理风化的抵抗力较强,但却容易被含有酸性的水所溶解,因为酸性溶液可以和石灰岩发生化学作用,使岩石受到溶蚀。如果我们把盐酸滴到石灰石上,立即会有许多白色泡沫不断冒出,好像沸腾一样。过一会儿,用水冲去泡沫,石灰石上便留下了明显的溶痕。数千万年沧海桑田、汪洋成陆,巨厚的碳酸盐岩从海底抬升为陆地,加上中国南方气候湿热,每年 1 000 ～ 2 000 毫米的降雨不断落下,水流流量大、流速快,水中的二氧化碳与碳酸盐发生化学反应,碳酸盐被溶解,并随着流水流走,无数次的化学反应积少成多,开始重塑地表,形成喀斯特景观。喀斯特景观的形成是石灰岩地区地下水长期溶蚀的结果,用化学式表示为:

$$CaCO_3 + H_2O + CO_2 \rightleftharpoons Ca^{2+} + 2HCO_3^-$$

地表喀斯特地貌景观发育演化可分为四个阶段(图8.2)。而地下喀斯特地貌景观发育演化可分为6个阶段:①地表水沿石灰岩内的节理面或裂隙面等发生溶蚀,形成溶沟(或溶槽),原先成层分布的石灰岩被溶沟分开成石柱或石笋;②地表水沿石灰岩裂缝向下渗流和溶蚀,超过100米深后形成落水洞;③从落水洞下落的地下水到含水层后发生横向流动,形成溶洞;④随地下洞穴的形成地表发生塌陷,塌陷的深度大面积小,称坍陷漏斗,深度小面积大则称陷塘;⑤地下水的溶蚀与塌陷作用长期相结合,形成坡立谷和天生桥;⑥地面上升,原溶洞和地下河等被抬出地表成干谷和石林,地下水的溶蚀作用在旧日的溶洞和地下河之下继续进行。

从整体上看,中国现代喀斯特是在燕山运动以后准平原的基础上发展起来的。老第三纪时,华南为热带气候,峰林开始发育;华北则为亚热带气候,至今在晋中山地和太行山南段的一些分水岭地区还遗留有缓丘—洼地景观。但当时长江南北却为荒漠地带,是喀斯特发育很弱的地区。新第三纪时,中国季风气候形成,奠定了现今喀斯特地带性的基础,华南保持了湿热气候,华中变得湿润,喀斯特发育转向强烈。尤其是第四纪以来,地壳迅速上升,喀斯特景观随之迅速发育,类型复杂多样。随冰期与间冰期的交替,气候带频繁变动,但在交替变动中气候带有逐步南移的特点,华南热带峰林的北界达南岭、苗岭一线,在湖南道县为北纬25°40′,在贵州为北纬26°左右。

这一界线较现今热带界线偏北约3~4个纬度,可见峰林的北界不是在现代气候条件下形成的。中国东部气温和雨量虽是向北渐变,但喀斯特地带性的差异却非常明显。这是因为受冰期与间冰期气候的影响,间冰期时中国的气温和雨量都较高,有利于喀斯特发育。而冰期时寒冷少雨,强烈地抑制了喀斯特的发育。但越往热带其影响越小,在热带峰林区域,保持了峰林得以断续发育的条件,而从华中向东北则影响越来越大,喀斯特作用的强度向北迅速降低,使类型发生明显的变化。广大的西北地区,从第三纪以来均处于干燥气候条件下,是喀斯特几乎不发育的地区。

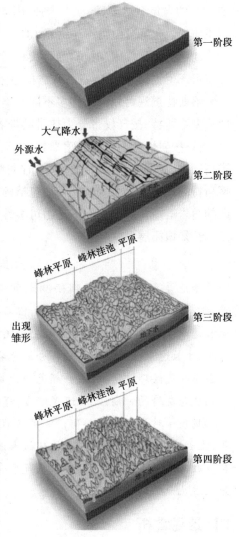

图8.2 地表喀斯特景观发育示意图

影响喀斯特景观形成的因素主要有岩性因素、地质因素、气候因素、生物因素等。

①岩性因素。可溶性岩石的溶蚀速率一方面取决于岩石本身的化学成分、岩石结构与

岩石裂隙的发育程度,另一方面取决于水的溶蚀能力,水的溶蚀能力与水中的二氧化碳含量有关,还与水的流通量有关。地下水中的二氧化碳来自大气和土壤中生物的呼吸作用,水的流通量则与降水量、渗透量以及岩石的裂隙发育程度有关。

②地质因素。地质因素主要包括岩石性质、地质构造等方面,它们影响岩石的可溶性和透水性。岩石具有可溶性,主要是碳酸盐类岩石。一般断层、节理发育的地区,两组节理交叉部位裂隙度大,透水性好,有利于岩溶景观发育。

③气候因素。降水量多的地区,径流量大,有利于水循环,水的溶蚀力强;水中 CO_2 的含量越高,溶蚀能力越强;温度高,水中 CO_2 含量就少,溶蚀作用会减弱;温度高,水的电离度大,水中 H^+ 离子增多,溶蚀力增强。总的来看,温度高,有利于喀斯特景观形成;气压高,水中 CO_2 的含量就增多,溶蚀力增强;因动植物的生长和活动,可供给土壤大量有机质,土壤中有机质的氧化和分解可产生大量 CO_2,促进石灰岩的溶解。

④生物因素。因动植物的生长和活动,可供给土壤大量有机质,土壤中有机质的氧化和分解可产生大量 CO_2,促进石灰岩的溶解。

喀斯特景观可划分为许多不同的类型。按出露条件分为裸露型喀斯特、覆盖型喀斯特、埋藏型喀斯特;按气候带分为热带喀斯特、亚热带喀斯特、温带喀斯特、寒带喀斯特、干旱区喀斯特;按岩性分为石灰岩喀斯特、白云岩喀斯特、石膏喀斯特、盐喀斯特。此外,还有按海拔高度、发育程度、水文特征、形成时期等不同的划分。由其他不同成因而产生形态上类似喀斯特的现象,统称为假喀斯特,包括碎屑喀斯特、黄土和黏土喀斯特、热融喀斯特和火山岩区的熔岩喀斯特等。它们不是由可溶性岩石所构成的,在本质上不同于喀斯特。

◎知识拓展

石笋一年能长多少?

李廷勇等用 U 系不平衡法测定重庆新崖洞中长 145 毫米的石笋生长时代是中晚全新世,年平均生长速度是 0.035 毫米,但石笋在各年龄段里的生长速率有些差异。从老到新的生长速率分别是每年 0.034 毫米、0.016 毫米、0.065 毫米、0.046 毫米。另外,与沉积特征相对应,生长速率相对快的石笋部分颜色也比较浅。沉积速率以及石笋沉积颜色的变化反映了当时的气候环境特征:石笋颜色为灰白、白色的时期,一般沉积速度较快,气候湿润;而石笋颜色为灰暗的时期,沉积速度较慢,气候比较干燥。

杨琰等对贵州荔波县衔门洞高 3 100 毫米的石笋用铀系测定的形成年龄为 5 万~7 万年,生长速率每年在 11.6~303.0 微米波动,平均生长速率为每年 117.7 微米。石笋的年生长量在几十微米到上百微米,根据气候条件的不同有所变化。我们看到的石笋景观大部分是经过几千年到几万年形成的。

四、景观赏析

喀斯特景观分为地表和地下两个部分(图 8.3)。常作为被观赏的岩溶地貌景观有地上的峰丛、峰林、石芽、天生桥、穿洞景观和地下的溶洞、地下河及洞内的石钟乳、石笋、石柱、石幔、石盾、石花、石盆等。峰林为分散的石灰岩山峰,峰丛为底部相连而上部分离的碳酸盐岩山峰。石芽为可溶性岩石表面溶沟的沟间凸起部分,高大的石芽可达数十米高,称为石林。天生桥是地下河顶板连续崩塌后残留的狭窄顶板部分。山体内部的溶洞被揭露地表,两侧山体崩塌,形成穿山而过的洞穴,成为穿洞。地下河是地下水沿裂隙溶蚀而成的地下水汇集和排泄的通道。溶洞是大型的地下管道。石钟乳是溶洞顶部向下垂直悬挂生长的碳酸钙沉积物,悬挂如古钟,外形如乳,下端常有短鹅管凸起,故得名。溶洞底部向上生长的碳酸钙沉积物称石笋,石钟乳与石笋连接形成的柱状堆积称为石柱。石幔是当水沿洞顶、洞壁往下漫流时形成的以片状延展为特征的悬挂帷幕状、布幔状洞穴灰华沉积。石盾是渗流水沿某一裂隙以一定角度渗出、沉淀,形成呈盾状的堆积物。这里所说的渗流水是指从洞穴顶部裂隙渗流出的含有饱和碳酸钙的岩溶水。

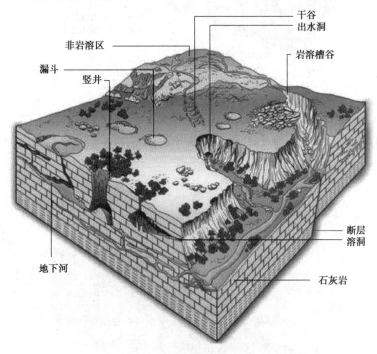

图 8.3　喀斯特景观示意图

（一）地表喀斯特景观

地表喀斯特景观主要包括溶沟、石芽、石林、岩溶漏斗、落水洞、天坑、岩溶洼地、岩溶盆地、干谷、盲谷、峰丛、峰林、孤峰、喀斯特山地、喀斯特高原、喀斯特丘陵、喀斯特平原和喀斯特海岸等,最有观赏价值的景观主要是石林、峰丛、峰林、孤峰和天坑。

1. 石芽、石林

地表水沿可溶性岩坡面流动,溶蚀侵蚀的凹槽为溶沟,溶沟之间残存的石脊凸起称为石芽,大型的石芽称为石林(图8.4)。石林高度较大,呈柱状、锥状、塔状、笋状、剑状、菌状等。昆明市石林县的石林是中国四大自然奇观之一,相对高度一般为 20 米、最高达 50 米,景观十分秀美,数十米高的石峰,组成壮观的石森林,峭拔挺立,似刀峰剑丛,直指青天,怪石嶙峋,多是惟妙惟肖的造型,如"阿诗玛""万年灵芝""凤凰梳翅"等,造型生动,步移景换,是世界上最具多样性的石林喀斯特造型博物馆。

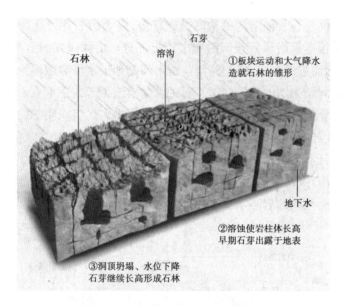

图8.4　石林的形成过程示意图

2.峰丛、峰林、孤峰

　　从峰丛到峰林,再从峰林到孤峰,中国大地上喀斯特山峰拔地而起、群峰竞秀,如教科书般展现了峰丛峰林演化的典型模式(图8.5)。

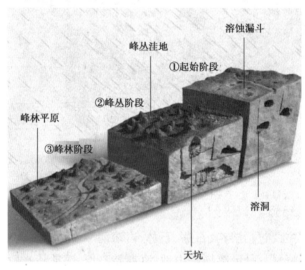

图8.5　喀斯特峰丛、峰林景观演化模式图

　　在极厚的可溶性岩石区域,水流切割出连绵不绝的群峰,如果山与山之间基座相连,则被称为峰丛。在广西大化瑶族自治县七百弄486平方千米的范围内分布着9 000多座800米以上的石峰,平均每平方千米18.51座,是世界上密度最大、数量最多的喀斯特峰丛。从高处俯瞰,千峰万壑,排山倒海,气势恢宏。

　　当峰丛进一步溶蚀,基座被切开,山与山之间变得相对独立散布,则为峰林。桂林漓江两岸是典型的喀斯特峰林地貌,疏密有致、挺拔秀立。全国喀斯特峰林峰丛分布面积高达14万平方千米,相当于一个安徽省大小,类似桂林山水的景象绝非鲜见。云南罗平县的一座座喀斯特山峰圆润得如同小馒头、小豆包。贵州兴义市的万峰林近两万座奇峰翠峦,组成了长200多千米、宽30～50千米的超大喀斯特峰林,气势磅礴,景观奇特。

当峰林继续溶蚀,许多山峰消失无踪,广袤的平原上有时会徒留一座山峰,是为孤峰。

3. 石灰钙华

有的地表水流经碳酸钙地层,含有过饱和的碳酸钙离子在适宜环境下可形成巨大的石灰华台地。自20世纪80年代以来在青藏高原横断山东缘发现一条罕见的钙华景观带,北起四川西北的九寨沟,南至云南香格里拉市的白水台,跨越岷山、邛崃山、贡嘎山、哈巴雪山长达数百千米,形成众多的钙华滩流、钙华梯池(图8.6)、钙华瀑布,留下一串串令人心动的名字:九寨沟、神仙池、牟尼沟、卡龙沟、白水台、玉龙西……地上浸出的"花"在世界屋脊东缘"盛开"出最斑斓的风景,规模之巨大,景型之多样,数量之丰富,形态之壮美,色彩之奇幻,布局之精巧,世所罕见。

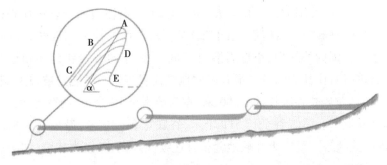

图8.6　钙华梯池形成机理剖面示意图

钙华边石坝彩池是钙华沉积的主要形式之一。当地表水在缓坡流动时,受到枯枝落叶等的阻挡流速发生突变,导致碳酸钙沉积速度发生差异形成钙华边石坝彩池景观。钙华边石坝彩池往往成群出现,线条优美,水色奇幻,绚丽多姿,成大美之地。黄龙是中国最大的石灰华岩溶景观分布区,钙华边石坝彩池主要分布于古冰川作用所形成的冰川U形谷——黄龙沟,巨型地表钙华沿沟分布连绵3 600米,最大的钙华滩长1 300米,彩池多达3 400余个。黄龙五彩池可以说是地表钙华的极致,藻类生长繁茂,层层叠叠犹如梯田,景色异常迷人,是世界上最壮观的露天钙华彩池群(图8.7和图8.8)。

图8.7　俯视黄龙沟五彩池

图8.8　黄龙沟五彩池近景

4.地缝

喀斯特地貌景观中的地缝是喀斯特峡谷的一种,喀斯特峡谷类型繁多,形态各异,按地貌结构可分为简单峡谷和复式峡谷,按形态可分为 V 形峡谷、箱形峡谷和地缝式峡谷等,按形成时间可分为现代地表河峡谷和干峡谷。地缝式峡谷也是一个在喀斯特地貌学中从未使用过的术语,和天坑一样,首先出自天坑地缝风景名胜区。

地缝式喀斯特峡谷的形成条件表现在以下两个方面:一是地表深切和地表、地下统一排水基准面的长期大幅度下降。当某一地区的侵蚀基准面下降时,该处地表水流的势能加大,并转化为动能,从而加大了河流的侵蚀能力,促进峡谷的形成。二是地表与地下喀斯特作用的长期协同。地表水的侵蚀切割速度与区域排水基准面的下降速度应保持协调与基本一致,否则河道水流便会在河床中伺机潜入地下,地表深切作用将因此受到削弱以至终止。世界著名的峡谷中有许多是岩溶峡谷。大型岩溶峡谷,如中国金沙江的虎跳峡段、长江三峡、黄河上的万家寨峡谷等,美国的科罗拉多大峡谷的部分峡谷段也属于岩溶峡谷;中型岩溶峡谷,如贵州的猫跳河、马岭河、六冲河干流的瓜冲河段,广西的桂林漓江峡谷段、靖西市通灵峡谷等最具代表性。国内外的中、小型岩溶峡谷很多,由于峡谷线状延伸和形态多变,从具体数值上对峡谷进行对比甚为困难。最有名的地缝式岩溶峡谷可能是被誉为"燕京小三峡"的龙门洞,其中的乌龙峡峡谷段长约 1 000 米,宽为数米至 10 余米,两壁陡崖高达一两百米。重庆武隆芙蓉江支流三会溪峡谷全长 511 千米,谷底宽 5 ~ 10 米,最窄处 3 米,两岸陡崖高数百米,也是地缝式峡谷。重庆天井峡地缝长且连续性好,峡谷极为狭窄,切割深度大,是世界上罕见的地缝式岩溶峡谷。

5.漏斗、落水洞、竖井、天坑

喀斯特景观中有一种地貌介于地表与地下之间,是连接地表世界和地下世界的通道,就像大地的肚脐。这种岩溶景观称为地表负地貌,天坑、岩溶漏斗、竖井均属此列(图8.9)。

①岩溶漏斗。地表水流沿垂直裂隙向下渗漏时使裂隙不断溶蚀扩大,先在地面较浅处形成隐伏的孔洞,随孔洞的扩大上部土体逐步崩落,开始在地面出现环形的裂开面,最后陷落成漏斗,呈碟形或倒锥形洼地,宽数十米,深可达 10 余米,底部有垂直裂隙或落水洞。

②岩溶天窗。地下暗河或者溶洞顶部的透光部位,连通地表与地下暗河。

③落水洞。连接地表水流与地下暗河的垂直管道,一般沿裂隙发育,受裂隙的形态控制,可以是垂直的,也可以是倾斜的,其宽度比深度小得多,也常分布在溶蚀漏斗、溶蚀洼地、干谷和盲谷底部。落水洞的形成,在开始阶段,是以沿垂直裂隙溶蚀为主。当孔洞扩大后,下大雨时,地表大量流水集中落水洞,冲入地下河。洪水携带着大量的泥沙石砾往下倾泻,对洞壁四周进行磨蚀,或由于岩体崩塌,使落水洞迅速扩大。因此落水洞是流水沿垂直裂隙进行溶蚀、冲蚀并伴随部分崩塌作用的产物。落水洞也不是一直向下贯通的,当地表水下透一段路程之后,落水洞就会顺着

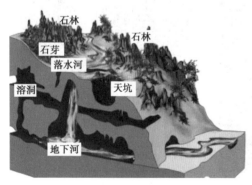

图 8.9　连接地表与地下喀斯特的负地貌

岩层的倾斜方向,或者节理的倾斜情况而发育。在水平地层发育的落水洞,会像阶梯那样逐级下降;在节理众多的地层中,又会形成曲折回环的形态。落水洞主要可分为裂隙状的、筒状的、锥状的及袋状的,既可直接表现于地表面,也可套置于岩溶漏斗的底部。

④竖井。竖井由暗河顶部崩塌而形成,缝隙状落水洞在发育过程中如果崩塌作用显著,也可形成竖井。竖井与一般井状落水洞的区别在于其井壁特别陡直,往往可以从竖井中直接看到暗河的水面。

⑤天坑。天坑是由喀斯特作用形成的一种特殊的特大型塌陷地貌景观(图8.10)。2001年前,天坑只是对重庆奉节县小寨天坑这种景观的特称,类似景观在各地有不同的名称,如"龙缸""石院""石围""岩湾""天盆"等。2005年,国际喀斯特天坑考察组在重庆、广西一带大规模考察后,"天坑"这个术语在国际喀斯特学术界获得了一致认可,用汉语拼音"tiankeng"通行国际。这是继峰林(fenglin)和峰丛(fengcong)之后,第三个由中国人定义并用汉语和拼音命名的喀斯特地貌术语,其含义为:"发育在巨厚碳酸盐岩层中,从地下通向地面,具有巨大容积,四周有陡峭而圈闭的岩壁,平均宽度与深度均大于100米的陷坑状负地形。"

图8.10　天坑

天坑是形态规模很大的喀斯特漏斗,但并不是所有漏斗都会发展成为天坑。天坑的形成至少要同时具备6个条件:一是石灰岩层要厚。只有足够厚的岩层才能给天坑的形成提供足够的空间。二是地下河的水位要很深。三是包气带(含气体的岩层)的厚度要大。四是降雨量要大,这样地下河的流量和动力才足够大,足以将塌落下来的石头冲走。五是岩层要平。从天坑四周的绝壁看就会发现,岩层与地面是平行的,就像一层层的石板堆在四周一样,只有这样的岩层才能垮塌。六是地壳要凸起。地壳的运动会给岩层的垮塌提供动力。就目前科学界的发现和初步的研究结果来看,形成于碳酸盐岩层中的喀斯特天坑有两种成因类型(图8.11),大多是起源于地下水流溶蚀崩塌作用的塌陷型(广西乐业天坑群等)和罕见的起源于地面水流溶蚀冲蚀作用的冲蚀型(重庆武隆后坪冲蚀天坑群等)。

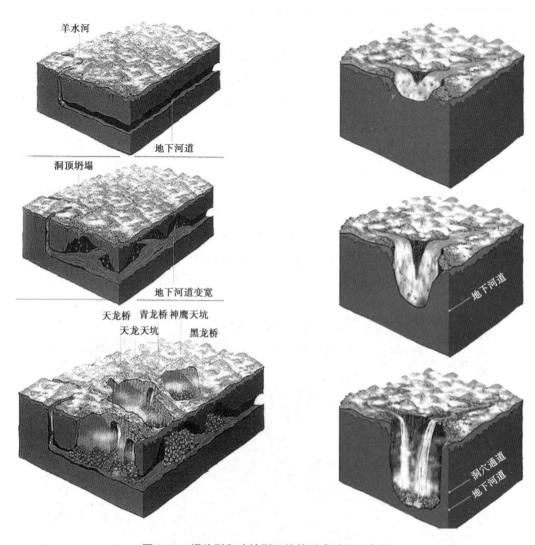

图 8.11 塌陷型和冲蚀型天坑的形成过程示意图

　　天坑是一种特殊的地质奇观,多具有奇特、险峻、壮观的特点。高高的峭崖、幽深的坑底、浩大的空间、神秘的地下水流、终年郁郁葱葱的地下绿色宝库、特殊的生态系统、坐井观天的奇特境界,引发人们对大自然造化功力的无限遐想,并使人们获得精神上的美好享受。天坑也是一个难得的喀斯特与洞穴科学的科普课堂。同时,天坑又常常与奇峰怪石、壮丽的喀斯特地貌以及众多的洞穴、地下河、地下大厅共存于一体。故天坑多是重要的旅游资源,并可达到自然旅游资源中的世界品级。

　　中国是世界上天坑规模最大和数量最多的国家,目前在世界上发现确认的天坑约80个,其中超过50个在中国。按天坑分级原则,深度和宽度均超过500米的为超级天坑,全世界仅有三例,全在中国;深度和宽度在300~500米的为大型天坑,全世界有16例,中国有9例;深度和宽度在100~300米的为标准天坑。

　　重庆奉节小寨天坑是世界迄今发现的深度和容积最大的岩溶天坑,坑口直径622米,坑底直径522米,深度666.2米,容积为1.2亿立方米,被誉为"天下第一坑"。坑底有一条巨大暗河,暗河的水来自一条称之为"地缝"的神秘峡谷,最窄处仅2米,是世界最典型的"一线天"峡谷景观。广西乐业县的地下溶洞系统坍塌频发,造成天坑数量和密度居于世界首位,堪称"天坑王国"。从空中俯瞰著名的大石围天坑,巨大的凹陷令人目眩神迷,其容积达751万立方米,可以盛下半个西湖的水量。2001年3月,在武隆发现起源于地面水流的冲蚀型天坑群;2002年年底,广西巴马县的号龙天坑和交乐天坑被确认。根据国内近几年的调查研究工作报告,十分有趣的是,目前发现的重要天坑主要分布在具有深切割特征的长江南岸和红水河南岸。

6. 天生桥

如果天坑四周岩壁溶蚀坍塌还会形成天然的桥梁,人称"天生桥"。位于湖南张家界的锅灶天坑,其南侧溶蚀崩塌后,一个跨度达50米的天生桥便诞生了(图8.12)。

图 8.12　天生桥景观

图 8.13　南海三沙永乐龙洞

◎知识拓展

蓝洞是大海的天坑

蓝洞是海底巨大的深洞,是地球最为神秘的自然奇观。从空中鸟瞰,蓝洞是海洋面上突然出现的深蓝色的圆形水域,仿佛是大海的瞳孔,深邃、神秘、诡异。地球上大多数的蓝洞都由石灰岩形成,它们是地表的洞穴系统被海水淹没之后形成的,因此蓝洞应当算天坑,是大海上的天坑。中国西沙群岛永乐环礁的海洋蓝洞,被证实为世界已知最深的海洋蓝洞,口径为130米,洞底直径约36米,深达300.89米,获名"永乐龙洞"(图8.13)。

伯利兹大蓝洞(Great Blue Hole)是全世界最大的水下洞穴,位于伯利兹外海约60英里(1英里=1.609千米)处,邻近灯塔礁,位于北纬17°18′54″,南纬87°32′6″。大蓝洞外观呈圆形,直径约1000英尺(1英尺=30.48厘米),深约400英尺。大蓝洞为石灰岩洞,形成于海平面较低的冰河时期,后来因为海水上升,洞顶随之塌陷,遂变成水下洞穴。现今的大蓝洞是一个名闻遐迩的潜水胜地,世界著名的水肺潜水专家雅各·伊夫·库斯托将大蓝洞评为世界十大潜水宝地之一(图8.14)。

它是在冰河时代末期形成的一个石灰石坑洞。伯利兹蓝洞位于大巴哈马浅滩的海底高原边缘的灯塔暗礁,完美的圆形洞口四周由两条珊瑚暗礁环抱着。关于它的成因,科学家们经过无数实地勘察及分析,如今早已大白于天下。巴哈马群岛属石灰质平台,成形于1.3亿

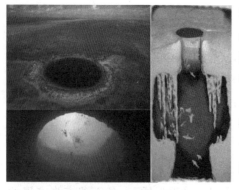

图8.14　伯利兹大蓝洞

万年前。在200万年前的冰河时代,寒冷的气候将水冻结在地球的冰冠和冰川中,导致海平面大幅下降。因为淡水和海水的交相侵蚀,这一片石灰质地带形成了许多岩溶空洞。蓝洞所在位置也曾是一个巨大岩洞,多孔疏松的石灰质穹顶出于重力及地震等原因而很巧合地坍塌出一个近乎完美的圆形开口,成为敞开的竖井。当冰雪消融、海平面升高后,海水便倒灌入竖井,形成海中嵌湖的奇特蓝洞现象。

(二)地下喀斯特地貌景观

地下喀斯特地貌景观主要包括隐蔽在地面以下的由喀斯特管道、地下河、溶洞等地下水溶蚀侵蚀形成的蚀空形态以及其中的碳酸盐堆积物所组成的各种形体,如石钟乳、石笋、石柱、石灰华等(图8.15)。

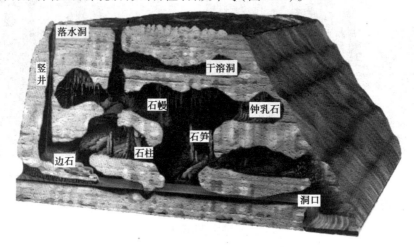

图8.15　地下喀斯特地貌景观

1. 地下河

地下河是指地下水沿可溶性岩层面、节理和断层等裂隙溶蚀、侵蚀、扩大而形成的地下水排泄通道。目前流量在50升/秒以上的地下河在中国南方已知的已超过2 800条,仅广西的地下河总长就超过1.3万千米,相当于两条黄河的长度,如此庞大的地下河水系偶尔露出地面会形成"口若悬河"的瀑布(图8.16)。

2. 溶洞

溶洞是地下水沿着可溶性岩石的层面、节理或断层进行溶蚀和侵蚀而形成的地下管道。当地下水沿着可溶性岩石的较小裂隙和孔道流动时,水流速度缓慢,这时只能进行溶蚀作用。随着裂隙的不断扩大,地下水除继续进行溶蚀作用外,还产生机械冲刷、崩塌作用,使地下孔道进一步扩大而成为溶洞。喀斯特洞穴以数十万计,其中实测长度超过5千米的有79个,长度大于10千米的有26个,深度大于400米的有20个,绝大部分位于中国西南部。在贵州,流水溶蚀出了长达257.4千米的双河溶洞,是中国目前已知最长的喀斯特洞穴,长度相当于北京五环路的2.6倍。洞穴中还拥有地下世界的"殿堂",即洞穴大厅,最大者厅高

200米以上，面积11.6万平方米，相当于16个足球场。第二名为重庆市武隆的二王洞—三王洞（62千米），第三名为湖北利川的腾龙洞（52.8千米）。

溶洞内常充满水，成为地下河、地下湖和地下瀑布。如果地壳上升，潜水下降，溶洞将随之上升，使洞内无水。随着地壳的多次间歇性抬升，就会出现多层溶洞。

洞穴整体景观可按几何形态和分布地形部位分成三种基本形态：通道、洞穴大厅、脚洞石窟。洞穴通道的形成通常受地质构造（断层、大型节理、层面等）的控制，发育成直线形、曲折形、方形、三角形、拱形、椭圆形、葫芦形等类型。正

图8.16　"口若悬河"景观

因为洞穴廊道形态及组合如此丰富多彩，所以岩溶洞穴导游词中常有"洞中有洞，洞外有洞，洞洞相连"的说法。洞穴大厅是溶洞与溶洞交会处由于各种地貌营力（溶蚀、流水冲蚀、崩塌等）强度加大而形成的相对开敞的地下空间，形似厅堂。洞厅的规模可以很大，形成极为壮观的洞穴景观。一般旅游洞穴的主要观光景观资源往往集中于洞穴大厅。脚洞是溶蚀作用在岩溶石山基部水面附近形成的浅洞，成因上与水面溶蚀作用相关。岩屋是非溶蚀作用形成的浅洞，大小规模在10米以内，洞口大，但深度小，成因常包括构造因素和重力作用，形态上常受构造及地层产状控制。在喀斯特溶洞中常存在多种碳酸盐沉积物，如石钟乳、石笋、石柱、石幔、石盾、石花、石盆等。这些沉积物和溶洞一起构成极具观赏价值的洞穴景观（图8.17）。

中国溶洞景观很多，而且各具特色，著名的岩溶洞穴有广西桂林的芦笛岩、七星岩，南宁的伊岭岩，贵州安顺的织金洞、龙宫洞，同仁市的九龙洞，湖北宜昌的金狮洞、神农架的燕子洞，江苏宜兴的三洞，浙江桐庐的瑶琳仙境、金华的双龙洞、建德的灵栖洞、兰溪的地下长河，北京的石花洞，辽宁本溪的水洞，江西湖口的石钟洞，广东肇庆的七星岩等。

3.洞穴沉积物

在洞穴所特有的自然环境中，含碳酸氢钙流水长时期渗漏，使碳酸钙在洞中重新缓慢析出沉积，从而发育出形形色色、千姿百态的洞穴沉积物，成为溶洞最惊艳的部分（图8.18）。一般来说，这些化学沉积物是由3种状况的水沉积形成，即重力水沉积、非重力水沉积和复合水协同沉积。

（1）重力水沉积

①滴石类。滴石类由不连续水流滴水形成。从滴点到落点，多形成对应沉积，也就是滴点形成悬挂滴石，如鹅管、石钟乳，其横断面呈同心圆状（图8.19）；落点形成站立滴石，如石笋、石柱、滴杯，其横断面呈叠层状。

②流石类。流石类由连续运动的水流形成，具有条带状、流层状、环纹状结构。主要有天流石，如肉条石、水母石、石带、石旗；壁流石，如石幔、石幕、石瀑、穴盾、盾帐、穴板、石柱盘等；底流石，如流石坝、石梯田、流石板、穴饼、穴珠、穴球等。

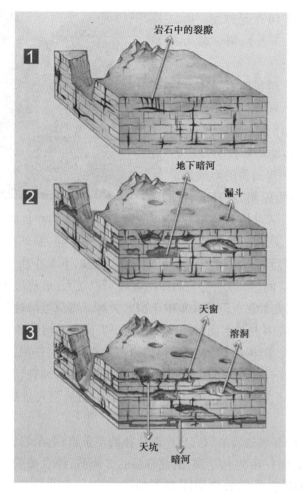

图 8.17　溶洞形成示意图

图 8.18　喀斯特洞穴沉积物景观

图 8.19　滴石剖面

③溅水沉积。洞穴滴水和悬挂式流水常溅出水滴和水雾携带的碳酸钙,沉积在之前形成的沉积物表面。按其形态可称棕榈片、石葡萄、石蘑菇、石花瓣、石珊瑚等。

④池水沉积。池水沉积是在溶洞底部池水不溢又不干涸的情况下形成的。其沉积物形态有水面形态,如水钙膜或穴筏、浮冰、穴泡、边石、石花;水下形态,如晶花、晶刷、石葡萄、月

奶石、石珊瑚、穴珠等。

（2）非重力水沉积

非重力水沉积是指岩层微细裂隙、孔隙及粗糙表面渗透的薄膜水和毛细水以及空气中的凝结水所形成的化学沉积物。非重力水沉积对环境要求极高，保存也极难，因此更为难得。非重力水沉积的主要类型有洞穴毛发、石枝（或卷曲石）、珊瑚状物、根须石枝、皮壳、石花、花斑、穴疱等。

（3）复合水协同沉积

复合水协同沉积是指两种或两种以上运动方式的水流协同形成的沉积物，又名复合沉积。常见的协同方式及典型沉积物有：

滴水＋流水沉积：堆积石笋、大型石柱等。

滴水＋池水沉积：莲花盆（云盆）、钙膜晶锥、穴珠、纺锤状石钟乳。

滴水＋飞溅水沉积：棕榈状石笋。

滴水＋非重力水沉积：乳房状石钟乳、石瘤。

①石钟乳。石钟乳是最常见的洞穴堆积景观。地下水沿洞顶渗出时，因水的蒸发及二氧化碳的散失，使溶在水中的碳酸钙沉淀下来。开始只成为一小凸起附在洞顶，以后逐渐增长，形成具有同心圆状结构，中心部分有一空管，悬挂于洞顶的倒锥状碳酸钙沉积，因形如钟乳，称钟乳石或石钟乳。

②石笋。当洞顶的水滴落到地板后，经水的蒸发和碳酸钙的沉淀，形成由下而上增长的碳酸钙沉积，形如笋状、锥状、塔状、盘状等，称石笋。如宜兴善卷洞口高两米多的砥柱峰。

③石柱。向下长的石钟乳与向上长的石笋相连接，变成石柱（图8.20），如贵州镇宁犀牛洞内有高达27米的石柱。

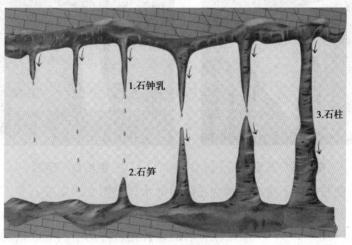

图8.20　石笋、石柱形成示意图

④卷曲石。毛细水形成的沉积物，常生长于鹅管、石钟乳表面，呈不规则卷曲，细如银发。卷曲石对生长环境要求极高，空气环境微弱变化，人类的不经意扰动，都可能造成卷曲石生长停止，变黑退化。

⑤石幔。石幔指薄层水从洞顶或洞壁裂隙中缓慢流出，产生的片状、波状、褶状沉积，形

如帷幔。

　　⑥石盆。石盆是指由中心向外、向上生长形成的底小面大的盆状碳酸钙沉积物。

　　⑦石盾。外形如盾牌的洞穴沉积物称石盾(穴盾),是岩层中的承压裂隙水,沿裂隙渗出沉积形成(图8.21和图8.22)。按照水往低处流的原理,石盾更容易发育于洞壁或洞顶。重庆丰都雪玉洞的地石盾体,却反其道而行之,出乎意料地生长在洞穴的底部。其中最大的地石盾,高达4米,因酷似企鹅而得名"雪玉企鹅",是目前世界所有洞穴中的地石盾之王。

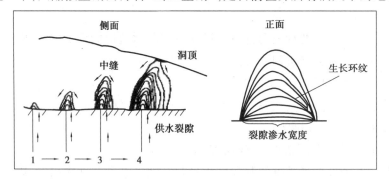

图8.21　地石盾形成示意图

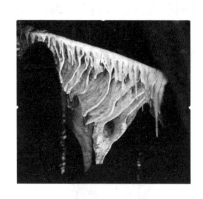

图8.22　石盾

图8.23　石花

　　⑧石花。石花是指由下滴水流和水花溅出的水珠黏附在洞壁或石笋、石幔等碳酸钙沉积物的表面后,由于温度和压力的变化,使二氧化碳逸去,水珠中的碳酸钙再凝结而形成的花絮、花瓣状沉积(图8.23)。中国比较有名的以石花著称的溶洞有北京的石花洞、杭州的瑞晶石花洞以及海南的英岛山石花水洞。英岛山石花水洞位于海南省儋州国营八一农场内一座海拔约200米的小山上,距儋州市区约30千米。这是中国乃至世界上都罕见的石花溶洞,形成于140万年以前。该溶洞由旱洞和水洞组成,旱洞长约2 000米,水洞约有3 000米长,水深多在5~7米,最深处有10米以上。英岛山石花水洞内造型奇特、形态各异的石钟乳或悬挂洞顶,或拔地而起,美不胜收。英岛山石花水洞里还有国宝级奇品叫卷曲石,位于

旱洞中部的顶部,大约有1 010平方米。这种卷曲石是一种白玉色棒状、卷曲状或豆芽状的方解石结晶体,色泽柔和,单体长度可达44~66厘米。英岛山石花水洞里的卷曲石不管是从面积还是从形状等来看,都是中国首屈一指,堪称世界一大奇迹。英岛山石花水洞内石壁上还布满一种奇特的石花,这些石花形似珊瑚,在灯光的照射下熠熠生辉。

【景点链接】

★桂林山水何以甲天下?

桂林山水是世界著名的喀斯特地貌景观区,位于广西东北部,是一个巨大的岩溶盆地,漓江以南北向贯穿盆地中部(图8.24)。盆地边缘自高而低分布着5~6级的阶梯状剥蚀面,每级有不同程度的岩溶景观发育。这里的山平地拔起,峰丛、峰林非常发育,境内有奇特的山峰两万多座,千姿百态;这里大小河流16条,漓江的水蜿蜒曲折,明洁如镜,流经阳朔县境的56千米,两岸奇峰林立,岸边翠竹丛丛,奇峰和翠竹倒影在澄碧江面上,形成一幅绝妙的山水画长卷;这里整个石灰岩山地与盆底,溶洞密布,暗河交错,洞幽景奇,怪石琳琅满目,形成了"山青、水秀、洞奇、石美"的桂林"四绝",构成了一幅秀丽、壮观的山水画卷,自古就有"桂林山水甲天下"的赞誉。

图8.24　桂林山水

桂林附近有几千平方千米的石灰岩出露,那里有群峰丛聚的山地,也有孤峰兀立的平原。岩石表面处处是溶蚀的沟槽石芽,还有小片的石林生成以及漏斗、干谷、洼地、盆地等地貌景观,地下河主要分布在石灰岩山地,而大小洞穴更是遍布各处,数以千计。应该说,桂林地区不但是典型的喀斯特地区,也是一种特殊的峰丛与峰林地貌类型的喀斯特地区。桂林平原地面上挺立的石山是在地面水流的侧蚀、脚洞的发育等作用下不断平行后退而形成的,如桂林市区的普陀山、月牙山、西山及伏波山、独秀峰、象鼻山以及阳朔山水园、世外桃源、十里画廊、龙胜梯田、兴安灵渠、猫儿山、资江、八角寨、荔浦银子岩等,都是桂林美丽的自然景观。桂林水文景观中以漓江最为著名。漓江两岸青山不断,高峰耸翠,江水清澈,山峰倒影,景色变幻,衬以户户农舍和点点渔舟,形成一幅美丽的山水画长卷。漓江上的景点黄浦倒影堪称一绝,喀斯特峰林、峰丛倒影在漓江水中呈现秀丽无比的景色。景点九马画山石灰岩山峰上的水墨画实际上是藻类对岩体的着色作用。在石灰岩山体悬崖上,通常可由于管胞藻等藻类沿崖面节理附近裂隙水渗出带生长而形成所谓的"墨水带"。

★太湖石

太湖石(图 8.25)分为水石和干石两种。唐吴融的《太湖石歌》生动描述了水石的成因和采取方法:"洞庭山下湖波碧,波中万古生幽石。铁索千寻取得来,奇形怪状谁能识。"干石则是 4 亿年前形成的石灰石在酸性红壤的历久侵蚀下而形成的。太湖石是皇家园林的布景石材,是园林石的一种,是大自然巧夺天工、自然形成的玲珑别透、奇形怪状的观赏石。太湖石可谓千姿百态,异彩纷呈:或形奇,或色艳,或纹美,或质佳,或玲珑别透、灵秀飘逸,或浑穆古朴、凝重深沉,超凡脱俗,令人赏心悦目,神思悠悠。它永不重复,一石一座巧构思,自然天成,是叠置假山、建造园林、美化生态、点缀环境的最佳选择,也是一劳永逸的绿色工程。千百年来,赏石、藏石仅是封建帝王将相、士大夫文人等有闲阶级的独享娱乐。今天,随着社会的进步、经济文化的发展与提高,广大劳动人民开始追求更高层次的精神生活。赏石、藏石已经成为群众性的日常文化活动。

★宜兴善卷洞

宜兴善卷洞(图 8.26)与比利时的汉人洞、法国的里昂洞称为世界三大奇洞,也是中国著名的旅游胜地。山清水秀,风光旖旎,洞景巧夺天工,素有"万古灵迹""欲界仙都"之美誉。从古到今,胜景似绣,游人如织,历代名贤雅士、文人墨客留下了一篇篇千古绝唱的诗文石刻。因为大自然的造化,宜兴南部山区天然溶洞众多且美丽神奇,堪称洞天世界、洞天仙境。史志记载,已被人们发现并命名的溶洞有近 90 个,真可谓"荆溪步步皆胜地,阳羡处处有洞天"。在目前已开发的 5 个溶洞中,尤以善卷洞、张公洞、灵谷洞为最古、最秀、最大,素有"江南第一古迹""海内奇观"美誉。

图 8.25 太湖石

图 8.26 宜兴善卷洞

★世界上最大的天坑群——乐业天坑群

乐业天坑群(图 8.27)是 1998 年国土资源部在中国广西壮族自治区百色市乐业县进行土地资源调查时发现的一种世界罕见的地质奇观——喀斯特漏斗群,经过中、美、英、日、法等 10 多个国家的专家科考论证,在不到 20 平方千米范围内已发现有天坑 28 个,其天坑数量和分布密度世界绝无仅有。其中,在全世界 13 个超大型天坑中,分布在乐业的就有 7 个。该地区为典型的喀斯特地貌(即岩溶地貌),降水量大,为地下洞穴的发育提供了良好条件。其典型特色是地质构造独特,生物种类繁多,代表景观为大石围。

图8.27　乐业天坑群

　　大石围天坑位于乐业县同乐镇刷把村北边,距县城23千米,属红水河南端的干热河谷地带,是整个天坑溶洞群中最有代表性,也是最有名的景点之一,有"天然绝壁地宫"之美称。大石围天坑地下原始森林面积9.6万平方米,垂直深度613米,东西长600米,南北宽420米,容积约6 700万立方米,其地下森林面积位居世界第一,深度位居世界第二,容积位居世界第三。原始森林底部地下溶洞高50~200米,宽70~150米,洞中有两条宽7~13米的地下暗河,是广西河流量最大、流程最远的地下暗河之一。

　　★世界喀斯特的精华——云南石林

　　云南石林(图8.28)以喀斯特景观为主,以"雄、奇、险、秀、幽、奥、旷"著称,具有世界上最奇特的喀斯特地貌景观,被誉为"天下第一奇观""造型地貌天然博物馆",在世界地学界享有盛誉。石林形成于2.7亿年前,经漫长地质演化和复杂的古地理环境变迁才形成了现今极为珍贵的地质遗迹。它涵盖了地球上众多的喀斯特景观类型,分布世界各地的石林仿佛汇集于此,有马来西亚的石林、美洲的石林、非洲的石林;在相差不到500米的高差上有着最丰富的类型:石牙、峰丛、溶丘、溶洞、溶蚀湖、瀑布、地下河,错落有致,洋洋洒洒,是典型的高原喀斯特生态系统和最丰富的立体全景图。

图8.28　云南石林

石林的魅力不仅仅在自然景观,还在于独具特色的石林撒尼土著风情。在丛丛石峰和漫无边际的红土地上,石林拥有极其丰富宝贵的民族、历史文化资源及人文的璀璨光芒。石林撒尼人,是彝族的一个支系,以勤劳、勇敢、热情著称,两千多年来,世代生活在这里。与石林共生共息,创造出以"阿诗玛"为代表的彝族文化,内涵丰富、影响深远。"阿诗玛"不仅代表石林的形象,也代表了云南省旅游的形象,最有影响的是"一诗""一影""一歌""一节"。彝文记录的古老的撒尼叙事长诗《阿诗玛》被译成20多种文字在国内外发行,并改编成中国第一部彩色立体声电影《阿诗玛》,享誉海外;撒尼歌曲《远方的客人请你留下来》名扬天下;每年农历六月二十四的彝族火把节是撒尼人传统的节日,摔跤、斗牛、火把狂欢等蔚为壮观,被誉为"东方狂欢节"。

★世界天生桥群之最——武隆天生桥

武隆天生桥(图8.29)又名天坑三桥,是全国罕见的地质奇观生态型旅游区,属典型的喀斯特景观。以天龙桥、青龙桥、黑龙桥三座气势磅礴的石拱桥称奇于世,属亚洲最大的天生桥群。天生三桥位于武隆区东南20千米的白果乡与核桃乡交界处,大自然造就的3座天生石拱桥,具有雄、奇、险、秀、幽、绝等特点,经历了上千万年的风风雨雨。

图8.29 武隆天生桥

天生桥桥体溶洞四伏,水帘高悬。桥下溪流潺潺,喷泉叮咚。该地林森木秀,峰青岭翠,悬崖万丈,壁立千仞,绿草茵茵,修竹摇曳,飞泉流水,一派雄奇、苍劲、神秘、静幽的原始自然风貌,以山、水、瀑、峡、洞、桥构成一幅完美的自然山水画卷。其中天生桥、飞崖走壁、擎天一柱、翁驱送归等景点更为引人入胜,使人流连忘返。

关于三桥,在大自然的无数杰作中,它也可以当之无愧堪称独步。这三座桥的高度、宽度、跨度分别在150,200,300米以上。三桥呈纵向排列,平行横跨在羊水河峡谷上,将两岸山体连在一起,形成了"三桥夹两坑"的奇特景观。即便是从全世界范围来看,在距离几百米之内就有如此宏大的三座天生石拱桥和两个巨型的由塌陷形成的天坑,也是世间罕见的。

★天下山峰何其多,唯有此处峰成林——兴义万峰林

兴义万峰林(图8.30)位于贵州省兴义市东南部,南端与广西交界,西到滇、桂、黔三省(区)交界处的三江口,北接乌蒙山主峰,总面积2 000平方千米。万峰林,长200多千米,宽30~50千米,是中国西南三大喀斯特景观之一。

图 8.30 兴义万峰林

万峰林,气势磅礴,景观奇特,峰、垄、坑、缝、林、湖、泉、洞八景分布广泛。万峰林属于中国西南喀斯特景观,堪称中国锥状喀斯特博物馆,被誉为"天下奇观"。万峰林包括东、西峰林,景观各异,是国内最大、最典型的喀斯特峰林。在 360 多年前,著名地理学家、旅行家徐霞客就到过万峰林,发出这样的赞叹:"天下山峰何其多,唯有此处峰成林。"徐霞客再次来到兴义后,在游记中写道:"丛立之峰,磅礴数千里,为西南奇胜。"

万峰林包括东峰林和西峰林景区,目前对外开放的主要是西峰林。西峰林是一座座奇美的山峦,与碧绿的田野、弯曲的河流、古朴的村寨、葱郁的树林融为一体,构成大自然中最佳的生态环境,形成天底下罕见的峰林田园风光。根据峰林的形态,分为列阵峰林、宝剑峰林、群龙峰林、罗汉峰林、叠帽峰林等五大类型,是中国喀斯特地质地貌中发育最成熟的锥状峰林典型代表。每一类都各具特色,既独立成趣,又与其他类型的峰林相辅相成,组成雄奇浩瀚的岩溶景观。

第九章 地球燃放的烟花——火山景观地理

一、景观概述

地壳之下 100~150 千米处,有一个"液态区",区内存在着高温、高压下含气体挥发成分的熔融状硅酸盐物质,即岩浆。岩浆是黏稠流体,在巨大的压力作用下,岩浆会沿地壳裂缝向地面上升,如果地壳的裂缝距地面较近,或地壳较薄,岩浆就会冲出地面而喷发出来,这就是所谓的火山喷发,人们称其为"地球在燃放烟花"。火山喷发时浓烟滚滚,火光冲天,极其壮观,但会产生大量有毒气体进入空气中,有时还伴有地震、海啸,给人类生产和生活带来很大危害。如 1781 年冰岛拉基火山喷发,其产生的有毒气体和导致的饥荒使冰岛人口减少了1/5。不过火山喷发也带给人类许多好处,如肥沃的土壤、丰富的地热资源、独特的景观等。

火山景观包括火山喷发景观和火山地貌景观。前者是指正在喷发时的火山景象,猛烈的火山喷发,焰火飞腾,形成高达几千米甚至上万米的烟柱,炙热通红的岩浆喷涌而出,声如巨雷,闪电交加,映红天际,景象壮观,使人惊心动魄。全球每年有 50 多次的火山喷发,人们观看火山喷发时的景象,一般都是远远欣赏,或坐在直升机上俯瞰。目前世界上喷发最多的活火山是位于意大利西西里岛的埃特纳火山,每隔几年就要喷发一次,吸引许多游客前往。

火山地貌景观是指在地球演化过程中,特定的地质时期发生的火山喷发作用,形成具有观赏价值的景观和有重大科学价值的地质构造遗迹。火山活动后在地表留下的各种痕迹,包括火山地层、火山口、火山锥及熔岩景观,如熔岩隧道和熔岩洞、熔岩流动构造、熔岩造型、喷气锥和喷气碟等。各种景观形态千差万别,多姿多彩,如熔岩流动构造有象鼻状、爬虫状、绳状、馒头状等,熔岩造型有石熊、石猿、石人、石狗、石鼠、石牛、石海马等。诸多景观既有旅游观赏价值,又有科学研究价值。比较著名的有长白山的天池、嶂谷,五大连池的黑山石海、龙石塘,浙江桃清的万柱山,镜泊湖的火山口地下森林等具有观赏价值和富有个性的风景地貌,多姿多彩,能概括火山地质景观的美学特征。

火山地质景观是一种重要的风景旅游资源。世界各国都十分重视火山地貌景观的开发利用,如意大利的维苏威、日本的富士山、美国的夏威夷、韩国的济州岛、新西兰的火山公园均早已被开发为世界著名的旅游胜地。中国黑龙江省五大连池、镜泊湖,吉林省长白山,广东省西樵山,浙江省雁荡山均已成为国家级重点风景名胜。中国的地质历史演化过程中,火山作用十分频繁,所形成的火山岩区特别是近代火山群分布区的旅游资源非常丰富,目前还远未充分开发。

◎资料链接

世界火山之最

★地球上体积最大的火山

美国夏威夷岛上的冒纳罗亚火山，海拔4 170米。火山体积达75 000立方千米。

★地球上最高的死火山

世界最高的死火山是阿空加瓜山，位于阿根廷境内，海拔6 962米，公认为西半球最高峰。山峰坐落在安第斯山脉北部，其西翼延伸到了智利圣地亚哥以北海岸低地。"阿空加瓜"在瓦皮族语言中是"巨人瞭望台"的意思。

★地球上最高的活火山

奥霍斯—德尔萨拉多山是安第斯山脉中的一座火山，海拔6 891米，是世界上最高的活火山，也是智利的最高峰。该火山位于阿根廷和智利的边境，西半球最高山峰阿空加瓜山以北约600千米。奥霍斯—德尔萨拉多山靠近阿塔卡马沙漠，气候干燥，只有接近山巅处有积雪。

★地球上最大的火山口

日本阿苏山，是世界上具有最大火山口的活火山，也是日本著名活火山，位于九州岛熊本县东北部，是熊本的象征，以具有大型破火山口的复式火山闻名于世。阿苏山略呈椭圆形，南北长24千米，东西宽18千米，周长约120千米，面积250平方千米。

★地球上喷发次数最多的火山

埃特纳火山，位于意大利南部的西西里岛，是意大利著名的活火山，也是欧洲最高的活火山，海拔3 323米。埃特纳火山下部为一个巨大的盾形火山，上部为高300米的火山渣锥。埃特纳火山由于处于几组地层断裂带的交汇处，一直活动频繁，迄今为止已喷发过500多次。

二、地理分布

世界上有很多火山，除少数以外，大部分呈规律的带状分布。全球共有4个主要火山带：环太平洋火山带、大洋中脊火山带、阿尔卑斯—喜马拉雅火山带和东非火山带。根据板块构造理论，板块边界地区地壳活动强烈，因此火山活动频繁，上述火山带均分布在板块交界处。

环太平洋火山带主要与太平洋板块向北西方向的俯冲活动有关，包括太平洋东、西两岸，全长4万余千米，集中了全球大部分火山，日本、中国台湾岛、菲律宾以及印度尼西亚就在这条火山带上。这里有活火山512座，历史上319座火山有过喷发，占全球历史喷发火山的57.5%，主要发生在北美、堪察加半岛、日本、菲律宾和印度尼西亚，其中印度尼西亚有"火山之国"之称。大洋中脊火山带地跨全球，总长8万余千米。

大洋中脊也称大洋裂谷，在全球呈"W"形分布，由大西洋中脊、印度洋中脊、太平洋中脊组成。但火山并不是均匀分布，而是集中于大西洋中脊，即从格陵兰岛经冰岛、亚速尔群岛至佛得角群岛段，其中冰岛号称"火山岛"，岛上有200多座火山。

阿尔卑斯—喜马拉雅火山带因地处亚欧板块边缘,地壳运动活跃。火山带西起比利牛斯山,经阿尔卑斯山脉至喜马拉雅山,全长10余万千米。举世闻名的维苏威火山、埃特纳火山就在这条火山带上。

东非裂谷自中生代形成以来,火山活动频繁,裂谷两侧耸立着一座座火山。两个世界闻名的火山奇观就在这里:一是第二大破火山口——恩戈罗恩戈罗火山口,二是尼拉贡戈火山的熔岩湖。非洲第一高峰乞力马扎罗山和第二高峰肯尼亚山就是两座死火山。

火山较多的国家有日本、印度尼西亚、意大利、新西兰和美洲各国。日本全境有200多座火山,其中活火山占1/3;印度尼西亚有400多座火山,其中活火山占1/4。这两个国家都有"火山国"之称。

中国是个多火山国家,分布于板块边界区,一是太平洋板块和亚洲板块边界的东部地区,二是印度板块和亚洲板块边界的青藏高原及周边地区。全国目前发现火山约有1 060座,主要集中在内蒙古南部、东北、台湾、海南岛等地,如黑龙江的五大连池、镜泊湖,吉林的长白山、龙岗,内蒙古的哈拉哈、汉诺坝,山西的大同,山东的蓬莱,江苏的六合,安徽的嘉山,福建的明溪,台湾的基隆,广东的雷州,海南的琼北,云南的腾冲等。

羌塘(藏北)高原北部的大火山群——巴毛穷宗火山群,最高海拔达5 398米,是中国最高的火山。镜泊湖是中国最大的堰塞湖。东北地区是中国新生代火山最多的地区,共有34个火山群,计640余座火山,并有大面积的熔岩被,主要分布在长白山、大兴安岭和东北平原及松辽分水岭三个地区,具有活动范围广、强度高、喷发期数多、分布密度大等特点。长白山是中国最大的层状复式火山。中国最大的火山群在龙岗,那里有大小不同的火山锥72座。

◎ **知识拓展**

中国的火山还会喷发吗?

火山可分为死火山、休眠火山和活火山三类。死火山是指那些保留火山形态和物质,但在人类历史时期和现今从未活动过的火山,这类火山在世界上的分布最广泛;休眠火山是指人类历史时期有过活动,但现今处于"休眠"状态的火山,休眠火山随着地壳的变动会突然喷发;活火山则是指现代尚在活动或周期性发生喷发的火山。

中国火山主要有从中新世到更新世的2 000多万年的地质历史,那时中国的火山喷发,尤其是东北地区,并不亚于日本。近代中国火山活动也非常频繁,如长白山火山(1668年、1702年喷发)、五大连池火山(1720年、1721年喷发)、腾冲火山(1609年喷发)、琼北火山(1883年喷发)。最近一次喷发是1951年5月27日,新疆于田县南部克里亚河源头发生了一次火山活动,随着隆隆的巨响、乱石飞溅、浓烟四起,弥漫的火山灰顷刻间遮住了天日,一座新生的火山——卡尔达西火山诞生了。火山高达145米,全由褐黑色安山岩—玄武岩熔岩组成,火山口呈圆筒状,深56米。这也是近70年来中国大陆上最大规模的火山活动,不过这里人迹罕至,没有造成人员伤亡或财产损失。全国大部分火山属于死火山,再次喷发的可能性很小。目前已确认有喷发可能的火山有黑龙江五大连池火山和镜泊湖火山、吉林长白山天池火山和龙岗火山、云南腾冲火山、新疆阿什库勒火山、台湾岛大屯火山和龟山岛火山、海南琼北火山,这些火山已受到监测。

中国自全新世以来有过喷发的活火山现已知的、较为确切的有以下几处：

1. 黑龙江五大连池火山

一般认为五大连池火山群由 14 座火山组成，如果包括火山区西部的莲花山，那么五大连池火山群应由 15 座火山组成，火山岩分布面积达 800 多平方千米。1719—1721 年的老黑山、火烧山喷发距今约 300 年，是中国活火山中有历史记载、喷发时间和地点最为确切的一处活火山。

2. 黑龙江镜泊湖火山

黑龙江镜泊湖全新世火山，共有 13 个火山口，均为复式火山。推测镜泊湖全新世火山最晚一期活动可能在 1 000 年左右。从现有火山地质和年代学证据，镜泊湖发生的全新世火山喷发活动是没有异议的。

3. 吉林长白山天池火山

吉林长白山天池火山是目前中国境内保存最为完整的新生代多成因复合火山，最高峰海拔 2 749 米。天池火山的火山活动经历了造盾、造锥和全新世喷发三个发展阶段，三个阶段岩浆成分从玄武质、粗面质到碱流质代表其演化过程。历史上长白山地区有过多次喷发的史料记载，1668 年和 1702 年两次天池火山喷发是可信的。通过火山地质学研究，自全新世以来天池火山至少有两次（公元 199 年和约 5000 年前）大规模喷发。1199—1201 年天池火山大喷发是全球近 2000 年来最大的一次喷发事件，当时喷出的火山灰降落到远至日本海及日本北部。

4. 吉林龙岗火山

龙岗火山群有 160 余座星罗棋布的低矮火山锥，显示高密度、多中心爆炸式喷发特点。靖宇县城以西至靖宇—辉南交界，以龙湾为代表的低平火山口成为龙岗火山群的一大景观，其中大龙湾和三角龙湾已开发成为中国境内唯一的、风景优美的低平火山口旅游风景区。就在龙湾环绕的地区，一座高耸的火山锥——金龙顶子火山拔地而起。龙岗火山是中国少数几个近代仍有喷发活动的第四纪火山之一。

5. 云南腾冲火山

西南边陲的云南腾冲火山，由于徐霞客记载了 1609 年打鹰山火山喷发，根据火山地质、地貌、岩浆演化和水热活动特点，一般都把黑空山、打鹰山、马鞍山作为全新世火山。对徐霞客游记中记载的 1609 年打鹰山火山"山火"是否为火山喷发起因，迄今还没有找到年代学等有关方面的证据。从李根源《烈遗山记》中描述的"腾冲多火山，志载明成化、正德、嘉靖、万历年间火山爆发多次"，说明几百年前，腾冲火山区有过喷发活动。腾冲火山区是中国活火山区地热显示最显著的地区，如热海地区的水温都在 100 ℃左右，近年的水热活动似有增强趋势，发生了多起水热爆炸事件。微震观测显示存在岩浆冲击型地震，地震测深剖面和大地电磁测深结果都显示了可能存在壳内岩浆房的信息，所有这些是否说明其酝酿着新的喷发危险呢，因此不能不对腾冲火山未来的活动投以特别的关注。

6. 新疆阿什库勒火山

阿什库勒火山群位于新疆于田县以南约 120 千米的青藏高原西北缘的西昆仑山，由 10 余座主火山和数十个子火山组成，包括西山、阿什山、大黑山、乌鲁克山、迷宫山、月牙山、牦牛山、黑龙山、马蹄山、东山和椅子山等。这些火山几乎均为中心式喷发,形成圆锥状或截顶圆锥状火山锥,绝大多数火山是第四纪形成的,最近的一次为1951年5月27日阿什火山喷发。新疆日报1951年7月5日报道:"在于田县苏巴什以南,昆仑大坂西沟一带,5月27日上午9时50分发生火山爆发。第一次爆发时只见一个山头上发出轰隆巨响,接着烟灰像一条大圆柱似的自山顶冒出。接着又连续爆发了3次,每次只隔几分钟,未发出巨响,只有烟灰上冒。以后几天又看到火山冒烟……"这也是新中国成立之后第一次关于火山喷发的报道。根据报道和有关的考察意见,此次火山喷发属爆炸式喷发,比较一致的看法是无熔岩溢出。

7. 台湾岛大屯火山和龟山岛火山

大屯火山群和龟山岛火山分别位于台湾岛西北部和东部海上。大屯火山群由20余座大小不等的火山组成。火山区内温泉遍布,有名的至少就有16处,还有一些无名的温泉,且地表温度可达100 ℃左右,阳明山等地强烈的喷气活动和地表的泉华足以证明大屯火山区水热活动的强度。He同位素示踪表明,大屯火山区的He主要是来自岩浆的气体,自然使人联想到可能存在地下岩浆房。大屯火山区附近的微震活动频繁,尤其集中在马槽地区,震级常小于3.0级。1986年发生在阳明山竹子湖地区超过5级的地震,可能是造成震后马槽地区大规模山崩和泥石流的直接原因。大屯火山与美国西部黄石公园火山有相似之处。按照现有定义,大屯火山与黄石公园火山均属"死"火山,但它们都有强烈的地表和地下活动性,与世界上绝大多数活火山相似,而被视为可能会死灰复燃的活火山。

台湾岛北部宜兰东北约20千米海上的龟山岛火山,位于琉球火山岛弧的西缘,主要由安山质火山岩所组成。岛上的火山地形保持得相当完整,后火山活动的硫黄喷气及温泉活动也相当剧烈。采集到位于较下部安山岩角砾含有捕获的石英砂岩块,石英经热释光定年距今约7 000年,表明安山岩喷发已有7 000年左右,因在火山角砾岩之上还有熔岩流的分布,故龟山岛火山最近的一次喷发可能小于7 000年。

8. 海南琼北火山

雷琼地区是华南沿海新生代火山岩分布面积最大的一片火山岩,火山活动始于早第三纪,延续至全新世。火山岩面积达7 300平方千米,可辨认的火山口共计177座,海拔均低于300米。海南岛北部(琼北)第四纪火山区的石山、永兴一带,大小三十几个火山口明显呈北西方向排列,形成典型的中心式火山群,是琼北最新期火山。

三、地学成因

地球内部的岩浆沿地壳薄弱带或岩浆通道喷出地表的过程称为火山作用。它包括火山的喷发及火山物质堆积有关的沉积作用,还包括与火山喷发有关的岩浆侵入作用。由火山活动与之相关的沉积作用、风化作用等形成的各种景观称为火山景观。火山景观基本都是由于火山喷溢或喷发后一系列的地学变迁导致的。火山喷发时,会有大量的岩浆和气体喷出地表,形成各式各样的景观(图9.1)。

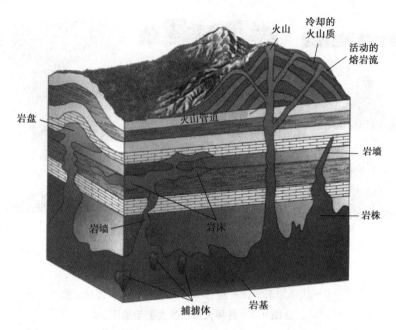

图9.1　火山地形一览图

地球内部处于高温和高压的状态,有一定数量的岩浆聚集在地下的某一部位,如熔岩堵塞封闭的火山管道的上部,岩浆得以有相当数量的聚集,构成浅岩浆房。当上覆岩层发生破裂或地壳背斜褶皱升起时,岩塞或上部封闭壳遭到破坏,外压迅速下降,岩浆在一定深度上开始沸腾,气相与液相分离,由固相加液相的岩浆转变为含气泡的固相加液相的岩浆。当岩浆内压力大于上覆岩层的静压力,气体释放,地下的炽热岩浆将形成气体—碎屑物组成的喷发柱,沿地层的破裂面或背斜轴部喷出地表,形成火山喷发现象。

火山喷发环境除陆上之外,还有水下环境,如浅海、深海、湖泊及其他水体底部的喷发。热的岩浆与冷的水会发生蒸汽爆发及非爆炸发生的碎屑化作用,所以水下喷溢熔岩多形成玻璃碎屑岩,又称淬玻璃碎屑岩。

火山喷发按岩浆的通道分为两大类:一类是裂隙式喷发,又称冰岛型火山喷发,喷发时岩浆沿地壳中的断裂带溢出地表;另一类是中心式喷发,喷发时岩浆沿火山通道喷出地面。岩浆在火山通道中向地表缓慢运移,气体从管道上部岩浆中释放出来,聚集在浅部的裂隙中,形成爆发房,如其压力超过上覆的岩层压力就发生气体爆发。这种气体爆发往往是不连续的。气体爆发与喷气活动也有差别,前者有破坏性并兼有少量岩浆物质抛出。

由于岩浆成分黏度、所含气体的多少等物理化学性质的差异决定每个具体火山喷发形式的不同。为了确定各个火山的喷发习性和形态特征,通常以典型火山命名,如夏威夷型、泛流玄武岩型、斯特朗博利型、普林尼型等(图9.2)。

①盾形火山。盾形火山多由熔岩组成,因坡度平缓、顶部平坦宽广而命名。夏威夷岛和冰岛都有熔岩构成的盾形火山,夏威夷的由多中心喷发而成,冰岛的由裂隙喷发形成。夏威夷岛冒纳罗亚火山是典型的盾状火山,所以盾形火山又称夏威夷型火山。

②穹形火山。穹形火山由熔岩组成,多形成在原先的火山口内或火山锥旁侧的喷火口上,由火山喷出的极黏稠的熔岩堵塞在火山口内,进而向上隆胀形成。

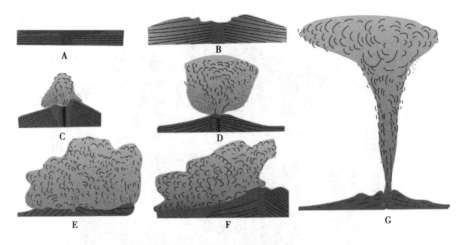

各种喷发类型的示意图

A—泛流玄武岩型；B—夏威夷型；C—斯特朗特利型；

D—伏尔加诺型；E—混合型；F—培雷型；G—普林尼型

图9.2　各种火山喷发类型示意图

③锥形火山。锥形火山由火山碎屑组成或由火山碎屑和熔岩混合组成，呈圆锥形，又称维苏威式火山。由火山碎屑组成的称为火山渣锥，由火山碎屑和熔岩混合组成的称为混合锥。由于火山多次喷发，火山锥的内部由火山碎屑或由碎屑和熔岩组成的层状构造组成。在规模较大的火山锥顶常有平底的大火山口，下一次喷发时，在此火山口内可形成一个新火山锥，其周围是老火山口形成的环形外轮山，新火山锥与环形外轮山之间是一个环形洼地，这种火山称为叠锥状火山。意大利的维苏威火山就是典型的叠锥状火山。有些火山锥上坡发育一些小火山锥，称为寄生火山锥，意大利西西里岛上的埃特纳火山有数百座寄生火山锥。

④马尔式火山。只有低平火山口却没有火山锥的火山，多因水蒸气爆炸而成。喷发中只有少量火山碎屑在火山口周围堆积，形不成火山锥，火山口常积水成湖。

◎**知识拓展**

泥火山是火山吗？

地表或近地表有大量的气体与泥土和岩石碎块的喷出，有时伴有气体的燃烧而出现火焰，泥火山就是这类喷出物堆积而成的锥状体、丘状体，其顶部常有喷口。里海巴库油田，中国克拉玛依油田的独山，中国台湾高雄、台东、屏东一带都有泥火山。泥火山成因通常认为其下部地层中含有大量的水和碳氢气体（沼气）的厚层塑性沉积物，受到构造变动时，其沿断层喷出地表。火山现象指的是岩浆进入含水层、冰层、浅海，或熔岩流进入水体，使水迅速蒸汽化，当压力逐渐升高，超过上覆岩层最大忍受力时发生的爆发。因此泥火山不属于火山。

四、景观赏析

火山景观是指火山活动后在地表留下的各种痕迹。火山通常由火山锥、火山口和火山喉管3部分组成，包括各种类型的火山地层、火山口、火山口湖、火山锥及熔岩景观，如熔岩隧道和熔岩洞、火山柱(火山塔)、火山弹、熔岩穹丘、熔岩流及流动构造、柱状节理、绳状熔岩(结壳熔岩或波状熔岩)、翻花熔岩(即渣块熔岩)、熔岩鼓包、熔岩喷叠锥和喷气碟、枕状熔岩、熔岩被(熔岩席)、熔岩垄岗、熔岩台地、熔岩高原、熔岩瀑布等(图9.3)。广义的火山景观还包括熔岩型堰塞湖、湿地和火山口湖等。

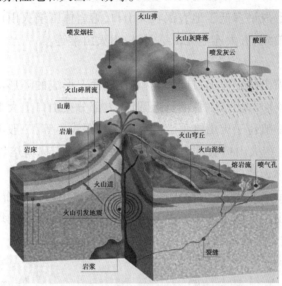

图9.3 火山景观形成示意图

1. 火山锥

含有大量水汽的岩浆通常呈爆发式喷出,形成大量的火山碎屑,并沿火山口堆积成锥状,称为火山锥(图9.4)。根据内部构造和组成物质,火山锥分为四类:①火山碎屑锥,由固体喷发物(火山灰、火山砂、火山砾)与炽热气体一起喷出,在空中飞腾、冷却变硬降落堆积而成。外形呈圆锥形,由成层的火山碎屑组成。上部坡度较陡,下部坡度较缓,锥顶端有一个火山口或破火山口。②熔岩锥,是坡度很小的熔岩堆积体,由流动的熔岩形成,又称盾形火山。③混合锥,由熔岩和火山碎屑交互成层组成。④熔岩滴丘,是体积不大、周边较陡的熔岩锥,由黏性很高的熔岩喷发后急剧冷却形成。

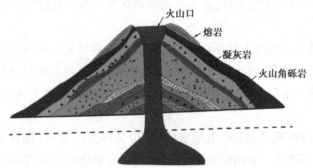

图9.4 火山锥形成示意图

中国的火山活动多呈中心式喷发,通常可以形成截顶圆锥状的火山,地质学家称作火山锥。据记载,五大连池、长白山、台湾、腾冲、西昆仑等地区400年间都有过火山喷发,长白山查到的历史记录就有3次以上,火山锥这种奇特地形在这些地区都可以发现。这些火山锥的相对高度在70~220米,锥体直径400~1 000米,由熔岩、浮岩及火山碎屑物等组成。岩浆自火山口喷出后逐渐冷却凝固为熔岩台地,以五大连池最为典型。当熔岩体堵塞河流时便形成堰塞湖。中国西部一些地区的火山喷发类似于夏威夷式,那里缺少明显的火山锥,在广阔的熔岩台地上常形成许多低于地表锅状火山口,熔岩体围绕火山口周围分布,有中国最大熔岩堰塞湖——镜泊湖、五大连池火山群、长白山火山锥等。

2. 火山口

火山口是指火山喷出物在喷出口周围堆积,在地面上形成的环形坑,是火山锥顶部喷发地下高温气体和固体物质的出口。平面呈近圆形,大部分火山口上大下小,常呈漏斗状或碗状,也有底部是平的,一般位于火山锥顶端。火山口的深浅不等,一般不超过两三百米,直径约在1 000米以内。有些火山口底部呈坑状,为固结的熔岩,称为熔岩坑;坑口常能积水成湖,成为火山口湖,或称天池(图9.5),如中国东北长白山上的天池。一些大型火山口常具缺口,称为破火山口,形成原因:①火山再次爆发崩毁了火山口的岩石,形成爆发破火山口;②火山再次喷发使火山口周围上覆体失去下层支撑引起崩塌,形成崩塌破火山口;③火山口受流水侵蚀破坏,形成侵蚀破火山口。

图9.5　火山口湖

3. 玛珥(低平火山口)

炽热岩浆上升过程中遇到冷的水相互作用导致爆发而成的一种火山,其特点是火山口宽,火口延伸到地面高度以下,乃至切入围岩。火山口边缘外倾,坡度缓。低平火山口在德国埃菲尔地区分布较多,常存水,当地人称为Mare(即"海"的意思),火山学文献中通常称为玛珥(图9.6和图9.7)。中国海口、湛江及靖南地区大龙湾都有分布。

4. 火山湖

火山喷发后,喷火口内因大量浮石被喷出来和挥发性物质的散失,引起颈部塌陷形成漏斗状洼地,即火山口。后来,由于降雨、积雪融化或者地下水使火山口逐渐储存大量的水,从而形成火山湖,包括火山口湖、火口原湖和熔岩堰塞湖。火山湖多为淡水湖泊。

5. 火山喉管

火山喉管是火山作用时岩浆喷出地表的通道,又称火山通道(图9.8),大多呈圆筒状,有的呈长条状或不规则状。火山喉管中的火山碎屑物和残留岩浆冷却后,凝结在火山管道内成为近于直立的圆柱状岩体。如上层的熔岩被侵蚀,火山颈成为凸出地面的柱状山,称为颈丘。

双池岭玛珥

罗京盘玛珥

图 9.6 玛珥火山景观

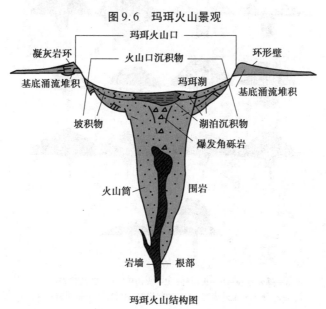

玛珥火山结构图

图 9.7 玛珥火山形成示意图

6.火山穹隆

火山穹隆是指岩浆物质向地表运移,黏稠的岩浆从狭小的通道中向外溢出时挤出形成丘状、锥状、穹状隆起的地质体。岩穹形态各异,其内部往往有分带性。火山穹隆包括以下4种类型:①单纯由中心式火山喷溢堆积而成的穹状地质体;②主要由火山碎屑流组成的穹状地质体,有关文献中称为熔结凝灰岩盾;③由岩浆向地表运移的力顶起上覆的岩层而成的穹状构造;④赋存在破火山口内,由岩浆再次上侵而成的穹状构造,又称复活穹隆(图9.9)。

7.熔岩流

熔岩流指火山口和裂隙喷出的沿地表呈液态流动的熔岩。其范围视坡度及岩浆的程度而异,熔岩流有的呈狭长的带状,有的呈宽阔、平缓的舌状。不同成分的熔岩、熔岩流原始温度及熔岩喷发的形式影响熔岩流的运动形式、岩流速度、距离及覆盖程度等(图9.10)。

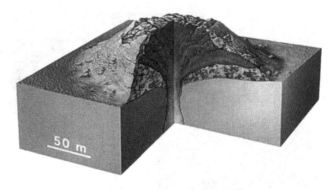

图9.8 火山喉管示意图

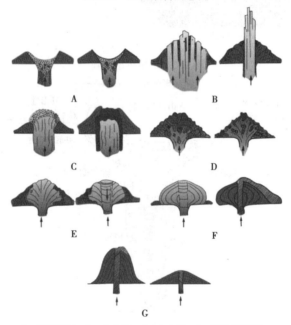

A—爆发穹丘；B—火山柱；C—火山碑；D—碎块状岩穹；
E—压入或上升岩穹；F—钟状岩穹(岩钟)；G—挤压岩穹

图9.9 岩穹景观与成因类型

图9.10 熔岩流

8.熔岩台地和熔岩垄岗

熔岩台地是指大规模熔岩溢流覆盖所形成的平坦高地。组成物质主要是玄武岩。按规模大小可分为熔岩台地和熔岩高原。固结了的熔岩抗蚀能力强,可以保护下伏岩层免受侵蚀,相邻地区则因侵蚀、搬运作用,地势降低,熔岩覆盖的地区相对高起呈台地状,故称熔岩台地。

熔岩垄岗是指熔岩流沿地表流动冷却形成的长条形垄岗,长几千米或几十千米,宽几十米至几百米。横剖面呈凸透镜体状,中间微凸,两侧缓倾,熔岩表面常有许多反映熔岩流动过程中逐渐冷却形成的绳状皱纹,根据皱纹凸出的方向可以得知当时熔岩的流动方向。中国河北省张北一带和东北的长白山区有熔岩台地,山西北部的大同附近有熔岩垄岗。

9. 熔岩湖、熔岩瀑布

大多数火山都有一个深的熔融岩石内腔,但这个火山口通常被冷却的坚固岩石盖住。但有时岩浆室暴露在火山顶部的一个巨大的火山口有滚动、冒泡和混乱的熔岩,当活火山不断将新的熔岩推向通风口,在火山口内形成一个水池时,就会发生这种情况,同时固化的熔岩会回到深处重新融化。火山学家经常将熔岩湖描述为"进入火山中心的窗户"。

当熔岩流流入低缓地区,从中心向四周运动,形成广阔的熔岩原野,称熔岩盖。熔岩流像水流一样,从高处流向低处,流入洼地形成熔岩湖(图9.11),流入河谷内形成陡坎或熔岩瀑布(图9.12)等。

图9.11 熔岩湖   图9.12 熔岩瀑布

10. 火山喷气锥

火山喷气锥是指在熔岩台地上高低错落,形如黑色宝塔的奇异熔岩凝结体,其锥体上细下粗,体内空心,顶端有孔,由层层熔岩饼垒叠而成(图9.13)。五大连池的火山喷气锥是全球罕见的火山珍品,由一层层的乳状熔岩堆积而成,里面是钟乳状的空心,形似宝塔。

喷气锥有两种形态。一种形态是垒成锥体的单层熔岩饼,较厚,单层厚5~20厘米,有十几层至二十几层,锥体呈尖锥状、塔状,个体高,此种形态最多。这种喷气锥有的呈单体出现,也有两个或几个聚集成群体出现。另一种形态是组成锥体的单层熔岩薄,单层厚1~3厘米,呈汉瓦状。这种锥体层数多,可达百余层,似青瓦垒成,个体低矮粗大,似冢状。此种形态的喷气锥比较少见。与喷气锥伴生的还有众多的由一层或几层熔岩饼组成的碟状、花冠状、坑状的喷气碟,它是喷气锥的雏形。

11. 熔岩隧道

当熔岩流还在流动时,熔岩表面冷却很快,熔岩外表已固结成壳。由于凝固的熔岩导热性非常小,熔岩流内部能长久地保持高温,使熔岩里未凝固的液体熔岩继续流到较低部位,于是在熔岩内形成空洞,成为熔岩隧道(图9.14)。熔岩隧道形成各种奇幻之形,洞内曲折深邃,千姿百态,巧夺天工。

图9.13　火山喷气锥

图9.14　熔岩隧道

12.龟背岩

火山喷出的玄武质熔岩(温度高、黏度小、流速快)流经山谷并在低凹湿地处聚集,炽热的熔岩遇到水体后,使水迅速汽化形成气泡。气泡的上涌和气体的不断释放使熔岩池顶底的温度和密度产生差异,从而形成了对流,岩浆逐渐冷却固结成岩便形成了眼前独特的"龟背岩"(图9.15)。

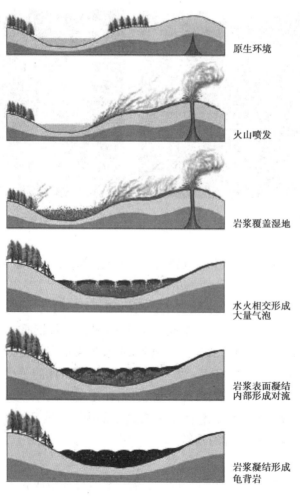

原生环境

火山喷发

岩浆覆盖湿地

水火相交形成
大量气泡

岩浆表面凝结
内部形成对流

岩浆凝结形成
龟背岩

图9.15　龟背岩的形成示意图

龟背岩是龟背状熔岩构造,属结壳状熔岩流,是喷发的熔岩流表壳由于冷却收缩作用而形成不同方向的裂隙,呈网状,后期又有多期熔岩流沿裂隙充填,形成了相互交切,最终使平整的熔岩流表面呈不规则排列的多边形,形似龟背,所以叫"熔岩龟背构造"(图9.16)。

图9.16 龟背岩

这种地质构造在中国也是不多见的,火山专家称之为火山中的"国宝"。阿尔山地区的火山活动产生了熔岩流,由于阿尔山地区有大面积的湿地,因此当熔岩流经过湿地并冷凝时,便会产生"龟背岩"。阿尔山石塘的龟背构造至少有3个熔岩流单元存在,主要特征是平行层理和交错层理。

13. 火山绳

在地质学上这种石头(图9.17)称为绳状熔岩或火山绳,是火山岩浆喷发到地表,顺坡而下,冷却表皮在内部尚未凝固还在流动的岩浆作用下,推挤、扭动、卷曲而成,似波状起伏,或似绳索盘绕铺地,或似未叠床单。在任意一点上,石绳的延长方向垂直于岩浆流动的方向。在岩浆流动的山沟里,石绳的延长方向基本呈弧形弯曲,弧顶指向熔岩流动方向,即地势低洼的方向或斜坡的倾向。地质学家根据上述特征来判断古火山斜坡的倾向。岩绳在玄武岩质熔岩中常见,外表与钢丝绳、麻绳、草绳等极为相似,表面粗糙成束出现,绳束直径可达30~60厘米,单绳直径常为5~6厘米。

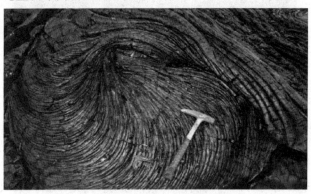

图9.17 火山绳

14. 浮岩

玄武岩呈黑色,其熔浆是上地幔部分熔融的产物,熔点高达 1 300 ℃,即使上升到地表,温度还有 1 200 ℃,因此,熔岩所到之处,点燃树木植被,烈火熊熊。岩浆突然喷到地表,压力陡降,原来高压下溶解于岩浆的挥发(主要为水)气体就要释放出来,从逐渐冷却的熔浆里冒出来,留下一个个气泡。因此,玄武岩含有大量气泡,如果大量气泡互不连通,使其密度比水还低,就叫浮岩,即可以浮在水面,随波漂流。

15. 火山弹

图9.18　火山弹

火山弹是典型的火山遗迹,是火山爆发时喷出的半凝固熔岩在空中急速飞行,受到阻力、张力作用,发生旋转,于冷却或半冷却状态下落地而成的弹状体,属于火山喷发的碎屑产物之一(图9.18)。火山弹千姿百态,多种多样,通常呈纺锤状、梨状、麻花状、蛇状、凶状块等形态,内部常呈多孔状或气泡状,外壳多为玻璃质。火山弹有空心火山弹、核火山弹等。

国内外火山弹的产地很多,主要为新生代火山分布区。中国北起黑龙江省的五大连池、山西大同,南至海南岛都有产出,但由于人为采集和破坏,十分完整的已不多见。火山弹可以直接反映岩浆的成分和物质来源,是有科学价值的观赏石种之一,越来越受到观赏石收藏者的青睐。

16. 火山岩六角柱状节理

侵入地表或近地表环境的岩浆有数百度高温,在逐渐冷却到正常温度的过程中会发生渐变收缩,最终形成柱状节理。一般多见于玄武岩和黑曜岩。香港世界地质公园中的火山岩为1.4亿年前火山爆发时喷出的酸性流纹质火山熔岩,熔岩层在冷却成岩石期间出现规则的收缩,形成了今天所见的六角柱状节理(图9.19)。

图9.19　火山岩六角柱状节理

◎**景点链接**

★中国第一座火山公园——腾冲火山群国家公园

腾冲火山群位于云南省西南部的腾冲和梁河县境内,是中国四大火山群之一,共有97座新生代火山堆,整个火山群面积达到221.36平方千米,特殊的地质结构形成了"十山九无头"的奇异火山景观。

它的火山溶洞、熔岩湿地、火山湖、柱状节理规模宏大,分布集中,类型多样,保存完整,其规模和完整性均居全国之首,有较高的科考和观赏价值,被誉为火山基地博物馆。

腾冲火山群国家公园以极具火山代表性的大小空山、黑空山为中心,范围包括整个火山群及火山熔岩景观和龙江峡谷的火山柱状节点。公园一期建设完成了对太空山的主体开发,确定了保护范围,在保护的基础上进行了符合科学的开发利用,建成独具特色的火山公园(图9.20)。

图9.20　腾冲火山群国家公园

★打开的火山教科本——五大连池火山公园

五大连池火山群位于黑龙江省黑河市北部五大连池市境内,属小兴安岭西侧中段余脉。五大连池火山群因1719—1721年(清康熙五十八年至六十年)火山爆发堵塞白河而形成5个相连的堰塞湖和周围14座火山锥,故称五大连池火山群(图9.21)。

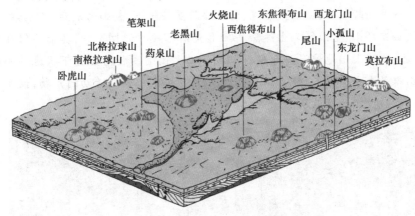

图9.21　五大连池火山公园一览图

五大连池火山群的喷发时代,从早更新世到晚更新世均有活动。火山群由12座老期火山和2座近期火山组成,即老黑山、火烧山、药泉山、卧虎山、笔架山、南格拉球山、北格拉球山、西焦得布山、东焦得布山、东龙门山、西龙门山、小孤山、莫拉布山、尾山等14座拔地而起的独立火山锥,分布在700平方千米的熔岩台地上,海拔355.8~602.6米不等,多数有火山口,火山口深度从几十米到百余米不等;少数具有复合的多个火山口和多个溢出口,部分火山口形成火山湖。火山锥体坡度一般为10°~20°,少数可达25°~30°,火山口内的坡度一般比火山锥体坡度陡。火山锥体主要由火山碎屑物和玄武岩构成。最近一次火山爆发而形成的老黑山和火烧山,喷发于1719—1721年,距今约300年,地质地貌保存完好,熔岩流动景象清晰,景观复杂多样,形态各异,面积达64平方千米,奇丽壮观。地质专家称其为"中国少有,世界罕见",被誉为"天然火山博物馆"。

五大连池为熔岩流阻塞河道储水而成,是中国第二大堰塞湖。火山群下有泉水,富含矿物质,可治疗消化系统、神经系统的多种常见病及外科疾病。火山群区开发火山工业,制造玄武岩建筑材料、水泥、岩棉、浮石建筑材料、钾肥等。黑龙江省五大连池火山群是中国著名的第四纪火山群,一般认为黑龙江五大连池火山群由14座火山组成,如果包括火山区西部的莲花山,五大连池火山群应由15座火山组成,火山岩分布面积达800多千米。其中近期火山包括老黑山和火烧山两座火山,两座火山均由高钾玄武质熔岩岩盾和锥体构成,总面积约68.3平方千米,熔岩盾是火山主体。五大连池火山群保存完好的火山口和各种火山熔岩构造,如多层流动单元构造、结壳熔岩构造、渣状熔岩构造、喷气溢流构造(喷气锥和喷气碟)、熔岩隧道构造等,以及浩渺的熔岩海,堪称火山奇观,加上区内特有的兼饮用与治疗的碳酸泉,使其成为旅游观光和治病、疗养的著名火山风景区。

★华北巨型马蹄——山西大同火山群

山西大同火山群是中国第四纪火山群之一,已知的有30多座,主要分布于大同盆地东部,可以划分为东、西、南、北4个区。东区在许堡、神泉寺一带,西区指爪园与西坪北地区,南区是桑干河以南,北区系大同市以北的山(图9.22)。根据火山外部形态特征,可分为4类:一是穹隆状的,由玄武岩组成,没有火山口,如孤山和峨毛疙瘩等;二是壳状的,由玄武岩组成,如肖家窑头火山和大辛庄火山等;三是半圆形的,系火山喷发物沿山前裂隙喷出,依山坡流动而成;四是马蹄状的,由玄武岩流、火山碎屑互层组成,火山形成后,流水切穿火山口,形如马蹄状,如东坪山、金山等。上述除马蹄形火山已被冲沟切穿外,其余的仅在锥体四周有窄浅的沟谷,说明火山地貌还处于侵蚀初期。由火山喷发物与上覆下伏地层接触关系判断,大同火山群是在上新世末、晚更新世马兰黄土堆积之初多次活动的产物,最早活动的是北区、东区,南区次之,西区最新。

图9.22 山西大同火山群

第十章 风神的杰作——沙漠景观地理

一、景观概述

风作为塑造地貌景观的主要因素,表现为气流沿着地表流动的时候对地面的岩石等物质的吹蚀、磨蚀、搬运和堆积作用,这些作用所形成的地貌景观即为风成地貌景观。风成地貌景观发育的条件是干旱区强烈的物理风化作用使地表广泛发育沙质风化物,植被稀少与地表经常处于干燥状态,又使这些沙粒极易被风吹扬、搬运和易地堆积。风成地貌景观发育的本质是风力作用下的尘沙颗粒运动。

沙漠指地面覆盖着大量流沙的荒漠,在自然地理学上,凡是气候干旱、降雨稀少、植被稀疏低矮、土地贫瘠的区域,都叫作荒漠,意为"荒凉"之地。荒漠按地表形成特征和物质组成,有岩质荒漠(石漠)、砾质荒漠(戈壁)、沙质荒漠(沙漠)、泥质荒漠(泥漠)、盐质荒漠(盐漠)之分,我们通常所说的沙漠是指沙质荒漠。沙漠地域大多是沙滩或沙丘,沙下岩石也经常出现。泥土很稀薄,植物也很少。有些沙漠是盐滩,完全没有草木。

沙漠景观主要指沙漠及沙丘。它是风力堆积作用所形成的地表形态,是在干燥气候和沙质来源丰富等自然条件下由风力作用堆积而成。由于风力作用很强,汇集着多种风蚀地貌景观与风积地貌景观。因为水很少,一般认为沙漠荒凉无生命,有"荒沙"之称。和别的区域相比,沙漠中生命并不多,仔细看就会发现沙漠中藏着很多动物,尤其是晚上才出来的动物。沙漠里有时会有可贵的矿床,近代也发现了很多石油储藏。因为沙漠少有居民,所以资源开发也比较容易。沙漠气候干燥,但它却是考古学家的乐居,因为在那里可以找到很多人类的文物和更早的化石。

在中国人的眼里,沙漠景观总是以荒凉、悲壮的形象示人。自从唐代诗人王维吟诵"大漠孤烟直,长河落日圆",沙漠便成为旷、野、奇景观的代表。"茫茫戈壁一马平川,万里绝人烟"的景观以及沙漠中的绿洲、风蚀城堡、风蚀蘑菇等都带有极神秘的色彩,成为具有冒险精神的游人所向往的地方。

二、地理分布

全世界陆地面积为1.62亿平方千米,占地球总面积的30.3%,其中约1/3(4 800万平方千米)是干旱、半干旱荒漠地区,而且每年以6万平方千米的速度扩大着。而沙漠面积已占陆地总面积的20%,还有43%的土地正面临着沙漠化的威胁。

沙漠地貌景观主要出现在干旱、半干旱地区,这里年蒸发量超过年降水量数倍至数十倍,温差特别大,地表径流稀少,植被稀疏,物理风化强烈,风力作用强劲。从世界干旱、半干旱区的分布来看,主要分布在两个地带:一个是南北纬15°~35°,这里是副热带高压分布区,如北非撒哈拉沙漠、阿拉伯沙漠、西南非洲的卡拉哈里沙漠和纳米布沙漠等都分布在这个地带;另一个是北纬35°~45°的温带、暖温带大陆内部,这里是海洋水汽难以到达的地方,如塔克拉玛干沙漠、中亚的卡拉库姆沙漠等都分布在这个地带。

中国是世界上沙漠面积较大、分布较广、沙漠化危害严重的国家之一。中国的沙漠主要分布在北纬35°以北的9个省、自治区,多分布在西北地区,总面积达128.24平方千米。中国沙漠属于干燥气候带,昼夜温差大,夏季酷热,温度高达50~60 ℃,冬季严寒,温度低达-30~-20 ℃;雨量极少,大多数地区全年降水量不到250毫米;风多而大,特别是风口地带,狂风到来时飞沙走石,内蒙古至新疆一带的沙漠每年4月有季节性强风,常形成沙流。

三、地学成因

在风力对地表物质的侵蚀、搬运和堆积过程中所形成的地貌,也称风成景观,可分为风蚀景观和风积景观两大类。青海高寒干旱,位于西风带范围内,全年盛行高空西风,风力强大,柴达木盆地、共和盆地、青海湖盆地以及青南高原的大部分地区尤多西风和西北风,风速大于5米/秒(起风沙)的天数一般在50天以上;加上这些区域干旱和半干旱的气候,植被稀少,岩石裸露,第四纪松散沉积物广泛堆积,以及人类不合理的生产活动,致使植被遭到破坏,在风力作用下发育成各种风沙地貌。风蚀景观以风蚀残丘和风蚀洼地形式广泛分布于柴达木盆地西北部,以冷湖一带最为典型。垄岗之间为风蚀洼地,还有风蚀谷、雅丹、风城、风蚀蘑菇等景观分布。风积地貌是风力作用堆积而成的各种沙丘和沙堆的总称,广泛分布于柴达木盆地南部和东部、青海湖东岸、共和盆地、哈拉湖盆地以及青南高原的中部和西部,主要有新月形沙丘和沙丘链、格状沙丘和格状沙丘链、沙垄、沙堆等。共和盆地沙丘面积达860平方千米,青海湖东岸湖滨平原上沙丘面积达320平方千米。

风成景观是风对地表侵蚀、堆积的结果。因此地表特征、风动力状况是风沙作用及形成风成地貌的基本条件。平坦的地面以及开阔的内陆盆地,有利于气流的运行。同时盆地内一般堆积有比较丰厚的碎屑物质,为沙丘的形成提供了重要物质来源。如中国西北地区的沙漠,大多分布在广大的内陆盆地中。

干旱区雨量稀少,蒸发强烈,土质干燥,地表植被稀疏或完全裸露,有利于气流对地面的直接作用,从而引起沙粒的吹扬、沙丘的移动,使地面受到风沙的侵蚀。形成风沙流主要取决于两点:除有丰富的沙源外,还要有强劲的风力。干旱地区风的强度和频度都较大。如中国西北受蒙古高压的影响,盛行强劲的西北风;另外,干旱地区由于地面裸露,受强烈的日照后地面温度急剧升高,造成强烈的上升气流,因此易出现猛烈的狂风。这些都为风成景观的发育提供了基本的条件。

世界上大多数沙漠似乎有个约定,都出现在南北回归线附近的热带区域内。但中国的沙漠偏偏特立独行,非要在北纬35°~50°的温带区域抛头露面。这是为什么呢?

在中国西北地区,山脉和盆地交替出现,南侧的昆仑山、阿尔金山、祁连山,西侧的帕米尔高原,北侧的天山、阿尔泰山,东侧的贺兰山、阴山,将中间的盆地"团团围住"。这里远离海洋,暖湿气流长途跋涉而来,水汽早已散失大半,如今更是"祸不单行",遇到了山脉和高原的阻挡。

然而,仅有干旱是远远不够的。如此广袤的沙来自何方? 包围盆地的高山上,曾经分布着比现在规模更大的冰川。随着冰雪逐渐消融,大量流水沿着山麓向盆地汇聚,形成众多河流和湖泊。气流翻越高山时加剧了水汽流失,到达西北地区时已变得十分干燥,形成了这里干旱少雨的气候格局。

流水夹带着从山区"搜刮"而来的沙砾,或是制造出广大的冲积平原,或是在湖泊底部逐渐沉积,最终在盆地内部,形成了厚达数百米的沉积层。即便是如今的和田河,一年携带的泥沙量也在 600 万立方米左右,这就意味着 100 万年中,河流流域将出现约 120 米厚的沙层,相当于 40 层的高楼。而实际上塔里木盆地的沉积物,远比这更加深厚。这些沉积物,成了中国沙漠主要的沙源。

每年 8 月后,西伯利亚的空气逐渐降温,并向低空下沉,和南方形成鲜明的气压差异,于是寒冷而干燥的气流大举南下(图 10.1)。北部的蒙古高原坦荡如砥,自北而来的强大气流便由此乘虚而入,灌入西北地区的盆地和平原中。冬去春来,光秃秃的地面温度迅速升高,形成的低压抽吸周边空气,可谓"就地起风"。于是在风力强劲的地带,满地基岩裸露在外,成为岩漠。在沉积层地带,大风从地表呼啸而过,卷起较轻、较细的沙尘,形成"风沙流",可谓飞沙走石。沉积层失去了沙尘,只留下满地粗糙的石砾,成为砾漠。由于依然保留着沉积时的灰白色,也被称为白戈壁。到了盆地深处,风力逐渐减弱,又或是遇到地势阻挡,沙尘终于落回地面,一切归于平静。如此长年累月,堆积成了一望无际的沙漠。

图 10.1 中国西北冬季风向图

◎知识拓展

★沙尘暴的形成需要什么条件？

图10.2　沙尘暴

第一是沙源，提供细小的沙粒。地面上裸露的干燥、疏松物质等可以形成沙源，如沙尘、沙漠和粉尘；第二是动力条件，即大风；第三是环境气候条件，如降温。在这三个因素中，大风是卷扬沙尘的动力，沙源是形成沙尘暴的物质基础，而不稳定的空气是将沙尘卷入高空的热力条件。也就是说，不稳定的空气产生强风，强风卷起地面上裸露的干燥、疏松的沙尘，便产生了沙尘暴(图10.2)。

★沙尘暴有没有益处？

作为一种自然现象，沙尘暴其实也是有着一定的益处的。首先，沙尘暴有利于成云致雨。因为空气中的水汽凝结，除了需要温度条件外，空气中的凝结核也是重要的条件之一。而沙尘暴中所含有的大量沙尘正好为水汽的凝结提供了大量的凝结核。在许多沙漠地区，虽然常年干旱少雨，但天空中却并不缺乏白云，就是因为沙漠上空沙尘非常多。其次，沙尘暴有利于缓解酸雨。中国北方地区工业比较发达，大型工厂比较多，但北方地区却较少发生酸雨。原来北方常有沙尘天气，而沙尘含有丰富的钙等碱性阳离子，这些外来的和地面扬起的碱性沙尘都能有效地中和酸雨。最后，沙尘暴还有利于海洋生物的生长。沙尘所带来的铁和磷正是海洋生物生长所需而海洋中含量较少的。

★沙漠中有水吗？

沙漠，似乎是一个与水截然相反的概念。以中国面积最大的塔克拉玛干沙漠为例，这里年均降水不超过100毫米，最低纪录只有5毫米左右，但年均蒸发量可以达到惊人的2 500～3 400毫米，几乎没有水的容身之地。但实际上，由于中国沙漠特殊的地理位置，水在这里别有一番天地。相较于热带，中国的沙漠在冬季时格外寒冷。水汽在这里迅速凝结，常以降雪的形式落到地面，给沙丘盖上了厚厚的"棉被"。

高原和山川包围着沙漠，从其间汇聚而出的河流既是丰富的沙源，也是不可或缺的水源。而其他大多数河流，则是永远见不到海洋的内流河。由于水量有限，加上剧烈的蒸发和渗透，离开山区后往往消失在沙漠之中。一些"幸免于难"的河流，则在尾端形成内陆湖泊，如同点缀在项链末端的珍珠。而渗入疏松地层的水分，则成功地躲避了地表的干燥酷热，形成地下水(图10.3)。这些水在地表之下不断汇集，等待着有一天重见天日。

一些湖泊有幸得到充足的地下水补给，适于饮用，是生命绝佳的水源。而其他大多数湖泊，则是蒸发剧烈、盐分积累的咸水湖，因为独特的微生物或矿物质作用，呈现出各异的色彩。即便是咸水湖中，依然不乏汩汩清泉从地下涌出，令人叹为观止。科学家估算，中国沙漠地区地下水储量高达1 300亿吨，甚至超过了青海湖的蓄水量，是名副其实的"地下海"。

★荒漠化景观是如何形成演化的？

沙漠是指被大片沙丘覆盖的沙质荒漠及其边缘的沙化土地。包括戈壁及半干旱地区的沙地在内的中国的沙漠总面积达130.8万平方千米，约占全国土地总面积的13.6%。

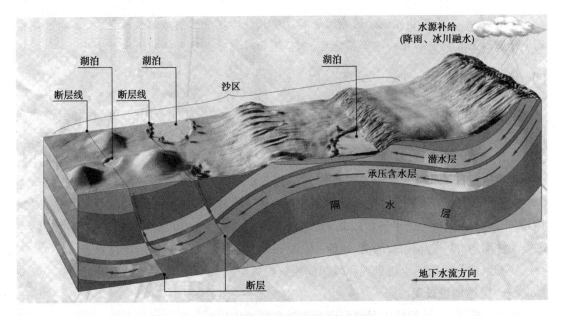

图 10.3　沙漠地区地下水形成示意图

沙漠化是原非沙漠地区出现的类似沙漠的景观，或理解为干旱土地的土壤和植被向着干旱化和生物生产力衰减的方向发生不可逆变化的自然或人为过程。在极端情况下，这种过程可能导致生物潜力的完全破坏，并使土地转变为沙漠。中国是世界上受荒漠化危害最为严重的国家之一，在西北、华北北部、东北西部分布着大面积的干旱、半干旱和半湿润半干旱地区，总面积为 300 多万平方千米，占国土总面积的 1/3，这里生态环境极其脆弱，荒漠化的趋势日趋严重。

荒漠化的实质就是土地风蚀、出现流沙和产生沙漠的过程，也包括原来固定和半固定沙丘活化，演变为流动沙丘的过程。荒漠化主要是由气候变异和人为活动造成的。自然地理条件和气候变异是荒漠化的主要因素，但其荒漠化的过程是缓慢的，而人类活动则激发和加速了荒漠化的进程。

自然因素造成的荒漠化主要有地理环境因素和气候因素。地理环境因素方面，中国干旱、半干旱及半湿润干旱地区深居大陆腹地，远离海洋，加上纵横交错的山脉，特别是青藏高原的隆起对水汽的阻隔，使这一地区成为全球同纬度地区降水量最少、蒸发量最大、最为干旱脆弱的环境地带。加之全区都在西伯利亚、蒙古高压反气旋的控制中，从西到东、从北至南大范围频繁的强风为风蚀作用提供了充分的动力条件。而局部地区的起伏地形、疏松的沙质土壤和短时高强度的降水特征助长了水蚀的发生与加剧，使黄土高原北部与鄂尔多斯高原的过渡地带及黄土高原中西部成为水蚀荒漠化最为集中、程度最为严重的地区。大范围极度干燥与局部地段低洼而排水不畅、降水稀少与强烈的蒸发，以及不合理的灌溉措施又加剧了土地盐渍化。气候因素方面，有关资料表明，近 40 年来，中国干旱、半干旱地区及半湿润半干旱地区的部分地区降水呈减少的趋势，而气温则呈增高的趋势，这些都在一定程度上加剧了荒漠化的扩展。近年来频繁发生于中国西北、华北（北部）地区的沙尘暴就加剧了这些地区的荒漠化进程，导致了极为严重的后果。

在中国,干旱地带荒地退化的原因还有过度放牧。在黄土高原起伏地区,人类的过度垦荒导致了水土流失。而在一些干旱地区,不合理的灌溉方式造成耕地次生盐渍化。

四、景观赏析

中国沙漠分布广,沙漠景观类型多样,客观上决定了沙漠旅游资源的广泛性和类型的多样性。沙漠资源比较有代表性的有沙漠风光、鸣沙山、沙漠疗养、沙漠动植物、沙漠奇观、沙漠遗址等几类。沙漠景观独特,具有不可替代性。如宁夏沙湖旅游区沙漠和湖泊组合,沙坡头处于腾格里沙漠和黄河交接处,"沙""水"景观组合是宁夏沙漠旅游的突出特点;勃隆克沙漠旅游区是集沙漠、草原、奇山、异石、湖泊、原始次生林地于一体的综合性旅游景区;尉犁县"罗布人村寨"景点、民丰县城以北150千米的尼雅遗址、汉代的精绝国故址等都位于塔克拉玛干沙漠中,沙漠和湖泊、河流、草原、人文景观有机组合,构成独特的沙漠景观。

沙漠景观分为风蚀地貌景观和风积地貌景观两类。

(一)风蚀地貌景观

在干旱地区,由风和风沙对地面进行吹蚀和磨蚀作用所形成的地貌景观,称风蚀地貌景观。在大风作用区域常有广泛的分布,特别是正对风口的迎风地段发育得更为典型。由于风蚀作用仅局限距离地表的较低高度内,因此风蚀景观以接近地面处最为发育。

1. 风蚀柱与风蚀蘑菇

孤立凸起,尤其是水平节理和裂隙很发育、抗蚀能力不强的岩石,经受长期的风化和风蚀作用以后,形成上部大、基部小,外形很像蘑菇的岩石,称为风蚀蘑菇或蘑菇石(图10.4)。形成蘑菇石的主要原因是风沙对岩石磨蚀时,距地面一定高度以上,气流中沙量少,磨蚀作用弱,而近地面部分沙量多,磨蚀作用强。如此长期进行,下部就被磨蚀得越来越小而变成蘑菇石。特别是当下部的岩性较上部软弱时,更有利于风蚀蘑菇形成。

垂直裂隙发育的岩石,在风的长期吹蚀下,可形成一些高低不等、大小不同的孤立石柱,称为风蚀柱(图10.5)。

图10.4　风蚀蘑菇

图10.5　风蚀柱

2. 风棱石

干旱荒漠,特别是广大砾漠中的砾石,经过风沙长时间的磨蚀作用后,变成棱角明显的、表面光滑的岩石称风棱石。风棱石又称戈壁石,是一种观赏石。视棱的多少,又有单棱石、三棱石和多棱石之分,以三棱石最常见。其形成过程:部分凸露地表的砾石,经定向风沙长期打磨,形成一个磨光面(风蚀面);后因风向改变或砾石的翻转重新取向,又形成另一个磨光面;面与面之间则隔着尖棱,这样就形成了风棱石。

　3. 风蚀石窝

　　风蚀石窝是指陡峭的迎风岩壁上风蚀形成的圆形或不规则椭圆形的小洞穴和凹坑。直径大多约20厘米,深为10～15厘米,有时群集,有时零星散布,使岩石表面具有蜂窝状的外貌,故又称石格窗(图10.6)。它是由于岩石表面经风化(包括物理风化和化学风化)、吹蚀形成许多细小凹坑,又经风所携带的沙粒在凹坑内磨蚀形成的。大的石窝又称为风蚀壁龛。

　4. 风蚀谷与风蚀残丘

　　干旱地区雨量稀少,偶有暴雨产生洪流冲刷地面,形成许多冲沟。冲沟再经长期风蚀作用改造,加深和扩大成为风蚀谷。风蚀谷无一定的形状,可为狭长的壕沟,也可为宽广的谷地;沿主要风向延伸,底部崎岖不平,宽窄不均,蜿蜒曲折,长者可达数十千米。

　　由基岩组成的地面,经风化作用、暂时水流的冲刷以及长期的风蚀作用以后,随着风蚀谷扩宽,原始地面不断缩小,最后残留下一些孤立的小丘,称为风蚀残丘(图10.7)。这些山丘高低起伏,远望宛如废弃古城堡的断垣残壁,故又称风城地貌。新疆准噶尔盆地的乌尔禾区、东疆的吐鲁番盆地和哈密盆地西南等地,这种风城地貌十分典型。柴达木盆地风蚀残丘分布面积有2.24万平方千米,构成了特殊的景观资源。

图10.6　风蚀石窝

图10.7　风蚀谷与风蚀残丘

　5. 风蚀洼地或风蚀坑

　　由松散物质组成的地表,经长期吹蚀后在局部地方形成的凹地,称为风蚀洼地或风蚀坑。风蚀洼地呈椭圆形或马蹄形,背风坡较陡(图10.8)。

　6. 风蚀垄岗

　　风蚀垄岗是指软硬互层的岩层中经风蚀形成的垄岗状细长形态,一般发育在泥岩、粉砂岩和砂岩地区,长10～200米,也有长达数千米者,高1～20米。

　7. 风蚀岭

　　通过风的力量,吹走细小的沙粒,经过几十万年,从而形成风蚀岭。表面为一道道的沟,如同波浪一般,

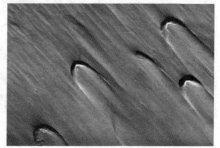
图10.8　风蚀洼地或风蚀坑

分布在中国的西北部。

(二)风积地貌景观

风积地貌景观是指被风搬运的沙,在一定条件下堆积所形成的各种景观。沙丘是沙漠地表最常见的景观之一,它是从沙堆演化而来的。当气流在沙堆的背风坡形成具有旋转轴向水平的涡旋时,因速度减弱,沙粒便在沙堆背风坡上堆积;迎风坡上的沙粒在风力作用下以跃移和蠕移的形式向上坡移动,并在坡上部堆积,当沙粒堆积到坡度超过休止角时,发生坠落。这种过程反复进行,使沙丘不断向前移动。

1. 沙丘、沙丘链

如图 10.9 所示,风的强大创造力,塑造了形态各异的沙丘。

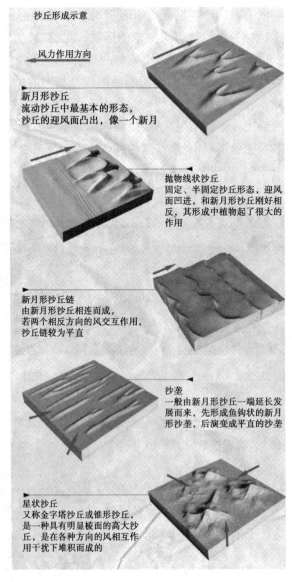

图 10.9　沙丘形成示意图

新月形沙丘是在风向比较固定的风力作用下形成的堆积地貌,形似新月,其两翼顺着主风向延伸,迎风坡凸而平缓(10°~20°),背风坡位于两翼之间,凹而较陡(28°~33°),沙丘高度一般为数米至30余米。

　　新月形沙丘是由沙堆进一步发育而成的。沙堆的不断增高,使气流在越过沙堆时,沙堆顶部的风速高于背风坡的风速。风速的差异引起气流的压力差,压力差使气流从压力较大的背风坡脚流向压力较小的沙堆顶部,这样就在背风坡形成涡流,使沙粒无法在此停积,形成马蹄形凹地,而沙粒被涡流带至凹地的周围堆积,出现沙丘的两翼。这时,沙堆演化为雏形新月形沙丘。随着沙量的继续供给,雏形新月形沙丘进一步扩大增高,就形成新月形沙丘(图10.10)。

图10.10　新月形沙丘

　　当风向和沙丘走向垂直时,新月形沙丘不断扩大,或因不同大小沙丘移动速度的差别,使两个以上新月形沙丘连接起来,连绵的沙丘链便诞生了,如同瀚海中串联的新月,构成新月形沙丘链。规模巨大的沙丘链,在迎风坡上往往叠置着次一级新月形沙丘或丘链,因而形成复合新月形沙丘链。它常长达10余千米,高达100米以上,如同密集的波纹,如同绵延的山岭。单个新月形沙丘一般分布在沙漠的边缘地区。而新月形沙丘链发育在沙漠腹地,或是沙子来源丰富的地区。这类沙丘都属于垂直于风向的横向沙丘。

　　除了上述沙丘类型外,如果多个方向的风都不甘示弱,风力又大致相似的情况下,一种特别的沙丘形态便形成了,宛如一座高耸的金字塔,或如蜂窝状,沙丘表面也被雕琢出行云流水的纹理。

　　2. 纵向沙垄

　　在单风向或几个近似的风向的作用下,形成向主风向延伸的垄状堆积景观,称为纵向沙垄。它的规模因地而异,在中国西北一般高十余米至数十米,长数百米至数千米。

　　沙垄的成因各有不同,以新月形沙丘演化而来的沙垄,是一种钓鱼钩状的新月形沙垄。在两种主次风向呈锐角斜交的情况下,新月形沙丘一翼延伸,另一翼相对萎缩。有的纵向沙垄是由单向风派生的涡流作用而产成的。在纵向螺旋形涡流之间,地表的收敛空气狭长带内,由下降风对地面侵蚀,将沙粒带到沙丘两侧和顶部堆积而成,沙丘脊呈狭条状。

　　纵向沙垄还可由地形条件控制而成。在一些风力强烈的地区,如山口附近,亦可形成巨大的纵向沙垄。例如塔克拉玛干西部,一些山口前方的沙垄可延长10余千米,最长达40余千米(图 10.11)。

图 10.11 纵向沙垄

在有些规模巨大的沙垄上,发育着密集而叠置的新月形沙丘链,形成复合纵向沙垄。这类沙丘都属于平行于风向的纵向沙丘。

(三)鸣沙景观

一提到会发声的地貌景观,我们首先想到的是鸣沙山。人们在沙漠中行走时经常会听到沙丘发出不同的声音,它虽然没有流行音乐那般动听,却让人领略到大自然的奇妙。世界上已经发现了 100 多种会发声的沙滩和沙漠。如美国的长岛、马萨诸塞湾、威尔斯两岸,英国的诺森伯兰郡海岸,还有蒙古的戈壁滩、智利的阿塔卡马沙漠、沙特阿拉伯的一些沙滩和沙漠,都会发出奇特的声响。

鸣沙,这种自然现象在世界上不仅分布广,而且沙子摩擦发出来的声音也是多种多样的。中国鸣沙山的沙子能发出轰隆的巨响,像飞机、汽车的轰鸣声。最奇特的要数夏威夷群岛考爱岛西南岸的一片长 800 米、高 18 米的大沙丘。当人在沙丘上走动时,沙子会发出类似"汪汪"的犬吠声;把沙放在手掌中猛搓一下,也会发出同样的声音。

一般按发声不同而将能发声的沙丘分为两大类:一类是声音较小的"哨沙",也称"音乐沙"或"歌唱沙",这类鸣沙发出的曲调优美;另一类则发生在规模较大沙漠地带的沙丘上,叫作"轰鸣沙",有时会发出低沉有力的轰鸣声,有时发出的声音则似擂鼓或万马奔腾。对鸣沙的形成机制的认识,目前尚未得到统一。有学者提出"缝隙共鸣论",认为沙粒和沙粒之间的缝隙有空气,空气在运动的时候,就构成了一个个"音箱"。当沙丘受到扰动或崩塌时,空气在缝隙之间运动引发震动,当震动的频率恰好与这个无形的"音箱"产生共鸣时,就会发出声响。而有的学者则认为,由于风的搬运和沉积作用,沙粒的分选性极好且非常洁净;同时沙粒之间存在许多孔隙,鸣沙能发出声响,就是由沙粒的摩擦共振形成的。还有的则认为,每个沙丘的表面以下都有一个相对致密又潮湿的沙土层,它的深度随着降水量的多少而改变。到了夏季,潮湿层的埋深较大,被上面的干燥沙覆盖,而潮湿层的底下又是干燥的沙层,这就可能构成一个天然的共鸣箱。当沙丘崩塌,沙粒沿着斜坡往下滑动的时候,干燥沙粒的振动波传到潮湿层,就会引发共鸣,使沙粒摩擦发出的声音扩大无数倍而发出巨大的轰鸣声。鸣沙山如图 10.12 所示。

图 10.12　鸣沙山

（四）沙漠植物和绿洲景观

　　春天,沙漠中冰雪消融,形成了可观的水源。短短 1 个多月,一些植物就可以完成发芽到凋零的全过程,被称为"短命植物"。短命植物的平均生长周期仅有 75 天,例如古尔班通古特沙漠中的一种短命植物——独尾草。沙漠植物为了探求深埋地下的水源,发展出庞大的根系,如骆驼刺的水平根系可以达到 20 余米。有的沙漠植物为了保留好不容易得到的水分,干脆连叶子也舍弃了,如刚发芽的梭梭,没有叶片,仅用绿枝进行光合作用。即便是那些盐分较高的土地,也能生长高大茂盛的林木。沙漠中的胡杨是泌盐植物,能将转化不了的盐分排出体外,形成"胡杨泪"。

　　植物(图 10.13)的枝叶能有效降低地表风速,根系则牢牢固结流动的沙砾。当沙丘有 10% 以上被植被覆盖,风便再难以使其肆意流动,形成了固定、半固定的沙丘。湖泊或地下水丰沛的地区绿洲土层深厚、水源充足,同时又日照充分、温差明显,格外适宜农作物生长,对于人类来说,发展生产再合适不过了,人们形象地称之为"绿洲"。在古代,绿洲不仅是人们安居乐业的乐土,更是长途旅行者最珍贵的补给站。凭借着镶嵌在沿途的绿洲,古人终于得以往来于死亡沙漠之间,一条串联东西的走廊最终应运而生,史称"丝绸之路"。今日绿洲是以荒漠为基质,依水分条件发育的各种荒漠植被与人工生态体系叠合而成的十分复杂的景观形态。较著名的景观有甘肃敦煌与张掖绿洲、黑河流域额济纳绿洲、新疆石河子莫索湾垦区绿洲等。

图 10.13　沙漠植物

（五）海市蜃楼景观

海市蜃楼是一种光学幻景,是地球上物体反射的光经大气折射而形成的虚像。根据物理学原理,海市蜃楼是由于不同空气层有不同的密度,而光在不同密度的空气中又有着不同的折射率,也就是因海面上冷空气与高空中暖空气之间的密度不同,对光线折射而产生的。相对于幻觉,海市蜃楼是一种真实的光学现象,由于观测到的位置是由实际光线折射形成的虚像,它可以用照相机来捕捉影像。然而,会出现什么样的影像全由人类心灵解释的能力来确定。

发生在沙漠里的海市蜃楼,就是由于太阳光遇到不同密度的空气而出现的折射现象。沙漠里,白天沙石受太阳炙烤,沙层表面的气温迅速升高。由于空气传热性能差,在无风时,沙漠上空的垂直气温差异非常显著,下热上冷,上层空气密度高,下层空气密度低。当太阳光从密度高的空气层进入密度低的空气层时,光的速度发生了改变,经过光的折射,便将远处的绿洲呈现在人们眼前了。在海面或江面上,有时也会出现这种海市蜃楼现象。

蜃景与地理位置、地球物理条件以及特定时间的气象特点有密切联系,气温的反常分布是大多数蜃景形成的气象条件。蜃景可以分类为"下蜃景"(意思是低)、"上蜃景"(意思是高)和"复杂蜃景"。

1. 上蜃景

上蜃景几乎可以在任何区域中观察到,但是最常见的是在极地,特别是有着一致低温的大片冰层。在极地的上蜃景现象都在相对较冷的天气被观察到,然而在沙漠、海洋和湖泊,可以在天气较热时观察到。要生成上蜃景,逆温层必须要对光线造成强大的偏折,逆温层内的偏折必须大于地球表面的曲率。在这样的条件下,光线被偏折并且成为弧形。观测者的位置必须在其中或低于大气波导之下才能看见上蜃景,从海平面到高山顶,甚至在飞机上,在大气层的任何高度都可以看见上蜃景。

2. 下蜃景

夏季沙漠中烈日当头,沙土被晒得灼热。因沙土的比热小,温度上升极快,沙土附近的下层空气温度上升得很高,而上层空气的温度仍然很低,就形成了气温的反常分布。由于热胀冷缩,接近沙土的下层热空气密度小而上层冷空气的密度大,空气的折射率是下层小而上层大。当远处较高物体反射出来的光,从上层较密空气进入下层较疏空气时被不断折射,其入射角逐渐增大,增大到等于临界角时发生全反射,这时,人要是逆着反射光线看去,就会看到下蜃景。

之所以称为"下"是因为看见的影像是在实际物体下方的缘故。真实的物体是蓝天或在这一方向的远方物体,意思是说我们看见的物体实际上是在远方地面被蓝色补缀的。对在沙漠中精疲力竭的旅行者,它看起来像是湖水;在柏油路的道路上,它看似满溢的水甚至是油,这被称为"沙漠蜃景"或"高速路蜃景"。

下蜃景的影像是不稳定的。热空气上升和冷空气(因为密度较高)下降,因此空气层会混合,引起上升的湍流,图像会因此而被扭曲。它也可能会振动、垂直扩展(高耸)或横向扩展(水平变宽)。如果有几层不同的温度层,可能会混合好几个蜃景,导致重叠的影像。在任何情况下,蜃景的高度通常不会超过半度(等同于月球或太阳的视直径),并且与实物相距只有几千米。

◎景点链接

★死亡之海——塔克拉玛干沙漠

塔克拉玛干沙漠(图 10.14)，维吾尔语意"进去出不来的地方"，人们通常称它为"死亡之海"。它位于南疆塔里木盆地中心，面积约 33.76 万平方千米，整个沙漠东西长 1 000 余千米，南北宽 400 多千米，占全国沙漠面积的 47.3%，是中国最大的沙漠，仅次于非洲撒哈拉大沙漠，是全世界第二大流动沙漠。在世界各大沙漠中，塔克拉玛干沙漠是最神秘、最具有诱惑力的一个。沙漠中心是典型的大陆性气候，风沙强烈，昼夜温差达 40°以上。平均年降水量不超过 100 毫米，最低只有四五毫米，而平均蒸发量高达 2 500～3 400 毫米。全年有 1/3 时间是风沙日，大风风速每秒达 300 米。由于整个沙漠受西北和南北两个盛行风向的交叉影响，风沙活动十分频繁而剧烈，流动沙丘占 80% 以上。这里风沙活动频繁，沙丘形态奇特，最高达 250 米。据测算，低矮的沙丘每年可移动约 20 米，近 1 000 年来，整个沙漠向南延伸了约 100 千米。最奇妙的是两座红白分明的沙丘，名圣墓山。山顶经风蚀而形成"大蘑菇"，由于地壳的升降运动，红砂岩和白石膏构成的沉积岩露出地面，形成红白鲜明的景观。沙漠四周，沿叶尔羌河、塔里木河、和田河和车尔臣河两岸，生长发育着密集的胡杨林和灌木柳，形成沙海绿岛。特别是纵贯沙漠的和田河两岸，生长着芦苇、胡杨等多种沙生植物，构成沙漠中的"绿色走廊"，"走廊"内流水潺潺，绿洲相连。林带中住着野兔、小鸟等动物，亦为"死亡之海"增添了一点生机。考察还发现沙漠中地下水储存量丰富，且利于开发。有水就有生命，科学考察推翻了"生命禁区论"。浩瀚沙漠中，由于地处欧亚大陆的中心，四面为高山环绕，塔克拉玛干沙漠充满了奇幻和神秘的色彩。丝路古道南道的精绝、小宛、戎卢、坪弥、楼兰等古代城镇和许多村落都被流沙所湮没。迄今发现的古城遗址无数，尼雅遗址曾出土东汉时期的印花棉布和刺绣。变幻多样的沙漠形态、丰富而抗盐碱风沙的沙生植物植被、蒸发量高于降水量的干旱气候、尚存于沙漠中的湖泊、沙海中的绿洲、沙漠中的河流、生存于沙漠中的野生动物和飞禽昆虫等，特别是被深埋于沙海中的丝路遗址和远古村落、地下石油及多种金属矿藏都被笼罩在神奇的迷雾之中，有待于人们去探寻。

★古尔班通古特沙漠

古尔班通古特沙漠(图 10.15)为中国第二大沙漠，介于北纬 44°15′～46°50′，东经 84°50′～91°20′，位于准噶尔盆地的中央，面积约 4.88 万平方千米，由 4 片沙漠组成。西部为索布古尔布格莱沙漠，东部为霍景涅里辛沙漠，中部为德佐索腾艾里松沙漠，其北为阔布北—阿克库姆沙漠。准噶尔盆地属温带干旱荒漠。年降水量 70～150 毫米，冬季有积雪。春季和初夏降水略多，年中分配较均匀。沙漠内部绝大部分为固定和半固定沙丘，其面积占整个沙漠面积的 97%，形成中国面积最大的固定、半固定沙漠。固定沙丘上植被覆盖率为 40%～50%，半固定沙丘达 15%～25%，为优良的冬季牧场。沙漠内植物种类较丰富，可达百余种，植物区系成分处于中亚向亚洲中部荒漠过渡。沙漠的西部和中部以中亚荒漠植被区系的种类占优势，如白梭梭、苦艾蒿、白蒿、囊果苔草和多种短命植物等；在沙漠东部和南部边缘，亚洲中部植物区系种类较多，如梭梭、蛇麻黄、花棒等。古尔班通古特沙漠的梭梭分布面积达 100 万公顷，在湖积平原和河流下游三角洲上形成"荒漠丛林"。沙漠的沙粒主要来源

图 10.14　塔克拉玛干沙漠

于天山北麓各河流的冲积沙层。沙漠中最有代表性的沙丘类型是沙垄,占沙漠面积的 50%以上。沙垄平面形态成树枝状,其长度从数百米至十余千米,高度 10~50 米,南高北低。在沙漠的中部和北部,沙垄的排列大致呈南北走向,沙漠东南部呈西北—东南走向。在沙漠的西南部分布着沙垄—蜂窝状沙丘和蜂窝状沙丘,南部出现少数高大的复合型沙垄。流动沙丘集中在沙漠东部,多属新月形沙丘和沙丘链。沙漠西部的若干风口附近,风蚀地貌异常发育,其中以乌尔禾的“风城”最著名。沙漠中风沙土广泛分布。沙漠南缘平原上发育灰棕漠土,1949 年后已大量开垦,人为活动破坏了天然植被,造成沙漠边缘流沙再起和风沙危害。沙漠西缘有甘家湖梭梭林国家级自然保护区,为中国唯一以保护荒漠植被而建立的自然保护区。

图 10.15　古尔班通古特沙漠

★腾格里沙漠

腾格里沙漠(图 10.16)位于内蒙古自治区阿拉善盟阿拉善左旗西南部和甘肃省中部,东抵贺兰山,南越长城,西至雅布赖山。腾格里为蒙古语,意思是像天一样浩渺无际。腾格里沙漠海拔 1 200 多米,面积约 4.27 万平方千米。沙漠上沙丘、湖盆、山地、残丘及平地相互交错,其中沙丘占70%以上,多为新月形沙丘链,高10~30米,常向东南移动。腾格里沙漠还有大小湖盆400多个,多为淡水湖,可供人畜饮用,周围植物生长茂盛,为主要牧场,适合于开展沙漠探险、观光等旅游活动项目。

图10.16 腾格里沙漠

★乌兰布和沙漠

位于内蒙古西部、宁夏东部、黄河西岸的乌兰布和沙漠(图10.17),横跨阿拉善盟和巴彦淖尔市,面积约1.4万平方千米,历史上曾是"人民炽盛、牛马布野""将军塞外游,杏花撒满头"的富庶草原。现在的土地类型由沙丘、沙荒地、耕地和小片草原组成。这里的沙丘形态异彩纷呈:堆状沙丘分布在敖包图、吉兰泰地区;垄岗沙丘分布在白云花敖包;新月形沙丘分布在哈腾套海一带。位于内蒙古乌海地区的乌兰布和沙漠部分与黄河漠水相连,每当夕阳西下,"长河落日""大漠孤烟",构成一幅瑰丽多姿的塞上风景画。

图10.17 乌兰布和沙漠

★库布齐沙漠

库布齐沙漠(图10.18)是中国第七大沙漠,在河套平原黄河"几"字弯里的黄河南岸(有的人称为河套沙漠),往北是阴山西段狼山地区。"库布其"为蒙古语,意思是弓上的弦,因为它处在黄河下方,像一根挂在黄河上的弦,古称"库结沙""破讷沙",亦作"普纳沙"。库布齐沙漠是距北京最近的沙漠,位于鄂尔多斯高原脊线的北部,内蒙古自治区鄂尔多斯市的杭锦旗、达拉特旗和准格尔旗的部分地区。面积约1.39万平方千米,流动沙丘约占61%,长400千米,宽50千米,沙丘高10~60米,像一条黄龙横卧在鄂尔多斯高原北部,横跨内蒙古三旗。其形态以沙丘链和格状沙丘为主。

图10.18　库布齐沙漠

★浑善达克沙地

浑善达克为蒙古语,意为"孤驹"。相传成吉思汗西征时,所骑之马为其最心爱的"孤驹",经此沙地而得名(图10.19)。浑善达克沙地在锡林郭勒草原的中南部,呈东西走向,面积约5.2万平方千米。沙地中沙丘起伏,间有丘间低地和滩地。

图10.19　浑善达克沙地

这个沙地是中国著名的有水沙漠,在沙地中分布着众多的小湖、水泡子和沙泉,泉水从沙地中冒出,汇集入小河。这些小河大部分流进了高格斯台河,也有的只流进水泡子里,还有的只是时令性河流。

浑善达克沙地水草丰美,景观奇特,风光秀丽,有人称它为"塞外江南",也有人称它为

"花园沙漠"。那里野生动植物资源比较多,是候鸟的产卵繁育地,还有很多珍稀的植物和药材。

　★巴丹吉林沙漠

　　巴丹吉林沙漠(图 10.20)位于内蒙古自治区阿拉善右旗北部,东西长约 270 千米,南北宽约 220 千米,面积约 4.92 万平方千米,其西北部还有 1 万多平方千米的地域至今尚无人类的足迹。巴丹吉林沙漠是世界唯一的高大沙山群分布密集的沙漠,一般海拔高度在 1 200 ~ 1 700 米,沙山相对高度可达 500 多米,为世界沙漠之最,其中的巴彦淖尔、吉诃德沙山是世界上最高的沙丘,被称为"沙漠珠穆朗玛峰"。巴丹吉林沙漠年降水量不足 40 毫米,但是沙漠中的湖泊竟然多达 100 多个。高耸入云的沙山,神秘莫测的鸣沙,静谧的湖泊、湿地,构成了巴丹吉林沙漠独特的迷人景观,每年吸引了上万名国内外游客前来观光。

图 10.20　巴丹吉林沙漠

第十一章 风爱坎坷不喜平——雅丹景观地理

一、景观概述

在罗布泊地区,有一种特殊的景观形态,很少为世人所知,而它的魅力却丝毫不亚于吸引了万千游客的许多世界名胜,这就是神奇的雅丹。淋漓尽致地体现了大自然神奇塑造力的雅丹,为神秘的罗布泊增添了奇光异彩。

雅丹,又名"雅尔丹",是维吾尔族对"陡壁的险峻小丘"的称呼,现泛指干燥地区一种风蚀地貌。河湖相土状沉积物所形成的地面,经风化作用、间歇性流水冲刷和风蚀作用,形成与盛行风向平行、相间排列的风蚀土墩和风蚀凹地(沟槽)景观组合。这种景观在新疆罗布泊东北发育得最典型,分布面积最广。瑞典人斯文·赫定和英国人斯坦因,赴罗布泊荒漠地区考察时发现大面积河湖沉积物暴露地表,并被强风吹蚀形成独特的垄岗状残丘,在撰文考察游记《中亚与西藏——冲刺拉萨》一书时首次采用了"Yardang"这个词汇,专指这种特殊的"垄岗状风蚀地貌"。随着此书在国内外学界的广泛传播,"雅丹"一词就成了世界地理学和考古学的通用术语。继罗布泊荒原发现雅丹景观之后,在世界干旱区许多地方,又发现了许多类似景观,均统称为雅丹地貌景观。

中国新疆地域辽阔,四周环山,在南北两边都有较大的山口。大西洋和北冰洋的冷空气流经山口进入新疆北部,然后绕过天山东段,进入塔里木盆地,在沿途各地造成长时间的区域大风。新疆的风,持续时间长(一年可达 100 天以上),分布广,风力对地貌的塑造具有特殊的意义。一开始在沙漠里有一座基岩构成的平台形高地,高地内有节理或裂隙发育,暴雨的冲刷使节理或裂隙加宽扩大。一旦有了可乘之机,风的吹蚀就开始起作用了,由于大风不断剥蚀,风蚀沟谷和洼地逐渐分开了孤岛状的平台小山,后者演变为石柱或石墩。旅游者到了这样一个地方,就像到了一个颓废的古城,纵横交错的风蚀沟谷是街道,石柱和石墩是沿街而建的楼群,地面形成似条条龙脊、座座城堡的景状。这样的"城"称魔鬼城,古书中又称为"龙城"。

二、地理分布

雅丹景观主要分布在干旱、半干旱地区,如非洲撒哈拉沙漠、新疆罗布泊、突厥斯坦荒漠和莫哈韦沙漠等。比较著名的有雅丹群范围最大的非洲乍得盆地的特贝斯荒原,约 26 万平方千米。最高大的雅丹地貌在伊朗的卢特荒漠东南部,雅丹高 200 米,风蚀谷宽 500 米,雅丹呈垄脊状延伸,长数千米至十几千米。

　　中国的雅丹地貌景观面积有2万多平方千米,主要分布于青海柴达木盆地西北部、疏勒河中下游和新疆罗布泊周围,最大分布区不是在它最早的发现地——罗布泊地区,而是在青海省柴达木盆地的西北部。从青海的鱼卡向西通往南疆的公路沿途非常荒凉,在南八仙到一里平公路道班之间都可以看到雅丹景观,是西北内陆的最大一片雅丹景观分布区。

　　新疆的雅丹景观仅3 000~4 000平方千米,规模小,典型的雅丹高4~5米,10~30米高的雅丹又称为mesas(迈赛),即方台地。除了罗布泊和古楼兰一带的雅丹景观外,比较著名的有克拉玛依市东北乌尔禾的魔鬼城、吉木萨尔县的五彩湾、奇台县西南沙漠中的风城等。

　　敦煌古海雅丹高20~100米,属于中大型雅丹群,而且风蚀谷狭窄,雅丹造型丰富多彩,高密集型为世界所少见。还有一些以流水侵蚀作用为主的雅丹,主要分布在邻近山地的地区,阿奇克谷地东段的三陇沙雅丹是这一类型雅丹的典型代表。新发现的一处雅丹景观,面积约400平方千米,它的形成经历了30万~70万年的岁月。当大风刮过时,这里会发出各种怪叫声,因而也被人们称为"敦煌雅丹魔鬼城"。这里看不见一草一木,到处是黑色的砾石沙海,黄色的黏土雕像,在蔚蓝的天空下各种造型惟妙惟肖。过去,由于戈壁浩渺,道路艰险,很少有人涉足此地,敦煌人也是耳听者多,眼见者寥寥无几,随着敦煌太阳旅游集团将玉门关及雅丹魔鬼城公路修通,为这一地理奇观面世创造了条件。

三、地学成因

(一)形成条件

　　典型的雅丹景观形成于干旱地区盆地的腹地或边缘干涸的湖底或河、湖阶地上,大部分为未固结或半固结的砂砾岩,它的物质组成是砂岩、砾岩、泥岩。地壳活动导致湖(河)水退却、湖底抬升并裸露地表,这些原来平坦且固结程度不高的河湖相土状沉积物所形成的地面经风化作用、间歇性流水冲刷和定向风吹蚀作用,逐渐形成与盛行风向平行、不规则相间排列的垄岗、鳍形垄脊、堡丘、土柱(墩)、风蚀凹地、宽浅沟槽等系列景观组合。垄脊高数十厘米至数十米,沟槽宽数米,长数十米至数百米,少数长过千米。沟槽间大部分被流沙充填。因长时间遭受风蚀,单个垄脊常呈鳍形或流线形,迎风面通常为圆弧状,背风面细长或呈分散状。沟槽间充填的流沙表面通常保留有明显的风成波纹。

　　雅丹地貌景观的形成有两个关键因素:一是发育这种景观的地质基础,即湖相沉积地层;二是外力侵蚀,即荒漠中强大的定向风的吹蚀和流水的侵蚀。

1.岩性条件

　　岩石是雅丹景观形成的基础,也是决定雅丹景观形态的主要因素。雅丹形成发育可以在不同硬度和不同时代的岩石上。具有泥岩和砂岩互层的河湖相沉积物,岩体岩性相对一致,构造简单,但有便于下切的节理发育。构成雅丹景观的主要岩石为陆相的中新生界砂岩、砾岩和泥岩,以及第四系砂岩、泥岩。前者多形成城堡状景观,以泥岩为主则易形成丘陵状景观;后者则形成典型的垄岗状景观。

2.环境条件

　　现发现的绝大多数雅丹分布在极端干旱区,年降水量小于50毫米、植被稀少的平原地区,风蚀作用强烈;或较为湿润的洼地,盐类风化作用、地下水作用强烈的地区。很多学者根据地质历史时期气候变化研究,推断高大的雅丹是在更新世冰期干冷多风的气候环境下形成的,或更早的干旱气候环境下形成的。

雅丹景观的分布总体上受大地构造控制,有规律地分布于塔里木盆地、哈密盆地和准噶尔盆地边缘。地处盆地边缘的不同位置,其雅丹景观的分布密度和形态均有所不同。乌尔禾魔鬼城位于准噶尔盆地西侧的乌尔禾盆地内,在盆地边缘和山脊分水岭两侧,由高向低,能较完整地看到雅丹景观发育的不同阶段,即雅丹地貌发育早期、中期与晚期地貌景观。哈密盆地边缘的雅丹景观,沿不同海拔的构造阶梯呈层状排列,北部十三间房雅丹景观,分布于海拔 800 ~ 1 200 米的干燥剥蚀台地上;海拔 700 米左右为二堡、三堡风蚀洼地区;海拔500 ~ 600 米为南湖风蚀戈壁区;海拔 400 米左右为五堡以南的风蚀蘑菇区;而中部的艾斯克夏尔—沙尔湖风蚀城堡景观区,海拔仅 100 ~ 200 米。这表明区域构造控制着风蚀地貌在平面上的分布,五级构造地形与发育的层状雅丹地貌一致。

3.动力条件

雅丹地貌景观被认为是世界一大奇观,是地球内营力与外营力共同作用的结果。许多年来,在地理读物和教科书中,雅丹一直被解释为一种风蚀景观,认为其形成是风力吹蚀的结果,与另一类风蚀景观——沙漠景观相似,其实这是不准确的。风,绝不是形成雅丹的全部外营力。形成雅丹地貌的外力作用主要为风化作用、流水作用、风蚀作用、重力崩塌作用,局部可能存在冻融作用。其中,早期作用以风化作用、流水作用为主;晚期作用以风蚀作用、重力崩塌作用为主。风力作用和流水作用是其中最重要的两种作用。

①风化作用。雅丹地貌景观分布区均为气候干燥区,昼夜温差大,岩石裸露,物理风化特别是热力风化作用强烈,表面形成的厚层风化壳,为风力和流水侵蚀作用进一步发展奠定了基础(图 11.1)。

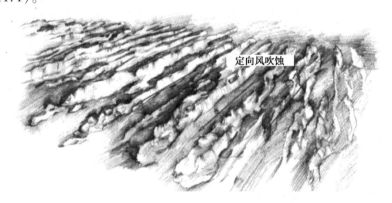

定向风吹蚀

图 11.1 雅丹景观形成中的风化作用示意图

②风蚀作用。雅丹地貌景观的分布往往与其气候风口一致,如乌尔禾魔鬼城就位于塔城地区老风口外侧;哈密也是新疆大风区之一,内有两大风区及各风区的风口,其西北部即为以十三间房为中心的百里风区,古称黑风川或鬼谷口。山口大风的"狭管效应"产生强烈的风力作用,对雅丹景观的形成起了重要的塑造作用。以风蚀作用为主的风成雅丹,往往分布在距山区较远的平原地区,由于山区的暴雨和洪水不易到达,风的吹蚀作用显著。此类雅丹地貌,沟谷长轴走向与当地主风向一致,而各种形态逼真的象形山石更是风的艺术佳作。

③流水作用。早期流水沿着先期节理,将原本平坦、连续的地表切割成不连续的、深浅不一的沟壑,伴随有重力崩塌作用和风蚀作用,为雅丹地貌景观的形成奠定了基础。以流水侵蚀作用为主的水成雅丹,分布于盆地边缘邻近山地附近,此类雅丹地貌的槽谷长轴走向与当地主风向不一致,而与附近山地洪水沟的走向一致,并在雅丹的土丘上留有洪水的痕迹。

流水常常与风力共同作用,特别是在雅丹景观发育的最初阶段,洪水将裸露的平坦地面冲刷切割成无数条小冲沟,在此基础之上,经强劲大风的吹蚀作用,或风蚀与流水交替作用,逐渐形成了典型的雅丹地貌景观。风蚀沟谷的长轴走向既与洪水流向一致,也与当地主风向一致。

④重力作用。早期形成的雅丹景观,雅丹垄岗面向槽谷一侧常成为陡壁,因而形成临空面,在重力作用下产生卸荷节理,当应力积累到一定程度,则产生崩塌,对雅丹垄岗做进一步塑造。

(二)形成发育过程

雅丹景观的形成发育过程可划分为幼年期、青年期、壮年期和老年期4个阶段,各阶段具有不同的地貌形态特征(图11.2)。敦煌雅丹景观的绝大部分处于鼎盛的青年期和形态最为丰富的壮年期。

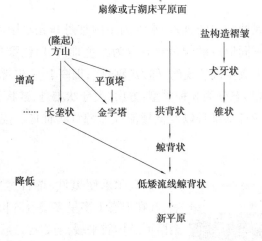

图11.2 雅丹景观演化循环图

1. 幼年期

幼年期是雅丹景观初期外力侵蚀形成阶段。洪水和风沿着雅丹地层中先期形成的垂直节理和裂隙不断侵蚀,加宽、加深节理和裂隙,形成较浅的沟槽。在此过程中,有些已经形成的浅小沟槽及沟槽间的台地在大洪水和大风的侵蚀作用下,形成更宽、更深的槽地。随着构造的不断抬升,以及洪水和风的往复交替作用,雅丹景观逐渐形成。由于外营力作用时间短,该阶段的景观特征形态单调,以长垄状为主,雅丹体棱角分明,顶部较为平坦,且高度较低。

2. 青年期

青年期是雅丹的继续增高阶段,也是雅丹景观发育的鼎盛时期。该阶段中,雅丹景观在内外地貌营力作用下继续增高,但同时受风化作用、风力作用和雅丹体表水作用,对先期形成的长垄状雅丹进行改造,使雅丹体表变得较为平滑,顶部常为浑圆状,部分因顶部为钙质胶结薄层的存在而顶部平坦坚硬,形成长宽比率较大的特大型雅丹和大型雅丹。雅丹个体规模宏大,是雅丹景观发育最为鼎盛的时期。

3. 壮年期

壮年期是雅丹景观发育中由盛转衰的阶段。长垄状的特大型雅丹和大型雅丹体,景观外营力沿先期风化作用和内营力作用形成的裂隙和节理将其逐渐分裂为若干较小的雅丹景观,雅丹的高度开始逐渐降低,雅丹体的数量也逐渐增加。但这一阶段雅丹分布区内的雅丹体数量最多,雅丹形成最为丰富多样,也是雅丹分布群最具宏伟气势和观赏价值的阶段。

4. 老年期

老年期是雅丹景观衰亡阶段。由于前期的侵蚀多形成悬空面,在重力作用下逐渐坍塌,景观特征以稀少、孤立、短小的小型雅丹为主,并随处可见雅丹坍塌体。但该阶段雅丹常以风动石、风蚀蘑菇、风蚀柱等造型奇特的形式存在,因此也是雅丹个体最具观赏价值的阶段。在老年末期,雅丹景观在外营力的作用下,高度越来越低,最终被逐渐夷为平地,形成新的戈壁面。

四、景观赏析

按成因雅丹可分为风蚀为主的雅丹、水蚀为主的雅丹和先水蚀后风蚀的雅丹三类。按雅丹地层地球化学组成不同形成的颜色差异分为红色雅丹、白色雅丹和黄色雅丹。按照雅丹规模,把高不过 1 米,形成年代较浅的,称为"雅丹";把高 10～30 米,年代古老的,称为"迈赛"。按照雅丹景观微观形态分为 8 种类型:方山、犬牙状雅丹、锥状雅丹、金字塔状雅丹、长脊状雅丹、拱背状雅丹、鲸背状雅丹以及低矮流线形鲸背状雅丹。按宏观形态特征,可将雅丹分为以下三大类。

1. 城堡状雅丹景观

图 11.3　城堡状雅丹景观

以乌尔禾魔鬼城、奇台魔鬼城、五堡魔鬼城为代表,其在形态上多呈多层台阶状,高低起伏,层层叠叠,台阶面总体较平缓,与岩层产状一致,台阶面上可见各种石柱,形态各异;而台阶陡壁上受流水、风力和重力等各种动力作用塑造,形成如城堡一样的形态。因此这一类雅丹景观也有学者称之为"风城景观"。其形成岩石多以中生界砂岩、砾岩为主,少量泥岩,常含恐龙、硅化木等化石。由于岩石胶结紧密,质地相对较坚硬,虽差异风化作用和重力作用强烈,但单个垄岗和沟槽不典型,且定向不明显。从宏观的整体上看,大致呈现出由多个垄岗叠加构成的山峦和宽谷相间排列的趋势(图 11.3)。

2. 丘陵状雅丹景观

以五彩湾雅丹景观为代表,在乌尔禾一带也有分布。其地势起伏,形态以低矮的丘陵为主,形成岩石多为中生界和古近系的泥岩,少量为砂岩,岩石胶结不太紧密,质地相对较弱。早期的丘陵状雅丹景观几乎没有定向排列的特点,因此有学者将该类地貌排除在雅丹景观之外,将之单独称为"彩丘景观"。晚期的丘陵状雅丹景观以残丘为主,多个残丘常沿一定方向排列,呈现出雅丹景观的特点(图11.4)。

　　3.垄岗状雅丹景观

　　以罗布泊雅丹地貌为代表,形态以长条状的垄岗和沟槽有规律的相间排列为特征,有学者仅将此类地貌作为雅丹地貌,即狭义的雅丹地貌。其形成岩石多为第四系砂岩、泥岩,岩石半胶结,质地软弱,在风力和水力等侵蚀下容易受改造,形成典型的垄岗和沟槽相间排列的地貌(图11.5)。

图11.4　丘陵状雅丹景观

图11.5　垄岗状雅丹景观

◎景点链接

★最具色彩的雅丹——五彩湾

　　在一片戈壁荒漠中有一个五彩缤纷的世界,那就是以怪异、神秘、壮美而著称的五彩湾。五彩湾位于准噶尔盆地东南部广大的沙漠地带,在地质历史上是个古湖盆区,由于气候冷热干湿的周期性变化和地壳运动的震荡变化,这里沉积了各种鲜艳的湖相岩层,故通称五彩湾(图11.6)。

图11.6　五彩湾

　　这里是一幅大自然的杰作。五彩湾在远古时代是烟波浩渺的湖泊,山壁的层状沉积大约形成于4亿年前,属陆地的湖相沉积。地貌变迁后,经过长期的风化剥蚀以及雨水冲刷,形成一座座外形奇特的雅丹景观。这里的岩体有朱红、紫红、灰绿、橙黄、土黄等各种色调,仿佛是织女的染坊,只有天人的着色才可以让这里变得如此瑰丽无比。多彩的山壁,是由于含不同成分的矿物质而形成的,其中山壁的主色调暗红色是因为山壁中含有丰富的硫铁质,而绿色和黑色的沉积层,则是泥沙和生物的叠积。这一带地貌起伏,变化多端,有的酷似威武雄狮,有的极像宝塔,有的雅如侍女,有的形如吠日狂犬……还有的则如逶迤几百米蜿蜒而去的莽莽游龙。它们是上帝或魔鬼的造物,在正午烈日的逼射中,鬼斧神工般泛起洪荒时代的苍黄。在落日前登高远眺,彩色缤纷的城湾被落日点燃,如火如荼,使人心潮澎湃。因其地状如城郭,形似古堡,因而这里又被称为"五彩城"。

★最瑰丽的雅丹——乌尔禾雅丹

乌尔禾雅丹又称魔鬼城,位于新疆维吾尔自治区准噶尔盆地西北边缘的佳木河下游乌尔禾矿区,西南距克拉玛依市100千米。这有一处独特的风蚀景观,形状怪异。当地蒙古族人将此城称为"苏鲁木哈克",维吾尔族人称之为"沙依坦克尔西",其意皆为魔鬼(图11.7)。

图11.7　乌尔禾雅丹

远观魔鬼城,可以赞叹它的壮观,而只有深入魔鬼城,才能感受它的恐怖。你的四周将被众多奇形怪状的土丘所包围,高的有10多米,土丘侧壁陡立。从侧壁断面上可以清楚地看出沉积的层理,脚下全是黄土,寸草不生,四周一片死寂,真正与世隔绝,仿佛置身于外星球。不用提刮大风,你只要想象一下漆黑的夜和雷鸣电闪的雨天,就会不寒而栗。

魔鬼城呈西北、东西走向,长宽约在5千米以上,方圆约10平方千米,地面海拔350米左右。据考察,大约一亿年前的白垩纪时,这里是一个巨大的淡水湖泊,湖岸生长着茂盛的植物,水中栖息繁衍着乌尔禾剑龙、蛇颈龙、恐龙、准噶尔翼龙和其他远古动物,这里是一片水族欢聚的"天堂"。后来经过两次大的地壳变动,湖泊变成了间夹着砂岩和泥板岩的陆地瀚海,地质学上称它为"戈壁台地"。

★最神秘的雅丹——白龙堆雅丹

白龙堆雅丹(图11.8),罗布泊三大雅丹群之一,位于罗布泊东北部,是一片盐碱地土台群,绵亘近百千米,古丝绸之路进入罗布泊的中道就从白龙堆中穿过,一直到唐代仍有商贾途经。白龙堆在历史书籍上常被描绘成十分险恶的区域,喻有鬼怪出没。实际上白龙堆直到今天仍是一处危险的无人区。在炎热的季节,这里环境十分恶劣,途经此地的人若遇上数天沙暴,人就会被困住,不是饿死就是渴死,所以每年6—8月,一般人不会进入此地区。

图 11.8　白龙堆雅丹

白龙堆是第四纪湖积层抬升形成的砾质土丘地貌,由于水蚀和风蚀作用,形成东北至西南走向的长条状土丘群,绵亘近百千米,横卧于罗布泊地区的东北部。由于白龙堆的土台以砂砾、石膏泥和盐碱构成,颜色呈灰白色,有阳光时还会反射点点银光,似鳞甲般,故古人将这片广袤的雅丹群称为"白龙"。从远处望去,白龙堆就像一群群在沙海中游弋的白龙,白色的脊背在波浪中时隐时现,首尾相衔,无边无际,气势奇伟。千姿百态的雅丹,具有极高的观赏性,是吸引游人趋向罗布泊的一种特殊景观。然而,想要亲临雅丹,却极不容易。当年地表经水侵蚀,沟谷遍野,成为阻挡人们前往楼兰的天然障碍。当年《汉书》就曾记载,由于白龙堆一带地形险阻,辎重车辆无法通过,为"避白龙之厄",后来新开北道,经伊吾、车师西行,绕过白龙堆,遂使丝路由二道变为三道。

★最壮观的雅丹——三垄沙雅丹

三垄沙雅丹群位于玉门关以西的戈壁荒漠中,由于地处三垄沙雅丹边缘,因此被称为三垄沙雅丹(图11.9)。三垄沙是一条横亘于罗布泊东部地区的流动沙丘带,至今仍受东北风的影响,随时游动。这条沙漠带长约100千米,宽约数千米,在汉代土梁道的沙带最窄,约200米。遇到起风,沙如游蛇,在风口中行走,细沙会沿足盘旋到膝盖处。民间有谚语道:急走流沙慢走水。

三垄沙雅丹东西长约10千米,南北宽约10千米,面积约100平方千米。土台高达15～20米,大多土台可长达200米。所有的土台都呈长条状东西排列,犹如茫茫沙海中的一群巨鲸,或联合舰队的一列列战舰在游弋,气势磅礴。其成因有不同的说法,但大多数人认为以洪水冲蚀为主,再加上风的作用而形成。土台的结构多以沉积层黄土为主,有不同的颜色,在早午晚太阳光线的作用下,产生不同的色彩,奇幻无穷。

★最可怕的雅丹——布隆吉雅丹

布隆吉雅丹(图11.10),俗称"人头疙瘩",位于瓜州县布隆吉乡北3千米的疏勒河北岸。它分布在甘新公路南侧东西长约9千米的狭长地段上,这里褐色的地面上,矗立着高低

图 11.9　三垄沙雅丹

参差的土丘峰林。公路两侧到处是造型各异、犬牙交错的风蚀滩地,为典型的雅丹地貌奇观。其间夹杂着无数高低错落、形态奇特的土岗土丘,如人头疙瘩、狮身人面,又如云朵、蘑菇、金字塔,或如烽燧排列,千驼奔走,又似鬼域魔城。人行其间,恍入千年一梦之中。土丘峰林和其间的低洼地,都是按照东西方向,互相平行地排列着。这与瓜州县独特的地理环境和强烈频繁的东西风长期肆虐不无关系。个别丘体还具有流线形外貌。雅丹景观真实地反映了当地气流运行情况,是气流运行所形成的立体画面。

图 11.10　布隆吉雅丹

　　瓜州县的雅丹景观有数十处之多,唯布隆吉和锁阳城西南已形成景观。这一奇特的景观正以它那奇特的魅力等待着人们去领略、去欣赏。瓜州县素有"世界风库"之称,这里地处两山之间类似狭管的走廊地带,海拔仅1 170米,地势低平。当空气流入后,狭管起到了加速气流运动的作用,故常形成大风。这种大风天气往往使雅丹景观的姿态发生巨大变化,形态各异。

　　★最壮美的雅丹——柴达木雅丹

　　南八仙雅丹地貌是柴达木盆地的主要地貌类型之一,属最典型的雅丹景观之一,茶(茶卡)冷(冷湖)公路、茫(茫崖)格(格尔木)公路穿行其间。远望是无边无际的盐碱矿,近看酷似百万座古城堡,奇形怪状,千姿百态。有人把这里称作"帝王坟",当鲜红的晚霞呈现在天际时,雅丹地貌表层的盐碱放射出星星点点的光芒,五彩缤纷,呈现出戈壁幻影——海市蜃楼(图 11.11)。

图 11.11　柴达木雅丹

★世界唯一的水上雅丹——青海水上雅丹

对整个西北而言,雅丹景观基本上各处都是,不为稀奇。然而,在青海省海西蒙古族藏族自治州大柴旦西边的 315 国道旁,却有一处在湖面上形成的雅丹景观,显得特别雅致,这样的景致非常独特。这种较为罕见、景色更为奇特的水上雅丹,是湖水在长期的沙漠、戈壁风化的条件下形成的壮丽景观。塔达木盆地的地壳运动让青海湖等地的湖水通过地下流入了雅丹地貌境内,形成了眼前所见到的世界最大、最壮丽的水上雅丹景观。

这是一望无际的荒漠中凭空而出的一片"汪洋",雅丹魔鬼城立于这片汪洋之上,魔幻而神秘,有着无与伦比的惊艳美景。一个神秘的幻境,高高低低的小山丘,像骏马、骆驼,似群鲸戏沙。近看酷似百万座古城堡,远看犹如星河舰队,像蘑菇、圆柱、碉堡、麦垛,奇形怪状,千姿百态(图 11.12)。

图 11.12　青海水上雅丹

第十二章 黄沙万里，千沟万壑——
黄土景观地理

一、景观概述

在中国地势的第二级阶梯上，分布着最具特色的黄土高原，是世界上黄土分布最广阔、最深厚、最典型的黄土地貌景观区。

关于黄土景观有两个非常有趣的现象：其一，无论有没有去过黄土高原，人们只要一提到它，"面朝黄土背朝天"的形象便会跃然脑海。为什么黄土高原会以这种苦难形象示人？其二，中国四大高原中，青藏高原、云贵高原、内蒙古高原人们对其大好风光无不如数家珍，唯独对黄土高原的认知似乎遍地只有干旱贫瘠的黄土。要解答这些问题，需要对黄土景观做一次全面剖析。

黄土是第四纪时期形成的土状堆积物，分布很广，从全球范围看，主要分布在中纬度干燥或半干燥的大陆性气候环境内。中国黄土集中分布在北纬34°～40°，东经102°～114°，即北起长城，南界秦岭，西从乌鞘岭，东到太行山，面积约30万平方千米的范围内，地理上称为黄土高原。甘肃西部、青海西北部及新疆等地前低山丘陵及一部分山地的山坡上，黄土呈片状分布，而在山麓洪积—冲积平原和古河谷阶地上，也断续分布着经过搬运的黄土状土层。东北松辽平原、辽西冀北山地、华北平原和山东低山丘陵等地亦分布有黄土和黄土状土层。上述地区黄土一般呈零星分布，厚度也不大，加上自然条件等因素，黄土景观发育受到很大限制，形态不典型。

黄土所形成的景观主要是在流水作用下所形成的沟谷及沟间地景观的组合，它的成因是受流水的侵蚀作用、风蚀作用、潜蚀作用、溶蚀作用所致。黄土基本上构成连续的盖层，厚度一般在100～200米。黄土具有多孔性和垂直节理，透水性强，空隙度大，湿陷性强，抗蚀性弱，易被雨水冲刷和流水切割而发育沟谷，导致黄土区千沟万壑，地面支离破碎，形成塬、峁、柱等非常特殊的地貌景观。对旅游而言，黄土高原以它粗犷、豪放的高原面貌，壮观、奇特的土柱"峰丛"以及独具一格的黄土窑洞和民俗吸引着游客。

二、地理分布

黄土在世界上分布相当广泛，特别在欧亚大陆，从大西洋东岸到太平洋西岸呈断续带状分布。从全球看，黄土主要位于比较干燥的中纬度地带，如西欧莱茵河流域、东欧平原南部、北美密西西比河中上游以及中国西北、华北等地,面积约1300万平方千米,约占全球陆地面积的1/10。广见于中国、乌克兰、阿根廷、美国中部、捷克、苏丹。

中国是多黄土的国家,中国北方是世界上黄土最发育的地区之一,面积约63.5万平方千米,约占中国陆地总面积的6.6%。主要分布在昆仑山—祁连山—秦岭—鲁东山区和辽东半岛一线以北的干旱和半干旱地带,即位于北纬34°~35°以北地区,包括东北地区以及山东、河北、河南、山西、陕西、甘肃、青海、新疆等省区,主要围绕沙漠由西北到华北,一直到东北呈弧形带状展布。

其中,黄河中下游的陕西北部、甘肃中部和东部、宁夏南部以及山西西部,是中国黄土分布最集中的地区,形成了海拔在1000~1500米的黄土高原(图12.1)。黄土厚度多为50~80米,在陕西、甘肃一带,最厚可达50~180米,其分布面积和厚度均居世界之冠。

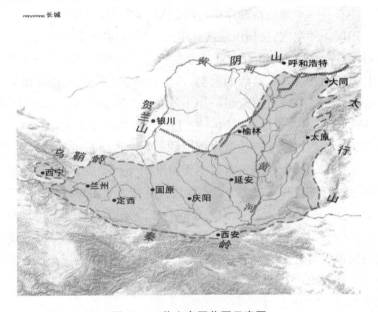

图12.1 黄土高原范围示意图

黄土高原是中国四大高原之一,亦为世界著名的大面积黄土覆盖的高原,这是一个被太行山、秦岭、古长城所围合的区域,横跨青、甘、宁、陕、晋、豫、蒙7省区,集中了地球上70%的黄土,是世界上最大、最厚、最连续的黄土覆盖区,也是中华民族古代文明的发祥地之一。高原由西北向东南倾斜,海拔多在1000~2000米,除许多石质山地外,大部分为厚层黄土覆盖。经流水长期强烈侵蚀,逐渐形成千沟万壑、地形支离破碎的特殊自然景观。黄土高原面积广阔,土层深厚,地貌复杂,水土流失严重,均为世所罕见。高原上主要山脉——太行山、吕梁山和六盘山把高原分隔成3部分。

①山西高原。吕梁山以东至太行山西麓,有许多褶皱断块山岭和断陷盆地,山岭多由北向东走向,主峰海拔均超过2000米,山地下部多为黄土覆盖。主要的河谷盆地有太原盆地、临汾盆地、忻州盆地、运城盆地、榆社盆地、寿阳盆地等。

②陕甘黄土高原。吕梁山和六盘山(陇山)之间黄土连续分布,厚度很大,其堆积顶面海拔一般在1000~1300米。地层出露完整,地貌形态多样,是中国黄土自然地理景观最典型

的地区。

　　③陇西高原。六盘山以西,高原海拔约2 000米,黄土厚度逐渐增大,成为波状起伏的岭谷地形。

　　在长城以南,秦岭以北,西迄青海东部,东至海边的整个黄河流域都有黄土分布。在长城以北,黄土就逐渐消失。此外值得注意的是,天山北麓、昆仑山麓、祁连山麓也有黄土分布。一般认为中国黄土的分布南止秦岭,但事实上在宝鸡以南,秦岭中的凤县、双石铺一带,至柴关岭也都有黄土分布。即使在汉中盆地或向东到大别山北坡、江苏北部,甚至南京附近以及长江流域的某些地区也有零星的黄土分布。

三、地学成因

　　黄土的形成主要是由于地壳抬升作用。约2 200万年前,青藏高原已经隆起至相当的高度可以阻挡来自印度洋的水汽,亚洲内陆从此陷入干旱,形成了大面积的沙漠。紧接着强劲的冬季风在沙漠中卷起沙尘暴,沿着青藏高原的边缘向东推进,在今天甘肃、陕西、山西境内,遇到六盘山、吕梁山、太行山、秦岭的阻挡,沙尘颗粒在山脉之侧不断沉降。距今260万年前,沙尘的沉降变得更加剧烈,不起眼的小小沙粒居然逐渐在地表上堆积出巨厚的黄土,最厚之处可达400余米,覆盖了地表上的一切,包括黄河的河漫滩。

　　黄土景观是黄土堆积过程中遭受强烈侵蚀的产物。风是黄土堆积的主要动力,侵蚀以流水作用为主。黄土塬、梁、峁等地貌类型主要由堆积作用形成,各种沟谷则是强烈侵蚀的结果。黄土区的侵蚀有古代和现代之分。现代侵蚀是指人类历史近代时期发生的地貌侵蚀过程,它和古代侵蚀的主要区别是有人为因素的参与,表现为侵蚀速度的加快。古代侵蚀纯为自然侵蚀,其速率通常是缓慢的。现代侵蚀和古代侵蚀在多数地区以大规模农耕兴起时期为界。现代侵蚀都以沟道流域为基本单元,沟道流域内,谷缘线以上的谷间地和以下的沟谷地侵蚀特点是不相同的。

　　1.谷间地侵蚀

　　以暴雨径流冲刷为主,基本上没有重力侵蚀,梁峁顶部风蚀较强,下部和塬边多发生切沟和潜蚀。谷间地水力侵蚀方式和强度受自然因子(降雨径流、地面物质组成、地貌形态和植被)和人为因子的综合影响。

　　①一般是降雨量和降雨强度越大,侵蚀越强。当降雨量和降雨强度达到一定值时,侵蚀强度一般是随坡长增加而增强,但在长度较大的坡地上,有强弱交替变化特点。

　　②坡度越大,坡面水流的动能越大,坡面物质的稳定性越差,侵蚀也越强。但是,坡地上径流冲刷强度与坡度大小的关系较为复杂。在黄土高原区,常出现坡度超过15°后侵蚀量剧增,超过25°~28°后侵蚀量又减少的现象。

　　③植被具有削弱降雨径流侵蚀力和提高地面抗蚀力的功能,黄土高原的自然植被遭受人为长期破坏,以致侵蚀程度愈演愈烈。

　　④黄土结构疏松、质地均匀、抗蚀力低,是造成黄土区强烈侵蚀的重要原因。黄土高原北部黄土含大于0.05毫米粒径的颗粒较多,其抗蚀力较低;中部黄土含0.005~0.05毫米颗粒较多,其抗蚀力比北部稍大;南部黄土含小于0.005毫米粒径的颗粒较多,抗蚀力相对

较强。因此黄土高原降雨量南部大于北部，而侵蚀强度南部反而小于北部。

⑤人为的因素，这种影响是多方面的。谷间地侵蚀的方式和强度，是由分水岭向下逐渐变化和加强的。梁峁顶部和斜坡上部以溅蚀、片蚀（包括风力吹蚀）和细沟侵蚀为主，侵蚀强度较小；斜坡中部发生浅沟和细沟侵蚀，强度比其上方坡面大 5~10 倍，斜坡下部发生切沟以后，侵蚀强度更大。

2. 沟谷地侵蚀

黄土沟谷的谷坡坡度多在35°以上，是水流由谷间地汇入沟床的通道，因而这里的水力侵蚀、重力侵蚀和潜蚀都很活跃，常产生泥流。沟谷地的侵蚀过程包括沟床下切、谷坡扩展和沟头前进。其中，沟床下切和侧蚀是导致谷坡扩展的重要原因。扩展方式，在谷缘陡崖处以块体运动和悬沟、切沟侵蚀为主；在谷坡中下部多数是水流冲刷、潜蚀和泻溜。黄土区沟头前进的方式以崩塌和滑塌为主，尤以小型滑塌众多。沟头上方坡面的汇水面积越大，坡度越大，沟头前进的速度越快。沟谷地是黄土沟道流域现代侵蚀最活跃的场所，其侵蚀强度在黄土丘陵区较谷间地大50%~70%，在黄土塬区则比谷间地大10~20倍。侵蚀方式和强度从分水岭至谷底的沿程变化，形成了沟道流域侵蚀作用的垂直分带特点。侵蚀作用垂直分带系统中各亚带占的空间大小和侵蚀强度，受降雨径流、原始地貌特征、岩性、植被及人类活动等多种因素综合影响，在各地变化较大，在同一沟道流域的上、中、下游也有差异。

四、景观赏析

中国典型的黄土地貌景观有以下特征：

①沟谷众多、地面破碎。中国黄土高原素有"千沟万壑"之称，多数地区的沟谷密度在3~5千米/平方千米以上，最大达 10 千米/平方千米，比中国其他山区和丘陵地区大 1~5倍；沟谷下切深度为50~100 米，将地面切割得支离破碎。地面坡度普遍很大，大于15°的面积占黄土分布面积的 60%~70%。

②侵蚀方式独特、过程迅速。黄土景观的侵蚀外营力有水力、风力、重力和人为作用。它们作用于黄土地面的方式有面状侵蚀、沟蚀、潜蚀（或称地下侵蚀）、块体运动和人为挖掘等。其中潜蚀作用造成的陷穴、盲沟、天然桥、土柱、碟形洼地等，称为"假喀斯特"。黄土的抗蚀力极低，所以黄土地貌的侵蚀过程十分迅速。黄土丘陵坡面的侵蚀速率为 1~5 厘米/年，高原区北部沟头前进速率一般为 1~5 米/年。黄河每年输送到下游的大量泥沙中，有90%以上来自黄土高原。

③沟道流域内有多级地形面。一般有三级：各流域的最高分水岭为第一级，为黄土的最高堆积面；降低 60~80 米为第二级；再降 40~60 米为第三级。此外，在较大的河沟沟谷内，还有两级发育不良道沟阶地，其中第二级阶地比较明显，第一级阶地仅见于局部地点。

黄土沟间地、黄土沟谷和黄土潜蚀地貌是黄土地区主要景观形态。

1. 黄土塬

如果沙尘覆盖之处是面积较大的平坦区域，则形成的黄土堆积也同样宽阔平坦，称为黄土塬，简称塬，是黄土高原谷间地地貌的一种类型，具体是指四周为沟谷蚕蚀的黄土高原（图12.2）。在中国西北，由于长期沟谷蚕蚀，目前面积大、形态完整的塬，在黄土高原已不多见，分布较多的是经破坏而残留的支离破碎的塬,称为破碎塬。破碎塬是由塬四周沟谷源侵蚀分割塬而形成的,它基本上保留了塬的主要特征:塬面平坦,塬边坡折明显。破碎塬面积明显比塬小。黄土高原上面积最大的塬名为董志塬,它长约80千米,宽5～18千米,面积约750平方千米。从空中俯瞰,如果不是四周深切的沟谷提醒,我们几乎会把它等同于一望无际的大平原。

图12.2　甘肃董志塬,号称天下黄土第一塬

2. 黄土梁

　　如果沙尘覆盖之处是波状起伏的丘陵,形成的黄土堆积会呈长条状,这种景观被称为梁,是长条形的黄土丘陵(图12.3)。黄土高原景观组合可分为两大类型:一类是高原沟壑区;一类是丘陵沟壑区。前者由黄土塬和沟谷组成,后者由梁、峁和沟谷组成。无论上述哪一个类型,梁是其中面积最大、分布最普遍的谷间地地貌。梁可分为三种:平顶梁、斜梁、起伏梁。分布在高原沟壑区的主要是平顶梁(简称平梁),分布在丘陵沟壑区的以斜梁和起伏梁为主。黄土谷间地地貌是由黄土堆积而形成的,它一方面受黄土堆积前古地貌形态的影响;另一方面,在黄土堆积后的沟谷发育过程中,也相继出现各种谷间地地貌。由于上述原因,谷间地地貌在地域分布上往往互相交错,在个体形态上也存在许多过渡形式,虽然各种形态的主要差别是客观存在的,但严格的界限目前还无法确定。

图12.3　黄土梁

3. 黄土峁

黄土峁简称峁，是椭圆形或圆形的黄土丘陵（图 12.4）。峁顶面积很小，呈明显的穹起，由中心向四周的斜度一般在 3°～10°。峁顶以下直到谷缘的峁坡，面积很大，坡度变化于 10°～35°，为凸形斜坡。峁的外形呈馒头状。两峁之间有地势明显凹下的窄深分水鞍部，当地群众称为"墕"。

黄土峁分布有的呈散列状，有的呈线状延伸，后者称连续峁，它往往是黄土梁被横向沟谷分割发育成的。

图 12.4 黄土峁

4. 黄土坪

分布在黄土高原河流两侧的平坦阶地面或平台，称为黄土坪，简称坪。有些黄土坪即是黄土梁峁区河流的阶地，沿谷坡层层分布；另一些是由于现代侵蚀沟的发展使黄土墹遭到切割而残留的局部条带状平坦地面。黄土地区的河流阶地，每一级平台的下方有明显的陡坡，平台面向河流轴部方向倾斜。它是黄土地区主要农耕地区之一。

5. 黄土沟谷

黄土沟谷按照发生的部位、发育阶段和形态特征，一般也有细沟、切沟、冲沟和坳沟等几种。黄土沟谷的发展过程，与一般正常流水沟谷发展相似。但由于黄土质地疏松，垂直节理发育，加上有湿陷性，常伴以重力、溶蚀作用，故黄土沟谷系统发展较快。

6. 滑坡

黄土谷坡物质在重力作用下的块体运动，是谷坡扩展的主要形式，其中，滑坡是常见的一种。黄土滑坡发生后，在谷坡上部遗留下圆弧形的黄土陡崖（滑坡壁）与坡脚的庞大滑坡体（图 12.5）。黄土高原沟壑区和丘陵沟壑区分布着许多微地貌，常见的有黄土墙、黄土柱、黄土桥等。

7. 黄土墹

黄土墹简称墹或墹地，它是黄土覆盖古河谷，形成宽浅长条状的谷底平地，又与两侧谷坡相连，组合成宽线的凹地，宽度一般数百米至几千米，长度可达几十千米。多出现在现代河流向源侵蚀尚未到达的河源区，平面图形常呈树枝状。

图 12.5　黄土滑坡

8. 黄土碟

黄土碟为湿陷性黄土区的碟形洼地。其形状为圆形或椭圆形,深 1 米至数米,直径 10～20 米,常形成在平缓的地面上。

9. 黄土陷穴

黄土陷穴是黄土区地表出露的一种圆形或椭圆形洼地,中国西北称为龙眼或灌眼,深度大的称为黄土井,分布很广。它是由地表水和地下水沿黄土垂直节理进行侵蚀,并把可溶性盐类带走,下部黄土层被水流蚀空,表层黄土发生坍陷和湿陷而形成的。黄土陷穴往往出现在水流容易汇集的谷间地边缘地带,谷坡坡折的上方和冲沟中跌水和沟头陡崖的上方,常呈串珠状分布(图 12.6)。

图 12.6　黄土陷穴

10. 黄土土林

黄土柱为黄土沟边的柱状残留土体,由流水不断地沿黄土垂直节理进行侵蚀和潜蚀以及黄土的崩塌作用形成,有圆柱状、尖塔形,高度一般为几米到十几米。黄土堆积物塑造的、成群的柱状地形景观,因远望如林而得名为黄土土林,是在干热气候和地面相对抬升的环境下,暴雨径流强烈侵蚀、切割地表深厚的黄土层所形成的分割破碎的地形。这类堆积物产状平缓,在地表流水的侵蚀下,被切割得千沟万壑。在某些层位中,由于铁质胶结物富集,风化后形成质地坚硬的铁帽,使其下部的黏土及砂砾层得到保护,雨水的淋蚀力减弱,从而形成如塔如柱的土林,犹如古城堡的遗迹,拟人拟物的形象千姿百态、栩栩如生(图12.7)。

图12.7　黄土土林

◎景点链接

★天下黄河第一湾——延川黄河蛇曲国家地质公园

陕西延川黄河蛇曲是发育在秦晋大峡谷中的大型深切嵌入式蛇曲群体,规模宏大,总面积170平方千米,主要地质遗迹面积56.2平方千米。公园以其气势恢宏的河曲曲流地貌景观为特色,以类型多样的河流地质作用遗迹为依托,是一个典型的专题地质公园模式。主要是黄河及其周边支流、面流、潜流等侵蚀形成的地质遗迹景观,以及重力、水力、风力等作用下形成的地质遗迹。公园自然景观特色鲜明,具有强烈的吸引力和震撼力,体现在气势恢宏的河流地貌景观、黄土地貌景观、植被景观上。黄河流经延川县境形成"S"形乾坤大转弯,古称河怀湾,其得名于天地日月、阴阳、刚柔、乾坤之象。黄河在这里陡然急转,形成了320°大转弯(图12.8)。

图12.8　延川黄河蛇曲国家地质公园

★洛川黄土国家地质公园

陕西洛川黄土国家地质公园(图12.9)位于陕西省延安市南部洛川县境内,总面积5.9平方千米。公园以黄土剖面和黄土地质地貌景观为特色,并保存有脊椎动物化石、极其特殊的典型黄土地质景观遗迹等,真实记录了第四纪以来古气候、古环境、古生物等重要地质事件和信息,是研究中国大陆乃至欧亚大陆第四纪地质事件的典型地质体,可作为一个标准黄土地层剖面与黄土高原上的黄土地层进行对比。

图 12.9 洛川黄土国家地质公园

地层剖面连续完整、清楚。洛川县为黄土塬区,地势北高南低。塬面开阔平坦,向东南缓倾。地质公园周边塬面最高海拔 1 136 米,是中国黄土塬区黄土景观发育典型地区。

沟谷深度在 80~140 米,谷坡较陡,坡度 30°~60°,受重力和地表水、地下水作用,沟谷内黄土滑坡、崩塌发育,沟头溯源侵蚀强烈。其中黑木沟谷坡较陡,为"V"形沟谷,两侧滑坡较多,坡面悬沟发育。黄土高原特有的地质景观,完整地记录了 250 万~260 万年以来古气候、古环境的发展变化历史,是世界上独一无二的黄土地质公园,对科学研究具有重大意义。

★陕北窑洞

窑洞,是中国北方黄土高原上特有的民居形式,它是黄土高原的产物,陕北农民的象征(图 12.10)。人们利用黄土的特性,挖洞造室修成的窑洞叫土窑洞。一般深 7~8 米,高 3 米多,宽 3 米左右,最深的可达 20 米。窗户有两种,一种是 1 平方米左右的小方窗,另一种是 3~4 平方米的圆窗,其特点是冬暖夏凉。用石头为建筑材料,深 7~9 米,宽、高皆为 3 米左右的石拱洞,叫石窑洞。砖窑的式样、建筑方法和石窑洞一样,外表美观。一院窑洞一般修 3 孔或 5 孔,中窑为正窑,有的分前后窑,有的一进三开。窑洞一般修在山腰或山脚下的向阳之处,上面栽了很多树木和花草。窑洞防火、防噪声,冬暖夏凉,既节省土地,又经济省工。

图 12.10 陕北窑洞

第十三章　沧海桑田，鲸波万里——海洋景观地理

一、景观概述

海洋是地球上最广阔的水体的总称。地球表面积5.1亿平方千米，其中海洋面积3.61亿平方千米，占地球表面积的70.8%。人们通常用浩瀚无边来形容一望无际的大海，虽然"海""洋"并举，但海与洋之间的差别还是非常大的。地球表面广阔连续的水面被称为大洋，而各大洋的边缘部分接近或伸入陆地，并或多或少地与大洋主体有所隔离的水域则称为海。所以，海只是大洋很小的一部分。

洋是海洋的中心部分，是海洋的主体。世界大洋的总面积约占海洋面积的89%。大洋的水深，一般在3 000米以上，最深处可达1万多米。大洋离陆地遥远，不受陆地的影响，它的水温和盐度的变化不大。每个大洋都有自己独特的洋流和潮汐系统。大洋的水色蔚蓝，透明度很大，水中的杂质很少。世界上共有5个大洋，即太平洋、大西洋、印度洋、北冰洋、南冰洋。

海在洋的边缘，是大洋的附属部分。世界主要的大海接近50个。太平洋最多，大西洋次之，印度洋和北冰洋差不多，南冰洋最少。海的面积约占海洋的11%，海的水深比较浅，平均深度从几米到2~3千米。海临近大陆，没有自己独立的潮汐与海流，但与人类的关系比洋更加密切。海的种类也有很多，按照所处的不同位置可分为内陆海、陆缘海、陆间海、闭海、残海等。边缘海既是海洋的边缘，又是临近大陆的前沿，如中国的黄海、东海和南海都是边缘海，这类海与大洋联系广泛，一般由一群海岛把它与大洋分开。内陆海，即位于大陆内部的海，如欧洲的波罗的海。陆间海是几个大陆之间的海，水深一般比内陆海深些，最著名的莫过于被欧洲和非洲包围的地中海。边缘海外海，如阿拉伯海。岛间海，如爪哇海。

去海边游过泳的人恐怕都喝过海水，那苦涩的滋味一定让你终生难忘。海水中含有大量的盐，最普通的就是氯化钠，另外还有一种镁盐，它们是造成海水又咸又苦的主要原因。除了这两种盐外，海水还有钾、碘、溴等几十种稀有元素，它们一般在陆地上比较少，而且分布较分散，但又极具价值，对人类用处很大。海水里有丰富的元素宝藏，在地球上已发现的百余种元素中有80余种在海洋中存在，其中可提取的有60余种。据估计，海水中含有的黄金可达550万吨，银5 500万吨，钡27亿吨，铀40亿吨，锌70亿吨，钼137亿吨，锂2 470亿吨，钙560万亿吨，镁1 767万亿吨等。这些大都是国防工农业生产及生活的必需品，如镁是

制造飞机快艇的材料,又可以做火箭的燃料及照明弹等,是金属中的"后起之秀",而世界上目前有一半以上的镁来自海水。这些清澈透明、普普通通的海水是地球上名副其实的聚宝盆。

海洋景观是与海洋(含海岛、海岸)有关的具有旅游价值的景观。从海岸到大洋依次出现海滩(潮间带)、大陆架、大陆坡、大陆隆、海沟、深海盆地及洋中脊等海洋地貌单元。海洋在不同的海洋物理化学条件与生物条件、气候条件下,形成了类型不同、功能各异、景色多变的海洋景观。因此,海洋除了为人类活动提供可直接利用的生物、矿产、海洋水体以及一定的海洋空间外,也是开展旅游活动理想的自然地理区域之一。

二、地理分布

中国是一个海洋大国,海洋资源丰富,海域辽阔。海域自北向南为内陆海渤海和边缘海黄海、东海、南海,共四大海区,此外,台湾岛东部濒临的太平洋也有一部分属于中国的领海。

中国是世界上海岸线最长的国家之一,位列全球第4。世界海岸线长约44万千米,中国的海岸线就超过1.8万千米,分布在亚洲大陆东南部,濒临西北太平洋。大陆海岸线从北到南,蜿蜒漫长,北起鸭绿江口,与朝鲜相邻,南到北仑河口,与越南相连,大致呈弧状轮廓,途经辽宁、河北、天津、山东、江苏、上海、浙江、福建、广东、广西等7省2直辖市1自治区,如果再加上6500多座大小岛屿的海岸线,中国的海岸线总长超过3.2万千米。

在中国辽阔的海域中,星罗棋布地排列着6500多个大小岛屿,总面积80000多平方千米。6500多个岛屿中,60%集中在东海,30%在南海,其余的10%散落在渤海和黄海。在众多岛屿中,面积最大的是台湾岛,最大的群岛为舟山群岛,最大的冲积岛是位于长江入海口处的崇明岛。

海洋资源集中的地方,往往形成重要的旅游景观,包括海中各具特色的海岛景观、陆海相连处的海岸景观、珊瑚礁等海底景观、人类海洋活动形成的海洋历史景观等。中国的海岛景观丰富,对游客具有很大的吸引力。像四季常青的海南岛、山川秀丽的大陆岛、风光旖旎的珊瑚岛、险峻奇特的蛇岛、幻景迭出的庙岛群岛、峰峦叠错的万山群岛、千姿百态的火山岛等,都是大自然赋予人类的宝贵财富。海岸景观是海洋旅游中最基本也是最有魅力的景观,海岸带的山地、岩石往往被海水侵蚀成各种奇特造型,有较高的观赏价值,如大连金石滩是一种海上喀斯特景观,千姿百态的礁石被誉为"海上石林""神力雕塑公园";海滨山岳景观,像青岛的崂山就有"泰山虽云高,不如东海崂"的美称;海滨生态景观,包括红树林、湿地等,都是一幅幅美不胜收的自然图画。近年来随着人们潜海技术能力的增强,海底景观鉴赏也越来越成为人们海洋旅游的一大热门。

◎资料链接

中国四大海域

★黄海

出了渤海海峡,海面骤然开阔,深度逐渐加大,这就是黄海。黄海是中国华北的海防前哨,也是华北一带的海路要道。黄海西临山东半岛和苏北平原,东边是朝鲜半岛,北端是辽东半岛。黄海面积约为40万平方千米,最深处在黄海东南部,约为140米。

黄海寒暖流交汇,水产丰富,特别是渤海和黄海沿岸地势平坦,面积宽广,适宜晒盐。例如,著名的长芦盐区、烟台以西的山东盐区以及辽东湾一带都是中国重要的盐产地。长江口北岸的启东角与韩国济州岛西南角的连线是黄海与东海的分界线。

★东海

东海北连黄海,东到琉球群岛,西接中国大陆,南临南海。东海南北长约1 300千米,东西宽约740千米。东海海域面积70多万平方千米,平均水深350米,最大水深2 719米。东海海水透明度较大,能见到水下二三十米。东海海域比较开阔,大陆海岸线曲折,港湾众多,岛屿星罗棋布,中国一半以上的岛屿分布在这里。

大陆流入东海的江河长度超过百千米的有40多条,其中长江、钱塘江、瓯江、闽江四大水系是注入东海的主要江河。东海属于亚热带和温带气候,利于浮游生物的繁殖和生长,是各种鱼虾繁殖和栖息的良好场所,也是中国海洋生产力最高的海域。东海有中国著名的舟山渔场,盛产大、小黄鱼,墨鱼和带鱼。东海的优良港湾很多,如上海港位于长江下游黄浦江口,这里航道深阔,水量充沛,江内风平浪静,宜于巨轮停泊。

★渤海

渤海是中国的内海,三面环陆,在辽宁、河北、山东、天津三省一市之间。辽东半岛南端老铁三角与山东半岛北岸蓬莱遥相对峙,像一双巨臂把渤海环抱起来,岸线所围的形态好似一个葫芦。渤海通过渤海海峡与黄海相通。渤海古称沧海,又因地处北方,也有北海之称。渤海水温变化受北方大陆性气候影响,2月在0 ℃左右,8月达21 ℃。严冬来临,除秦皇岛和葫芦岛外,沿岸大都冰冻,3月初融冰时还常有大量流冰发生。

渤海沿岸有辽东湾、渤海湾、莱州湾。辽河、海河、黄河等河流从陆上带来大量有机物质,使这里成为盛产对虾、蟹和黄花鱼的天然渔场。

★南海

南海是中国最深、最大的海,也是仅次于珊瑚海和阿拉伯海的世界第三大陆缘海。

南海位于中国大陆的南方。南海北边是中国广东、广西、福建和台湾四省,东南边至菲律宾群岛,西南边至越南和马来半岛,最南边的曾母暗沙靠近加里曼丹岛。浩瀚的南海通过巴士海峡、苏禄海和马六甲海峡等与太平洋和印度洋相连。它的面积最广,约有356万平方千米,相当于16个广东省那么大。中国最南边的曾母暗沙距大陆达2 000千米以上,这比广州到北京的路程还远。南海也是邻接中国最深的海区,平均水深约1 212米,中部深海平原中最深处达5 567米,比大陆上西藏高原的高度还要大。

南海四周大部分是半岛和岛屿,陆地面积与海洋相比显得很小。注入南海的河流主要分布于北部,有珠江、红河、湄公河、湄南河等。由于这些河的含沙量很小,因此海阔水深的南海总是呈现碧绿色或深蓝色。南海地处低纬度地域,是中国海区中气候最暖和的热带深海。南海海水表层水温高(25~28 ℃),年温差小(3~4 ℃),终年高温高湿,长夏无冬。南海盐度最大(35%),潮差2米。

南海的自然地理位置适于珊瑚繁殖,在海底高台上形成很多风光绮丽的珊瑚岛,如东沙群岛、西沙群岛、中沙群岛和南沙群岛。南海诸岛很早就为中国劳动人民发现与开发,是中国领土不可分割的一部分。南海水产丰富,盛产海龟、海参、牡蛎、马蹄螺、金枪鱼、红鱼、鲨鱼、大龙虾、梭子鱼、墨鱼、鱿鱼等热带名贵水产。

三、地学成因

(一)海洋的诞生

大约在50亿年前,太阳发生了一次大"爆炸",从太阳星云中分离出了一些大大小小的星云团块,它们互相碰撞,又彼此结合,慢慢由小变大,形成了最原始的地球。在星云团块的不断碰撞、结合过程中,由于力度强大,碰撞、结合的物质不断受力增温,在温度足够高时,开始熔解。受重力作用,重的下沉并趋向地心集中,形成地核;轻者上浮,形成地壳和地幔。在高温下,最轻的水分汽化与气体一起飞升入空中,但是由于地心的引力作用,它们不会跑掉,只在地球周围,成为一个"大气"圈层。而位于地表的一层地壳,在冷却凝结过程中,不断受到地球内部剧烈运动的冲击和挤压,形成地震与火山爆发,喷出岩浆与热气。开始,这种情况发生频繁,后来渐渐变少,慢慢趋于稳定。这个过程,大概是在45亿年前完成的。受地球内部冲击和挤压的作用,地壳经过冷却定形之后,地球表面皱纹密布,凹凸不平,高山、平原、河床、海盆,各种地形也就一应俱全了。而天空中的"大气",在一个很长时期内呈现为浓云密布,天昏地暗。随着地壳逐渐冷却,"大气"的温度也慢慢降低,水汽凝结变成水滴。水滴越积越多,由于冷却不均,空气对流剧烈,形成雷电狂风,暴雨如注,一直下了很久。这些雨水慢慢汇集成滔滔的洪水,通过千川万壑,最终汇集成巨大的水体,这就是原始的海洋。

原始的海洋,海水不是咸的,里面也不含有氧。原始海洋中的水分不断蒸发,反复地成云致雨,重新又落回地面,不断冲刷,把陆地和海底岩石中的盐分不断溶解,慢慢汇集于原始海洋中。经过亿万年的积累、溶解、融合,才变成了大体均匀的咸水。同时,由于大气中当时没有氧气,也没有臭氧层,紫外线可以直达地面,生物是无法在陆地存活的。依靠海水的保护,生物首先在海洋里慢慢诞生。

大约在38亿年前,海洋里产生了有机物,先有低等的单细胞生物。大约在6亿年前,生物中逐渐演化出了海藻类,它们在阳光下进行光合作用,产生了氧气。氧气又经过一系列复杂的变化,形成了臭氧,它们慢慢积聚,形成了臭氧层。此时,生物才开始登上陆地。随着水量和盐分的逐渐增加,以及地质历史上的沧桑巨变,原始海洋逐渐演变成为今天的海洋。

(二)海洋地貌景观的形成

地球表面70%以上的部分被海水覆盖,海水下面的海底是什么样子呢? 是不是和陆地一样,有山脉、平原、盆地等不同的地形呢? 答案是肯定的。海底有高耸的海山、起伏的海丘、绵长的海岭、深邃的海沟,也有坦荡的海底平原。

海底地貌景观是海水覆盖下的固体地球表面形态的总称。海底地貌与陆地地貌一样,是内营力和外营力作用的结果。海底大地形通常是内营力作用的直接产物,与海底扩张、板块构造活动息息相关。大洋中脊轴部是海底扩张中心(图13.1和图13.2)。深洋底缺乏陆上挤压性的褶皱山系,海岭与海山的形成多与火山、断块作用有关。外营力在塑造海底地貌中也起一定作用。较强盛的沉积作用可改造原先崎岖的火山、构造地形,形成深海平原。海底峡谷则是浊流侵蚀作用最壮观的表现,但除大陆边缘地区外,在塑造洋底地形过程中,侵蚀作用远不如陆上重要。波浪、潮汐和海流对海岸和浅海区地形有深刻的影响。纵贯大洋中部的大洋中脊,绵延 8 万千米,宽数百至数千千米,总面积堪与全球陆地相比。大洋最深点 11 034 米,位于太平洋马里亚纳海沟,超过陆上最高峰珠穆朗玛峰的海拔高度。深海平原坡度小于千分之一,其平坦程度超过大陆平原。整个海底可分为大陆边缘、大洋盆地和大洋中脊三大基本地貌单元,以及若干次一级的海底地貌单元。

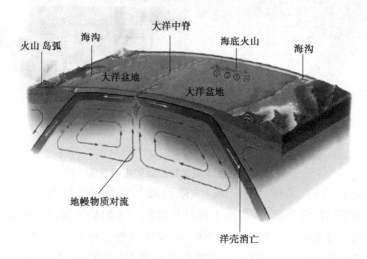

图 13.1 海底扩张与海底地形示意图

图 13.2 海底地形示意图

1. 大陆边缘

大陆边缘为大陆与洋底两大台阶面之间的过渡地带,约占海洋总面积的 22%。大陆边缘通常分为大西洋型大陆边缘(又称被动大陆边缘,如图 13.3 所示)和太平洋型大陆边缘(又称活动大陆边缘)。前者由大陆架、大陆坡、大陆隆等三个单元构成,地形宽缓,见于大西洋、印度洋、北冰洋和南冰洋周缘地带;后者大陆架狭窄,大陆坡陡峭,大陆隆不发育,被海沟取代,可分为两类:海沟—岛弧—边缘盆地系列和海沟直逼陆缘的安第斯型大陆边缘,主要分布于太平洋周缘地带,也见于印度洋东北缘等地。

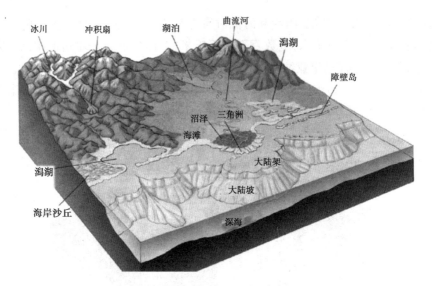

图 13.3 大西洋型大陆边缘景观示意图

①大陆架(图 13.3)。又叫"陆棚"或"大陆浅滩",它是指环绕大陆的浅海地带。在地理学意义上,大陆架指从海岸起,在海水下向外延伸的一个地势平缓的海底地区的海床及底土,在大陆架范围内海水深度一般不超出 200 米;海床的坡度很小。大陆架是大陆向海洋的自然延伸,通常被认为是陆地的一部分。《联合国海洋法公约》给大陆架的定义是:大陆架是指邻接一国海岸但在领海以外的一定区域的海床和底土。沿岸国有权为勘探和开发自然资源的目的对其大陆架行使主权权利。大陆架有丰富的矿藏和海洋资源,目前已发现的有石油、煤、天然气、铜、铁等 20 多种矿产,其中已探明的石油储量占整个地球石油储量的三分之一。大陆架的浅海区是海洋植物和海洋动物生长发育的良好场所,全世界的海洋渔场大部分分布在大陆架海区。还有海底森林和多种藻类植物,它们可以用来加工食品、制药和作为工业原料,这些资源的所有权属于沿海国家。

②大陆坡。大陆坡是指向海一侧,从大陆架外缘较陡地下降到深海底的斜坡。它广泛展布于所有大陆架周缘,为全球性地形单元。大陆坡可以分为上下两界,上界水深多在 100 ~ 200 米;下界往往是渐变的,在 1 500 ~ 3 500 米水深处,也有的下延到更深处。大陆坡宽度为 20 ~ 100 千米以上,世界上的大陆坡总面积约 2 870 万平方千米,占全球面积的 5.6%。由于河流径流和海洋作用,大陆坡沉积物中可含有丰富的有机质,沉积层深厚的地方具有良好的油气远景。锰结核、磷灰石、海绿石等矿产也分布在大陆坡上。此外,世界上一些重要的渔场,也往往形成在大陆坡海域。

③大陆隆。也叫大陆裙,是位于大陆坡与深海平原之间的巨大海洋地质沉积体。大陆隆靠近大陆坡的地方较陡,接近深海平原的部分较缓,平均坡度为 0.5° ~ 1°,水深在 1 500 ~ 5 000 米。大陆隆主要分布在大西洋、印度洋、北冰洋边缘和南极洲周围。在太平洋西部边缘海的向陆一侧也有大陆隆,但在太平洋周围的海沟附近缺失大陆隆。大陆隆的沉积物主要来自大陆的黏土及砂砾,厚度约在 2 千米以上。

2. 大洋盆地

四周较浅而中部较深、面积较大的大洋底称为大洋盆地,简称"洋盆",是大洋的主体,占海洋总面积的45%。大洋盆地一般位于大洋中脊与大陆边缘之间，它的一侧与大洋中脊平缓的坡麓相接，另一侧与大陆隆或海沟相邻。

大洋盆地被海岭等正向地形分割，构成若干外形略呈等轴状，水深在4 000～5 000米的海底洼地，称海盆。海盆底部发育深海平原、深海丘陵等地形。长条状的海底高地称海岭或海脊，宽缓的海底高地称海隆，顶面平坦、四周边坡较陡的海底高地称海台。

海沟是位于海洋中两壁较陡、狭长、水深大于5 000米的沟槽，是大洋海底一些最深的地方，最大水深达到10 000多米。海沟多分布在大洋边缘，而且与大陆边缘相对平行。地球上主要的海沟都分布在太平洋周围地区。世界大洋约有30条海沟，其中主要的有17条，属于太平洋的就有14条。环太平洋的地震带也都位于海沟附近。地球上最深也最知名的海沟是马里亚纳海沟，位于西太平洋马里亚纳群岛东南侧，深度大约11 034米。小于海沟，宽度较大、两坡或其中一坡较缓的长条状海底洼地，叫作海槽。

3. 大洋中脊

大洋中脊又名中洋脊，是隆起于大洋底的中部，并贯穿整个世界大洋，为地球上最长、最宽的环球性洋中山系，占海洋总面积的33%。在太平洋的部分，其位置偏东，称东太平洋海隆；在大西洋的中脊则呈"S"形，与两岸近于平行，向北延伸至北冰洋；在印度洋的中脊分3支，呈"人"字形。三大洋的中脊在南半球相互连接，总长达8万千米，面积约1.2亿千米，占世界海洋总面积的1/3。大洋中脊的少数山峰出露于海面形成岛屿，如冰岛、亚速尔群岛等。

大洋中脊是现代地壳最活跃的地带，经常发生火山活动、岩浆上升和海中地震，水平断裂广布。根据海底扩张和板块构造学说，大洋中脊是洋底扩张的中心和新地壳产生的地带。熔融岩浆沿脊轴不断上升，凝固成新洋壳，并不断向两侧扩张推移。扩张的速度为每年向两边各扩张1～5厘米。

大洋中脊分脊顶区和脊翼区。脊顶区由多列近于平行的岭脊和谷地相间组成。脊顶为新生洋壳，上覆沉积物极薄或缺失，地形十分崎岖。脊翼区随洋壳年龄增大和沉积层加厚，岭脊和谷地间的高差逐渐减小，有的谷地可被沉积物充填成台阶状，远离脊顶的翼部可出现较平滑的地形。

四、景观赏析

据统计，目前全世界已有上千个海上娱乐中心和旅游中心，其中有200多个海洋公园。世界第一大洋——太平洋，海岸线总长约为1.8万千米，蕴藏着极其丰富多彩的旅游资源，所以沿海地区的海洋景观旅游业方兴未艾，占有越来越重要的地位。海洋景观包括以下几种类型。

（一）海水景观

海水以其广阔博大、蓝色透明令游人倾倒。颜色是海水吸引人的主要因素，海水景观主要体现在颜色、透明度、盐度、温度以及广阔度和深度等方面。受大陆、河流、气候和季节的影响，海水的温度、盐度、颜色和透明度都有明显变化。夏季，海水变暖，冬季水温降低。有的海域，海水还要结冰。在大河入海的地方，或多雨的季节，海水会变淡。海水深度、泥沙含量、藻类及杂质含量等都能引起海水颜色的变化。尤其是靠近大陆的海，由于经常受到大陆上的河流以及生活在浅海处生物的影响,颜色并不一定呈现出蓝色。河流夹带着泥沙入海,近岸海水混浊不清,海水的透明度差。

"海水是蓝的"是大多数人的常识。世界著名的海洋游览区,都有迷人的海水景色。人们常用蔚蓝来形容海洋的颜色。的确,站在海边,极目远望,大海是蓝色的。然而,当你舀起一盆海水观察,你会发现海水是无色透明的。大海的蓝色是从何而来的呢? 海水的颜色主要是由海水的光学性质,即海水对太阳光线的吸收、反射和散射造成的。我们知道:太阳光是由红、橙、黄、绿、青、蓝、紫七色光复合而成的,七色光的波长长短不一,从红光到紫光,波长由长渐短,其中波长最长的红光、橙光、黄光穿透能力强,最易被水分子所吸收。波长较短的蓝光、紫光穿透能力弱,遇到纯净海水时,最易被散射和反射。又由于人的眼睛对紫光很不敏感,往往视而不见,而对蓝光比较敏感,于是,我们所见到的海洋就呈现出一片蔚蓝色或深蓝色了。其实海水看上去也不全是蓝色的,而是有红、黄、白、黑等五彩缤纷的颜色。因为海水颜色会受到海水中的悬浮物质、海水深度、云层等其他因素的影响,所以在不同情况下,会看到不同颜色的海。世界上有很多海的名字更是以其水体所呈现出来的颜色而命名的,如中国的黄海、阿拉伯地区的红海等。

◎拓展资料

五颜六色的海水

★黄海:"海水是黄的"

黄海以其水色发黄、透明度较差而得名。究其原因,无非是泥沙含量高,水中悬浮物质多。在几百万年前,黄海就是中国承受泥沙最多的边海。在第四纪时,中国最大的河流长江每年携带着47亿吨以上的泥沙长年不停地向江苏外海堆积。更新世之后,含沙量更高的黄河又加入了苏北沉积造陆的队伍。它以每年平均12亿吨的输沙速度向黄海填积,于是又在长江三角洲平原的北部堆出了一个古黄河三角洲。后来黄河又夺占了淮河的入海河道,从苏北注入黄海。于是,在古黄河三角洲上又形成了一个现代的新黄河三角洲。目前,这个水下三角洲的泥沙受到潮流的作用,形成了游移不定的暗沙流。1855年,黄河虽然再次迁流渤海,但在废黄河口附近每年仍有几千万立方米泥沙流供给苏北外海。同时这里还继续接纳着长江水流扩散北移的沿岸泥沙流。以上两股泥沙流分别冲刷着淤积海底的泥沙,使黄海相当大的面积呈现一片黄色的水团。

★红海:"海水是红的"

红海位于亚非大陆之间的裂缝地带,它的面积为45万平方千米,东西长2 000多千米,而宽只有200~300千米,是一条狭长的海。

红海的名称由来已久。古时腓尼基人航行至这里时,看到海水朦胧地泛红,一旦暴风雨来临,沙漠上尘土飞扬,海面显得更红,所以人称其为红海。

其实,红海的红也只是人们近距离视觉中的红,当人们远距离鸟瞰红海的时候,整个海面大部分也是蓝色,只有个别海域略显红色。那么,这种红色又是从哪里来的呢?

位于非洲东北部和阿拉伯半岛之间的红海,处于世界性的沙漠地带,气候酷旱,没有一条河流注入该海,只有从曼德海峡倒流来的印度洋海水作为补充。所以,红海是世界上最成、最热的海，夏季表层水温超过 30 ℃。红海温度高，适宜海藻生物的繁衍，所以表层海水中大量繁殖着一种红色海藻，大批死亡后呈红褐色，映衬出海水的红色来。而且藻类死亡之后，便漂浮在水面上，使红海直接呈现出红色，红海由此而得名。所以说，红海的水并非红的，其红色是反衬出来的。

★黑海："海水是黑的"

黑海是欧洲东南部和亚洲小亚细亚半岛之间的内海，是世界上最大的内陆海。黑海的水是否真的是黑色的呢？

古时候，黑海两岸的希腊人、波斯人和土耳其人，以不同的颜色来代表东、西、南、北 4 个方向。他们以黑色代表北方，于是就称北方那个海为黑海。后来，人们却逐渐地对黑海海水的颜色也产生了兴趣。在平常情况下，黑海也呈现出蓝色。但在阴天的时候，海水变暗。所以有人认为黑海只是一种视觉上的黑。黑海的海水有个特点，就是上下层海水不能对流。海水不能对流使含氧丰富的深层海水不能通过，海底有机质缺氧便淤积成黑泥。遇上风暴天气，乌云翻滚，海上大风把海底淤泥翻卷上来，搅浑海水，海水便显得更暗更黑。

另外，出于地质史上的原因和现实的原因，黑海已基本断绝了咸度来源，只能不断地接收淡水，逐渐变成了一个内陆淡水湖。海水除了自然蒸发外，别无其他流通办法，只能听天由命，黑海底部的堆积腐烂物越来越多，呈现出黑泥状。

由此不难看出，黑海的水其实并不黑，它的黑色只是海底淤泥衬托的结果。在正常天气里，黑海是色黑而水清。

★白海："海水是白的"

在欧洲北部，北冰洋深入俄罗斯北部的一片海域叫白海。为什么叫白海？那里的海水真是白色的吗？

说来也真挺有趣，白海看上去果真是一片洁白。然而，它的海水却与其他海水没什么两样，也是无色透明，并不是白色的。

原来，白海实际上是巴伦支海的一个大海湾。那里属于北太平洋的一个边缘海，气候异常寒冷，一年中有 200 天以上覆盖着冰层，很少见到海面上常见的那种汹涌澎湃的波涛。举目望去，只见海面上白雪覆盖，无边无际，光耀夺目。一年之中，白海解冻的时间不到 1/3，大半的时间里，它都是一片银装素裹的白色世界。

（二）波浪景观

波浪景观是海洋景观中最富有活力的景观。波浪的成因比较多，因此类型也就比较多，有毛细波、重力波、惯性波和行星波 4 种基本类型。毛细波顾名思义是比较细小的波，它的波不会很高，但其频率最高，一个波浪完成的时间周期很短，不到 1 秒钟，因为它的恢复力为海水中的表面张力。随着频率的减小，重力逐渐成为主要的恢复力，这时的波浪称为重力波。重力波是由于海水本身具有的重力而引起的波浪，它具有很宽的频率范围。频率较高的，也是最常见的重力波是风浪和涌浪，周期通常为 1 ~ 10 秒。

风力是波浪的主要成因，由风力直接作用产生的波浪称为风浪，风浪离开风区向远处传播便形成涌浪。风浪到浅水区，受海水深度变化的影响比较大，出现折射，波面不再是完整的，而是出现破碎和卷倒，此时称为近岸波，习惯上把风浪和涌浪以及近岸波合称为海浪。

除了风力以外,地震也能引起地震波,这种波传到岸时,波高迅速增大,会形成灾害性的海啸,这种海浪呼啸而来,给沿海地区带来可怕的灾难。其实潮波也是一种长周期的重力波,不过它是在引潮力作用下引起的一种波。另外海洋中还有惯性波,是由地转偏向力作为恢复力而引起的波。还有一种周期更长的波是由于地转偏向力随纬度的变化作用力引起的行星波。由此可见,在海洋里,引起波浪的原因多种多样,而风不过是众多原因中的一种。所以,即使是"风平",海洋里也不会"浪静"。

海水在风的作用下形成的激浪、拍岸浪值得一观。波浪在形成地貌景观的同时,也是重要的造景因素(图13.4)。波浪中蕴涵着巨大的能量,海浪拍打岩石,引起岩石的碎裂,加速岩石的风化,其对海岸附近景观的雕塑起着重要作用。海岸边的侵蚀景观,大都是波浪和潮汐作用的产物。同时,海浪带动海岸附近泥沙不断地堆积与重新分布,形成一系列的堆积景观,如滩脊、海岸沙坝、潟湖、海岸沙丘等。科学研究表明,海岬部位积聚波的能量,所以侵蚀加剧,往往形成陡峭的海岸景观;而海湾内波的能量相对扩散,所以往往发生泥沙堆积。

图13.4　一脚踏两海,两耳听双涛——长岛"黄渤海天然分界线"

(三)潮汐与潮流景观

潮汐与潮流景观是因引潮力作用于海水而形成的周期性海水涨落动态景观,白天涨水为潮,晚上涨水为汐。潮汐在很早以前就被人们认识和利用,如利用潮汐的涨落进行海上航行,利用涨潮时海洋生物到近海活动的机会进行捕捞,落潮时到滩涂捡拾各种螺、蛤、贝等小海产。其中,海滨观潮是一项重要的旅游胜景。

潮汐主要是由月球和太阳的引潮力决定的。月球对地球的引力以距月球最近的面向月球的一面为大,以离月球最远的背向月球的一面为小。同时地球在地—月系统中围绕地球内部的地—月公共质心旋转,旋转离心力以地—月系统之间距公共质心较近的地球表面为小,以月—地连线延伸方向距公共质心较远的地球表面为大。地球表面上述两种力的合力称为引潮力。由于月球和太阳引潮力引起的周期性海水水平流动称潮流。在近海和大洋,潮流受地转偏向力的作用形成旋转流,在北半球按顺时针方向旋转,南半球按逆时针方向旋转。在河口、海峡等狭窄水道,因受地形影响无法旋转而变为一来一往的往复流。潮流能沿着入海河流的河道潮流向上而构成景观。如在中国长江,海潮可以上溯到江阴一带,影响着河水的水位和流速。

地球上面对月球的一面,月球引力大于围绕公共质心旋转的离心力,所以引潮力大而指向月球;背向月球的一面,所处离心力大于月球引力,所以引潮力指向背于月球的方向;地球表面其他地方,月球引力与所述的离心力均有一个夹角,在与地—月连线相垂直的上方与下方地球表面,上述两种力的合力均指向地球内部。最终,由引潮力导致地球上的大洋水面,甚至固体地球的表面,在地—月系统相对的一面与相背的一面均发生鼓起,而且由于地球自转而使该鼓起在地球表面的反向递进。对地球表面的一个定点来说就会出现海洋水面的定时升落,也就是潮涨潮落——潮汐(图 13.5)。很早以前,人们就注意到海水的潮来潮往很有规律性:初一、十五涨大潮。通常,地球上绝大部分地方的海水每天出现两次高潮和两次低潮,这种潮汐称为"半日潮";有些地方,两次高潮与两次低潮的潮差很大,涨落时间不等,称为"混合潮";有的地方一天只有一次高潮和一次低潮,高潮和低潮之间大约相隔 12 小时 25 分,称为"全日潮"。掌握了潮汐的规律,对海边人们的生活有很大帮助。为何潮会有大小之别呢?因为除了月球引潮力以外,太阳对地球也有引潮力。虽然较前者小得多,但其力学过程都是一样的。因为天体运动都有周期性和规律性,所以在月球和太阳的共同作用下,海洋潮汐就很有规律性。每逢农历初一、十五,太阳、月球和地球三个天体差不多在同一条直线上,月球与太阳的引潮力几乎作用于同一个方向,两者的合力最大,此时海水受到的引潮力最大,因此这会使海水涨得最高,落得最低,即大潮。到了初八(上弦)、二十三(下弦),太阳、月球、地球三者位置形成直角,此时太阳引潮力和月球引潮力两者合力最小,这时潮涨得不高,落得也不低,出现两次最低的高潮和最高的低潮。海水涨落的高低,各地差异很大。在中国台湾基隆,涨潮时和落潮时的海面只差 0.5 米,而杭州湾的潮差竟达8.93米。

图 13.5 潮汐景观

在河流入海的一些喇叭形河口地区,还会出现涌潮的现象。涌潮是指当潮水来临时,海水从广阔的海域涌进河口,潮水愈前进河口愈窄,致使潮端陡立如壁,来势凶猛,犹如一道直立的水墙高速推过来一样,推进时轰鸣作响,势如千军万马奔腾而来,异常壮观。中国历史上,最著名的涌潮有三处:山东青州涌潮、江苏广陵涛和浙江钱塘潮。

中外闻名的钱塘江大潮,发生在口大肚小呈喇叭形的杭州湾。喇叭口外宽内窄,外深内浅,一方面,当由外海来的大量潮水涌进狭窄的河道时,湾内水面就会迅速地隆高,同时钱塘江流出的河水受到阻挡,难于外泄,反过来又促进水位增高;另一方面,当潮水进入钱塘江时,横亘在江口的一条沙坎,使潮水前进的速度突然减慢,后面的潮水又迅速涌上来,形成后浪推前浪,潮头也就越来越高。另外,浙江沿海一带,夏秋之间常刮东南风,风向与潮水涌进的方向大体上一致,也助长了它的声势。涌潮起处,水位暴涨,流速湍急,潮头高达2~3米,水速达每秒7米,潮差最高时达9米,为世界闻名的涌潮。涌潮的产生还与河流里水流的速度跟潮波的速度比值有关,如果两者的速度相同或相近,势均力敌,就有利于涌潮的产生,在潮汐学上,这种现象被称为"暴涨潮气"。如果两者的速度相差很远,虽有喇叭形河口,也不能形成涌潮。钱塘江海宁盐官一带流水和潮波速度趋于相等,于是两种反向水流迎面相逢,猛烈搏斗,潮头抖竖,高逾10米,遂形成壁立江面的一道水岭,有"海宁宝塔一线潮"之称。不过这段潮景也有区别,如盐官镇东8千米处的八堡,江潮南岸进速快,北岸进速慢。南岸潮头荡回与北岸潮头相撞,形成满江汹涌、声如山崩地裂的佳景。盐官镇西12千米的老盐仓处,因海潮西进,撞上伸入江心的丁字坝,形成怒涛惊竖、碎如泼天骤雨的返头潮佳景。

◎资料链接

钱塘潮观潮指南

交叉潮:距杭州湾55千米有一个叫大缺口的地方,是观看十字交叉潮的绝佳地点。由于长期的泥沙淤积,在江中形成一沙洲,把从杭州湾传来的潮波分成两股,即东潮和南潮。两股潮头在绕过沙洲后,就像两兄弟一样交叉相抱,形成变化多端、壮观异常的交叉潮,呈现出"海面雷霆聚,江心瀑布横"的壮观景象。两股潮在相碰的瞬间,激起一股水柱,高达数丈,浪花飞溅,惊心动魄。待到水柱落回江面,两股潮头已经呈十字形展现在江面上,并迅速向西奔驰。同时交叉点像雪崩似的迅速朝北转移,撞在顺直的海塘上,激起一团巨大的水花,跌落在塘顶上,吓得观潮人纷纷尖叫着避开。

一线潮:看过大缺口的交叉潮之后,建议您赶快驱车到盐官,等待观看一线潮。未见潮影,先闻潮声。耳边传来轰隆隆的巨响,江面仍是风平浪静。响声越来越大,犹如擂起万面战鼓,震耳欲聋。远处,雾蒙蒙的江面出现一条白线,迅速西移,犹如"素练横江,漫漫平沙起白虹"。再近,白线变成了一堵水墙,逐渐升高,"欲识潮头高几许,越山浑在浪花中"。随着一堵白墙的迅速向前推移,涌潮来到眼前,有万马奔腾之势,雷霆万钧之力,锐不可当。一线潮并非只有盐官才有。凡江道顺直,没有沙洲的地方,潮头均呈一线,但都不如盐官处好看。原因是盐官位于河槽宽度向上游急剧收缩之后的不远处,东、南两股潮交汇后刚好成一直线,潮能集中,潮头特别高,通常为1~2米,有时可达3米以上,气势磅礴,潮景壮观。

回头潮:从盐官逆流而上的潮水,将到达下一个观潮景点——老盐仓。老盐仓的地理环境不同于盐官,盐官河道顺直,涌潮毫无阻挡地向西挺进。而老盐仓的河道上,出于围垦和保护海塘的需要,建有一条长达660米的拦河丁坝,咆哮而来的潮水遇到障碍后将被反射折回,在那里它猛烈撞击对面的堤坝,然后以泰山压顶之势翻卷回头,落到西进的急流上,形成一排"雪山",风驰电掣地向东回奔,声如狮吼,惊天动地,这就是回头潮。

(四)海岸景观

海岸,邻接海洋边缘的陆地,它是海洋和陆地相互接触和相互作用的地带。广义的海岸包括遭受波浪为主的海水动力作用的广阔范围,即从波浪所能作用到的深度(波浪基面),向陆延至暴风浪所能达到的地带。它的宽度可从几十米到几十千米,一般可分为上部地带、中部地带(潮间带)和下部地带3个部分。

在海岸发育过程中,除波浪作用外,其他如潮汐、海流、海水面的变动、地壳运动、地质构造、岩石性质、原始地形、入海河流以及生物等因素都具有一定的影响。因此,海岸景观是海岸在构造运动、海水动力、生物作用和气候因素等共同作用下所形成的各种地貌的总称。第四纪时期冰期和间冰期的更迭,引起海平面大幅度的升降和海进、海退,导致海岸处于不断的变化之中。距今6 000~7 000年前,海平面上升到相当于现代海平面的高度,构成现代海岸的基本轮廓,形成了各种海岸景观。在海岸景观的塑造过程中,构造运动奠定了基础,而波浪作用是塑造海岸景观最活跃的动力因素。近岸波浪具有巨大的能量,据理论计算,1米波高、8秒周期的波浪,每秒传递在绵延1千米海岸上的能量为8×10^6焦耳。海岸在海浪作用下不断地被侵蚀,发育着各种海蚀景观。被海浪侵蚀的碎屑物质由沿岸流携带,输入波能较弱的地段堆积,塑造出多种堆积景观。潮流是泥沙运移的主要营力。当潮流的实际含沙量低于其挟沙能力时,可对海底继续侵蚀;当实际含沙量超过挟沙能力时,部分泥沙便发生堆积。在热带和亚热带海域,可有珊瑚礁海岸;在盐沼植物广布的海湾和潮滩上,可形成红树林海岸。生物的繁殖和新陈代谢,对海岸岩石有一定的分解和破坏作用。在不同的气候带,温度、降水、蒸发、风速不同,海岸风化作用的形式和强度各异,使海岸景观具有一定的地带性。

海岸类型是十分错综复杂的,根据海岸地貌的基本特征,可分为海岸侵蚀景观和海岸堆积景观两大类。海岸侵蚀景观是岩石海岸在波浪、潮流等不断侵蚀下所形成的各种地貌,主要有海蚀洞、海蚀崖、海蚀平台、海蚀柱等。这类景观又因海岸物质的组成不同,被侵蚀的速度及景观发育的程度也有差异。海岸堆积景观是近岸物质在波浪、潮流和风的搬运下,沉积形成的各种地貌。按海岸的物质组成及其形态,可分为沙砾质海岸、淤泥质海岸、三角洲海岸、生物海岸等。到目前为止,还没有一个统一的公认的海岸类型划分系统,不少分类常是依据个别因素来进行的。以成因为主,中国的海岸景观可概括为:侵蚀为主的基岩海岸景观、堆积为主的海岸景观、生物海岸景观和断层海岸景观四大类型。

1.侵蚀为主的基岩海岸景观

基岩海岸比由其他物质(如沙、淤泥、珊瑚礁等)组成的海岸坚硬、高大、岸线变化复杂,岸外水深浪急,海蚀塑造的岩石海岸景观造型多样,因此比其他类型的海岸更雄伟壮丽。组成中国基岩海岸的岩石类型多样,大多是花岗岩,雄伟壮观。如青岛崂山、浙江普陀山、海南岛天涯海角;也有变质岩海岸、火山岩海岸和沉积岩海岸。

这种海岸主要由地质构造活动及波浪侵蚀作用所形成,又称海蚀地貌景观。其特征为地势陡峭,岸线曲折,水深流急。它是海岸景观的一大类别。塑造海岸侵蚀景观的主要动力因素是波浪和潮流,但高纬度地带的海岸还受到冰冻的侵蚀,热带和亚热带的海岸则受到丰富的海蚀地貌地表水和强烈的化学风化作用的侵蚀。海岸侵蚀景观的发育过程,除与沿岸海水动力的强弱和海岸的纬度地带性有关以外，还受组成海岸的岩性的抗蚀能力所制约。结构致密、坚硬岩石海岸，抗蚀能力较强，但因裂隙和节理发育，多海蚀洞、海蚀拱、海蚀柱、海蚀崖(图13.6)。松软岩石海岸，抗蚀能力较差，海蚀崖后退较快，易形成海蚀平台。石灰岩海岸，在海水溶蚀下具有独特的蜂窝状海蚀景观形态。海蚀景观通常被作为判别地区构造运动和海平面变化的标志之一。同时，海浪塑造的海蚀景观壮丽多姿，不仅有嵯峨巨石，还有曲径幽洞、嶙峋怪石，常被辟为旅游胜地。

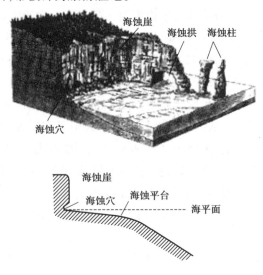

图13.6　基岩海岸侵蚀景观形态示意图

中国这种海岸主要分布于辽东半岛南端、山海关至葫芦岛一带、山东半岛、浙江和福建一带。这些海岸在形态上多属山地丘陵；在物质组成上，多以基岩为主；在外力作用上明显反映出以海浪侵蚀作用为主的特征。

海蚀崖是指海岸受海浪侵蚀、崩坍而成的悬崖陡壁。海蚀洞不断地扩大，使顶部悬突的岩体在重力作用下发生崩坠，在崩坠的部位经常形成陡峭的岩壁。坠落的岩块、岩屑，一部分被沿岸流搬移；一部分被海浪卷带，重新作用于岩壁，在岩壁上可继续发育洞穴。海蚀崖主要分布在基岩海岸，尤其是花岗岩和玄武岩的垂直柱状节理发育处。

海蚀洞是指海岸受波浪及其挟带岩屑的冲击、淘蚀所形成的洞穴。波浪对海岸的侵蚀，主要集中在海平面附近。水位的升降，岩壁的干湿变化加剧了岩石的风化作用，有助于海浪的淘蚀，形成刻槽或海蚀龛。随着淘蚀的发展，海蚀龛向岩体纵深扩展，形成海蚀洞(图13.7)。海蚀洞多沿海岸断续分布，洞顶有悬突的岩体，一般为海浪作用的上界。由于海岸带的构造活动等，海蚀洞有时出现在海平面以上的不同高度。海蚀洞在松软岩石构成的海岸发育不明显；在较硬岩石海岸发育较好，沿岩石的节理、层理等抗蚀力薄弱部位特别发育。海浪继续作用，使岬角两侧的海蚀洞蚀穿贯通，形成顶板呈拱桥状的海蚀拱。海蚀拱又称海穹、海拱石，常见于岬角海岸。海蚀拱进一步受到侵蚀，顶板的岩体坍陷，残留的岩体与岸分隔开来后峭然挺拔于岩滩上，称为海蚀柱(图13.8)。

图 13.7 涠洲岛海蚀洞　　　　　　　　　图 13.8 海蚀柱

辽东半岛南端,岬湾曲折,港阔水深,海蚀地形极为雄伟。旅顺口外的峭壁、老虎滩岸的结晶岩断崖、黑石礁上的岩柱,构成了奇特的石芽海滩;小平岛一带的沉溺陆地,成为点缀于海面上的小岛与岩礁;沿岸硅质灰岩岩壁中的海蚀洞穴遍布,有些洞顶穿通像天窗一样,成为浪花飞溅的通道,而这里的堆积地形规模不大,只有一些狭窄的沙砾海滩、小型的砾石沙嘴和连岛沙坝。

山海关东西两侧也分布有一些小型的侵蚀海岸,但由于长期接受附近入海河流泥沙的补给,渐渐使海湾淤浅而成为平原。巨大的沙坝不仅围封了海湾,并且越过了岬角,使岬角海蚀崖与海水隔开,因受不到海浪作用而成为崖坡缓倾、崖面长草的死海蚀崖。这里的港湾侵蚀地形,已发展为填平的砂质海岸。

山东半岛跟辽东半岛稍有不同,因附近有一些多沙性的中小型河流入海,花岗岩与火山岩的丘陵地区风化壳也较厚,所以这里虽然发育有较典型的以侵蚀为主的海蚀岬角,如险峻的成山头、黑岩峥嵘的马山崖、南岸的峡谷状海湾、崂山头的峭壁悬崖和雄伟奇特的青岛石老人海滩等,但也有一定规模的沙嘴、沙坝和陆连岛等堆积地形存在。

浙江、福建海岸的特点是大小港湾相连,岛屿星罗棋布,岸线极为曲折。全国 5 000 多个岛屿中有 9/10 集中于浙、闽、粤三省;浙江沿岸岛屿为全国之冠,有 1 800 多个,几乎占全国岛屿总数的 2/5。浙、闽两省还有一些大型而狭长的海湾,它们深入陆地,没有河流淡水注入或河流很小,与纳潮量相比,下泄淡水量显得微不足道,湾内主要是潮流。这种以潮流活动为主的港湾海岸也称潮汐汉道,是海浪潮流长期侵蚀作用的产物,浙江的乐清湾、福建的湄州湾、平海湾以及广东的汕头湾等都属于这一类海湾。以侵蚀为主的海岸湾多水深,具有较多的优良港口,大连港、秦皇岛港、青岛港等都是利用天然港湾建立起来的良港。

2. 堆积为主的海岸景观

进入海岸带的松散物质,在波浪推动下移动,由于地形气候等影响而使波浪力量减弱,海滨沉积物就堆积下来形成各种海积地貌景观(图 13.9)。其类型有海滩、沙嘴、海岸潟湖、离岸沙坝等。这种海岸在中国长 2 000 多千米,主要分布于渤海西岸、江苏沿海以及一些大河三角洲。这类海岸由于是由细粒泥沙组成,坡度极小,海岸的冲淤较易变化。其特点是海岸线比较平直,缺乏良港和岛屿,沿海海水较浅,有很多沙滩,不利于海上交通。

堆积海岸的巨量泥沙主要是河流供给的,当海岸带有大量泥沙供给时,海岸线就迅速淤长;而河流泥沙供给中断时,因海岸质地软的淤泥粉沙受海水浸泡后极易破坏,又使海岸崩塌后退,所以岸线很不稳定。中国著名的多沙河流——黄河流经黄土高原,冲刷、搬运了大

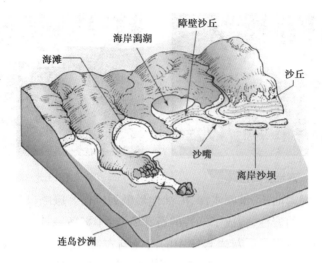

图 13.9　堆积海岸景观示意图

量黄土物质,在下游堆积形成了辽阔的华北平原,同时,每年有十几亿吨的黄土物质输入渤海。渤海西岸有了如此丰富的泥沙补给,使淤泥浅滩不停地淤高增宽。加之黄河曾多次改道,数次夺淮河河道注入黄海,所以,江苏沿海也堆积了很宽的淤泥浅滩。但自 1855 年黄河北归又注入渤海以后,苏北北部海岸泥沙供给减少,海岸开始受到冲刷,岸线不断后退。

中国的大河多是自西向东流入大海的,在入海处泥沙堆积成三角洲平原。河口三角洲也是一种堆积海岸,它是河流的沉积作用和海水动力的破坏作用相互斗争最激烈的地段。在流域供沙丰富的条件下,海水的作用只能把部分泥沙搬运出三角洲海滨的范围之外,大部分物质由于在淡、盐水交界带特别容易产生絮凝作用,因此在三角洲前缘沉积,从而形成岸线向海凸出的三角洲,例如黄河、滦河等三角洲就是这类三角洲的代表。

堆积为主的海岸主要分为以下类型:

①沙(砾)质海岸。海湾较多,岸线优美曲折。它主要发育在山地和丘陵地区,主要塑造营力是波浪和潮汐作用。外海波浪传入近岸浅水区,向岸前进时流速大,携带沙砾上岸;离岸后退时受到海底的摩擦作用,流速相比较小,沙砾的大部分残留在滨岸线上。由于激岸浪及其冲流和回流的反复作用,使海滩沙成为分选最佳的沉积物。

五彩卵石海滩砾石的成分与岩石类型关系十分密切,尤其是岩石的色彩、矿物成分多变时,岩石中坚硬的石英、燧石等在海浪的冲蚀之下,得以磨圆、沉积在海滩上,形成五彩卵石海滩。广州三门岛海岸蜿蜒,有多处大小彩石滩。五彩卵石海滩不如沙滩那样分布广泛,海滩的颗粒粗、坡度陡。三门岛是 1.4 亿年前火山喷发形成的火山岛,岛上的彩石滩多由色彩斑斓的火山岩组成。

沙质海岸在风的作用下,沙粒被吹扬形成沙丘,形成机制同风蚀景观相似。河北滦河三角洲北侧、山东半岛、福建、广东沿岸和海南岛东海岸也都有沙丘海岸分布。沙质海岸还可以见到沙嘴景观,它一端与大陆相连,另一端伸向大海,由泥沙堆积而成。泥沙充足会继续加大,反之泥沙减少或者断绝,沙嘴就会被侵蚀破坏、慢慢消失。

②淤泥质海岸。从陆到海由三部分组成:沿岸冲积平原或海积平原;平原外围是潮间带浅滩,又称潮滩;潮滩以外为广阔平缓的水下岸坡。潮滩上会出现树枝状的潮沟,是潮水后

退时冲刷形成的。如果泥沙物质较充足则潮滩不断向海伸展，可达数千米宽。在被冲刷的地段会有贝壳堆积，冲刷浅滩的波浪把残存在泥沙中的贝壳淘洗出来，激浪把它们送到岸上堆积起来。冲刷严重的地方贝壳堆积成滩，冲刷缓慢的地方贝壳堆积稳定加高成堤。如中国渤海湾西岸就有分布。

③沙堤。沙堤是指在高潮线附近，由波浪引起的泥沙横向移动形成的大致平行海岸的堤状地形，通常由粗大的碎屑物、海生贝壳碎片等组成。

④海滩。海滩是指平行于海岸线延展的平缓堆积地形，微微倾向大海，可分为砾质海滩、沙质海滩、淤泥质海滩。海滨浴场要求滩缓、沙细、潮平、浪小、阳光和煦，因此柔沙彩石的沙（砾）质海滩可以成为理想的海滨浴场。中国的沙（砾）质海滩景区很多，如著名的北海银滩、海南三亚、北戴河昌黎海滩、广州三门岛、湛江东海岛、大连老虎滩、青岛海滨和浙江普陀千步沙等。昌黎海滩长达30千米，是中国最长的海滩。

⑤沙坎。沙坎是指离岸有一定距离，平行海岸，由砂质沉积物组成的垄岗地形，是波浪与底流相遇而形成的。根据其顶部是否露出海面分别叫作离岸沙坝和水下沙堤（图13.10）。

⑥沙嘴。沙嘴是指在海湾处由泥沙堆积形成，一端与陆地相连，尾部伸入海中的垄岗地形（图13.11）。

图13.10 沙坎

图13.11 沙嘴

⑦海积阶地。海积阶地是指由海水的堆积作用和海岸的上升而形成的海边平坦宽阔台阶状堆积地形。

⑧潟湖。潟湖是指在海的边缘地区，被沙坎、沙嘴、沙坝或珊瑚分割而与外海相分离的局部海水水域（图13.12）。海水受不完全隔绝或周期性隔绝，从而引起水介质的咸化或淡化，即可形成不同水体性质的潟湖。潟湖的最大特点是盐度不正常，在潮湿地区因河水大量注入而发生淡化，在干旱半干旱地区因强烈蒸发而发生咸化；尤其在小潮差条件下，这种盐度变化相当大。因此，潟湖可分为淡化潟湖和咸化潟湖两个类型。当盐度 > 3.5% 时为咸化潟湖，< 3.5% 时为淡化潟湖，它们在沉积物成分、生物特征等方面均有显著的不同。

3. 生物海岸景观

生物海岸分为珊瑚礁海岸和红树林海岸两类。许多死亡的造礁珊瑚骨骼与一些贝壳和石灰质藻类胶结在一起，形成大块具有孔隙的钙质岩体，像礁石一样坚硬，因而被称为珊瑚

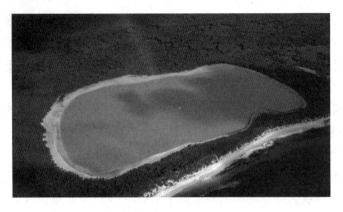

图 13.12　潟湖

礁。在浅水形成的近岸珊瑚礁,构成了风光绚丽的珊瑚礁海岸。红树林海岸则是由耐盐的红树科植物与淤泥质海滩组合而成的海岸。由于红树林植物的葱郁树冠、特殊的根系,以及林间的枯枝落叶,既抑制了风暴潮对海岸侵蚀,又阻滞涨落潮水流,促使泥沙堆积,岸滩淤涨。

在热带和亚热带的沿海,生物作用有时对海岸起着重要的影响,特别是珊瑚礁海岸,在珊瑚生长的速度超过波浪破坏作用的地方,生物作用成为海岸轮廓线变化的主要因素。根据礁体与岸线的关系,可将珊瑚礁海岸划分为岸礁、堡礁和环礁 3 种类型。

①岸礁。又称裙礁,形成于海岸外侧的边缘和岛屿的四周,它的分布宽度从十米到百米,分布范围与形态,与沿岸水下地形特征和水深情况密切相关。岸礁石珊瑚生长发展的初期,一般规模较小,但它分布的范围较广。中国海南岛四周就有零星的珊瑚岸礁分布。

②堡礁。又称离岸礁,一般分布在海面下,退潮时露出海面,或成片分布,或沿海岸线轮廓分布,如同护卫海岸的堡垒,故名。堡礁与陆地之间隔着一个宽度几千米至数十千米的水域,这个水域基本上被珊瑚礁围着,所以称它为潟湖(潟湖原指水较浅的海湾,被泥沙淤积口门,封闭成湖泊,但涨潮时能与海洋相通)。潟湖的水深一般为几十米,最大可达上百米,堡礁自身的宽度从几百米到数千米不等,但是不完全连续,有的地方有缺口,使潟湖与外海相通。潟湖里面有时会有暗礁,航行于潟湖里的船只,要特别小心,否则会触礁沉没。世界上最大的堡礁是澳大利亚东海岸外的大堡礁,它从澳大利亚东北海岸一直向南延伸,断断续续长达 2 010 千米,离澳大利亚大陆的距离为 16 ~ 240 千米。大堡礁水下景色非常美丽,被国际组织评为世界水域七大奇观之一。澳大利亚已把它列为国家海洋公园和海上自然保护区, 每年吸引了世界许多游客去观光。

③环礁。环礁为环状或马蹄状的珊瑚礁,珊瑚包围岛屿生长,后因岛屿缓慢下沉,而珊瑚继续生长,并有波浪的冲刷堆积作用,使其露出海面。被包围的海水则形成潟湖,有水道和外海相通,为良好的避风港口。发育完整的环礁,包括四周的礁环、中间的潜水潟湖和潟湖里的几个珊瑚岛。像环形那样分布的礁群,周边的直径从几千米到几十千米不等。如果从高空的飞机上向下看去,环礁就像那抛向碧海上的一束花环,又像撒向海面上的一串白玉珍珠项链,绚丽多彩。涨潮时礁石淹没在水下,透过清澈的海水,人们能见到隐伏在水下的珊瑚礁轮廓。由于礁石生长处水浅,海浪到达这里会产生破碎的浪花。从高空看去,海浪形

成银白色的圆环,十分美丽(图 13.13)。

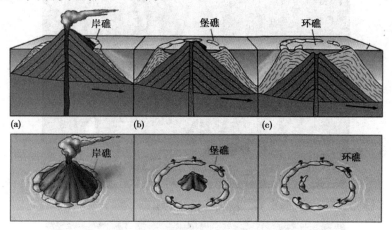

图 13.13　珊瑚礁海岸类型示意图

中国珊瑚礁基本上在北回归线以南,分布在南海诸岛、海南岛沿海、雷州半岛南部沿海、澎湖列岛和台湾南部及其邻近岛屿。作为中国珊瑚礁北界的澎湖列岛的 64 个岛屿,差不多每个岛屿都有岸礁或堡礁发育。偶然侵袭的冷空气使气温降低到 16°C 以下,会使珊瑚受到强烈的摧残。这里的珊瑚礁平台一般狭窄,但也有宽到 1 千米以上的。南海诸岛由东沙、中沙、西沙和南沙群岛组成,这些岛屿大多为环礁类型。海南岛和雷州半岛沿海的珊瑚礁为岸礁,礁平台宽度从几百米至两千米不等,平台表面有许多浪蚀沟槽和蜂窝状孔穴,大多为侵蚀型珊瑚礁。澎湖列岛是中国珊瑚礁的北界,在该群岛的每座岛屿周围几乎都发育有岸礁和堡礁。此外,台湾南部沿海及其附近的绿岛、兰屿等地也有岸礁发育。

红树林是热带、亚热带特有的盐生木本植物群丛,生长在潮间带的泥滩上,高潮时树冠漂荡在水面上,翁郁浓绿、葱茏宜人。

中国红树林海岸主要分布在广东、广西、海南沿海,福建和台湾南部沿海也有分布,生长的北界可达北纬 27°20′左右的沙埕港。中国红树林大多生长在海湾和潟湖中,因受热量和雨量的影响,组成树种自南往北渐趋单纯,植株高度减低,从乔木逐渐变为灌木群丛。中国的红树林比赤道附近的红树林简单得多。如马来西亚有 43 种,而海南岛东海岸文昌一带红树植物仅有 18 种,树高可达 12~13 米。台湾和福建就只有 6 种,在泉州湾,最高的只有 2.2 米。红树植物种属中,只有秋茄可分布到北纬 27°20′左右的沙埕港。

红树以淤泥滩发育最好,在海南岛和雷州半岛,有些接受冲刷而来的玄武岩风化壳细物质的海湾和潟湖,是红树林最繁茂的场所。这是由于淤泥物质具有丰富的有机物,有利于种子的萌发,而海湾条件没有强浪的侵袭,有利于红树植物生长的缘故(图 13.14)。

4. 断层海岸景观

断层海岸基本上受地质构造控制,是一种坚硬岩石构成的海岸带,是地壳构造运动使海岸带的地表岩层发生巨大断裂时形成的(图 13.15)。沿大断裂面上升的地块,常常表现为悬崖峭壁,而滑落下去的地块,成为深渊峡谷。

图 13.14　红树林

图 13.15　断层海岸

中国的断层海岸,最为典型的是台湾地区东部的海岸。在那里,沿着台湾山脉的东部发生巨大的断裂,悬崖高耸入云,崖壁陡峭光滑,极难攀登,崖下是一条狭窄的白色沙滩,紧临着陡深的太平洋底。由于断层紧逼海岸,海浪侵蚀剧烈,因此形成一条峻峭如墙的海崖。沿着悬崖有一些河流直接倾泻入海,形成海岸瀑布。海崖从东南岸开始一直向北伸延,在花莲溪入海口以北到苏澳南边的一段,著名的苏澳—花莲公路在崖上盘旋而过,太平洋的浪涛日夜不息地在岸下冲击,形势极为险峻。有的地方高达 1 800 米,水下岸坡陡峻,离岸 30 千米,便是深达 4 500 米的深海,十分壮观。苏澳北边是宜兰浊水溪的三角洲,它是台湾东部仅有的一片肥沃平原和谷仓。南端的鹅銮鼻岬隔巴士海峡和菲律宾的吕宋岛相望,岬上设有远东著名的灯塔,照耀数十里,是太平洋上夜航的重要指标。

(五)海岛景观

岛屿或岛是指四周被水面所包围的面积小于澳大利亚大陆的陆地。严格来说面积较大的为岛,面积较小的为屿,在狭小的地域集中两个以上的岛屿,即成"岛屿群",大规模的岛屿群称作"群岛"或"诸岛",链状弧线排列的叫岛弧,列状排列的群岛即为"列岛"。而如果一个国家的整个国土都坐落在一个或数个岛之上,则此国家可以称为岛屿国家。岛屿按其地学成因可分为以下几类：

①冲积岛景观。冲积岛是指由河流湖泊中的泥沙堆积形成的岛屿，一般分布在离海岸不远的入海口附近，如位于长江入海口的上海崇明岛、渤海中的曹妃甸等。

②大陆岛景观。大陆岛是指因为地壳运动陆地下沉或者海平面上升，大陆地块经受海水冲蚀作用和海侵作用，一部分陆地与大陆分离形成四面环水的岛，如中国的长山群岛、庙岛列岛、舟山群岛、海坛岛、湄洲岛、台湾岛、海南岛及厦门鼓浪屿等。台湾岛是中国的第一大岛，海南岛是第二大岛。

③大洋岛景观。大洋岛是指从海岸底部上升露出的岛，分布在广阔的大洋之中，是由构造隆起、火山喷发或生物作用等所形成的，又可分为火山岛和珊瑚岛两种。火山岛是海底火山喷发、熔岩等堆积形成的岛屿，多分布在活动断层和构造活动带，如夏威夷岛、中国澎湖列岛、兰屿、涠洲岛。珊瑚礁岛屿因其造型多样，水质良好，更是得到世人的青睐。由于珊瑚只能在水暖、高盐、水质良好的热带海洋生长，因此中国的珊瑚礁海岸以台湾北部、澎湖列岛、南澳岛一线为界，如中国南海的西沙群岛、南沙群岛等均是珊瑚礁岛。

④陆连岛景观。陆连岛是指由连岛沙坝或沙嘴与陆地连在一起的岛屿，如辽宁葫芦岛市的笔架山、山东烟台的芝罘岛、广东汕头的达濠岛等。尤其是辽宁笔架山，退潮时与陆地相连，涨潮时与陆地分隔为岛，构成海陆奇观的旅游胜地。

⑤特殊观赏价值的岛屿景观。如大西洋的酒岛、爱琴海上的肥皂岛、印度尼西亚爪哇的盾岛、加拿大东岸的死神岛和活动岛、辽宁的蛇岛、黄海北部的虾岛，更有神秘莫测的复活节岛等。不同类型的岛或以山水取胜，或以沙、水为景，或由火山喷发成景，或由珊瑚礁造型，给游人提供了丰富多彩的观览胜地和疗养沐浴佳地。

（六）海底风光

海水中蕴藏了极为丰富的海洋生物，这些资源对人类具有很强的观赏价值和科考价值。随着现代科学技术的发展，海底观光探秘和建造"人工海底乐园"已成为海洋旅游活动的一个重要组成部分。游客在潜水员的指引下，潜到水下去观赏鱼类（与鱼共舞）、珊瑚等海生动物（图13.16）；游览和考察海底地貌（海岭、海沟、陡坡、洞穴等）；探寻水下的古迹沉船；体验水下狩猎、摄影和打捞活动。据统计，世界上已有30多个国家建立了海洋旅游中心，每年吸引着众多的游客前往观光游览，如美国、澳大利亚、新加坡、泰国、印度尼西亚和中国的海南岛都是潜水旅游者最向往的地方。中国的主要潜水基地有湛江和海南岛，它们属热带地区，具备海底公园开发的天然条件。目前在湛江硇洲岛、海南三亚湾等地已分别建立了10多处潜水旅游点。

（七）海滨风光

蓝天、白云、碧海、细浪、沙滩、椰林构成了迷人的海滨风光，也成为传统"3S"旅游的主要内容。海滨为人们提供了一个广阔的娱乐天地，在那里易于开展海浴、驾船、潜水等多种体育运动。辽阔的海面，水天一色，浩瀚无际，使人心胸开阔。海面时而狂涛滚滚、巨浪如山；时而风平浪静、微波荡漾。海面的这种变化，使人感受到自然界的无穷力量和魅力。海滨地带始终是观光旅游的胜地，良好的气候和海水条件，还使海滨成为疗养度假的好去处。气候适宜、阳光充足的地中海沿岸、夏威夷、加勒比海、东南亚、中国的海南等地区，都成为世界著

图 13.16   海底风光

名的避暑、疗养、度假和水上活动胜地。目前盛行的海洋休疗法是利用海水、海藻、海泥来治病健身,可以洗海水浴,用海沙按摩,身裹海藻晒太阳,以此达到治疗健身的目的。在海面上也可以开展各种参与性活动,如海钓、游泳、驶帆、摩托艇、冲浪、滑水、热气球、划船和水上飞机等。另外,海市蜃楼奇景及沿海的人文景观、海底风光公园、博物馆、海洋生物馆等,可形成海滨旅游风光带。

第十四章 大河向东，奔流不息——河流景观地理

一、景观概述

河流是指陆地表面上经常或间歇有水流动的线形天然水道，是地球上水文循环的重要路径，也是泥沙、盐类和化学元素等进入湖泊、海洋的通道。河流是地球的血脉，是重要的水源，也是交通大动脉，人类文明的发展多与江河有关。黄河、尼罗河、幼发拉底河、恒河等河流的流域都是古代文明的发源地。

河流在中国的称谓很多，较大的称江、河、川、水，较小的称溪、涧、沟、曲等。藏语称藏布，蒙古语称郭勒。每条河流都有河源和河口。河源是指河流的发源地，有的是泉水，有的是湖泊、沼泽或是冰川，各河河源情况不尽相同。河口是河流的终点，即河流流入海洋、河流（如支流流入干流）、湖泊或沼泽的地方，在干旱的沙漠区，有些河流河水沿途消耗于渗漏和蒸发，最后消失在沙漠中，这种河流称为瞎尾河。

除河源和河口外，每一条河流根据水文和河谷地形特征分上、中、下游三段：上游比降大，流速大，冲刷占优势，河槽多为基岩或砾石；中游比降和流速减小，流量加大，冲刷、淤积都不严重，但河流侧蚀有所发展，河槽多为粗砂；下游比降平缓，流速较小，但流量大，淤积占优势，多浅滩或沙洲，河槽多细砂或淤泥。通常大江大河在入海处都会分多条入海，形成河口三角洲。流入海洋的河流称为外流河，补给外流河的流域范围则称为外流流域。流入内陆湖泊或消失于沙漠之中的这类瞎尾河称为内流河，补给内流河的流域范围称为内流流域。为沟通不同河流、水系与海洋，发展水上交通运输而开挖的人工河道称为运河，也称渠。为分泄河流洪水，人工开挖的河道称为减河。

河流景观是水圈中重要的旅游资源，它不仅孕育了古代文明，而且通过流水的作用，使陆地表面千沟万壑，集秀美、险峻、曲折、险要、幽深于一身，在流经不同地理环境及地貌部位时，会形成形态各异的景观而具有不同的吸引力，构成一条条景象万千、风光明媚的旅游黄金线（带）。顺河沿江可观赏沿岸大峡谷的壮丽风光、小桥流水的水乡风光，进行漂流探险等，中国长江的大小三峡、桂林的漓江山水、黄河风景区等，都是以其形、声、色、质以及河岸景色，成为重要的旅游资源，吸引着众多的旅游者前去游览参观。

二、地理分布

中国是多河流国家,流域面积超过 1 000 平方千米的河流有 1 500 多条,大小河流总长度在 42 万千米以上,全国径流总量达 27 000 多亿立方米,相当于全球径流总量的 5.8%。

中国河流可分为内陆水系和外流水系两类。以秦岭—淮河为界,南、北水文状况有明显区别。北方河流流量较小,流量年变化大,含泥沙多,冬季结冰;南方河流则相反,流量大且稳定,含沙量小,冬季一般不结冰。中国的河流以外流河为主,主要分布在东部季风区,向东流入太平洋,而雅鲁藏布江、澜沧江、怒江等河流向南流出国境,最终流入印度洋。只有新疆北部阿尔泰地区的额尔齐斯河,向北流出国境,最终汇入北冰洋,这是中国唯一一条向北流入北冰洋的河流。而经隋、元两朝大规模修建的京杭大运河,则由北向南贯通了海河、黄河、淮河、长江、钱塘江五大水系。

中国长度在 1 000 千米以上的河流有 20 条,包括长江及其四条大的支流,黄河,黑龙江及其三条大的支流,珠江及其支流,雅鲁藏布江,澜沧江,怒江,辽河,海河,淮河,额尔齐斯河,塔里木河。长江、黄河、珠江、黑龙江为中国四大河流,它们分布在不同的纬度地带,均自西向东注入太平洋。

中国自然景观与人文景观都丰富的风景河流主要分布在长江以南地区和东北地区,以长江、黄河、珠江为主,这和中国的地形和大气降水的多少有着很大的关系。浙闽山区、珠江流域山区、长江中游山区(包括湘、鄂、渝、黔、赣等省)、西南山区(包括藏南、川西、滇南)、东北山区、海南岛、台湾地区等都有著名的风景河流。

中国开展漂流的河段主要是南方山区,如湘西的猛峒河,黔东的马岭河、杉木河,渝东的大宁河,广西资江,浙东天目溪等。漂流河段要求滩多水急,但有一定闪避空间且船只容易驾驭,对水深、水温也有一定要求。西北地区的甘肃、宁夏、内蒙古黄河河段也开展了羊皮筏子漂流的旅游项目,只不过是在黄河比较平稳的河段,这点和南方山区开展的漂流有所不同。

◎拓展资料

世界河流之最

★流经国家最多的河流——多瑙河

多瑙河发源于德国西南部黑林山东麓海拔 679 米的地方,自西向东流经奥地利、斯洛伐克、匈牙利、克罗地亚、塞尔维亚、保加利亚、罗马尼亚、摩尔多瓦、乌克兰等 9 个国家后,流入黑海。多瑙河全长 2 860 千米,是欧洲第二大河。多瑙河像一条蓝色的飘带,蜿蜒在欧洲的大地上。

★世界最长的河——尼罗河

尼罗河纵贯非洲大陆东北部,流经布隆迪、卢旺达、坦桑尼亚、乌干达、埃塞俄比亚、苏丹、埃及等国,跨越世界上面积最大的撒哈拉沙漠,最后注入地中海。流域面积约 335 万平方千米,占非洲大陆面积的九分之一,全长 6 670 千米,年平均流量每秒 3 100 立方米,为世界最长的河流。

★含沙量最大的河——黄河

黄河发源于青藏高原巴颜喀拉山北麓的约古宗列盆地,曲折穿行于黄土高原、华北平原,最后在山东垦利区注入渤海。黄河全长5 464千米,有34条重要支流,流域面积约75万平方千米,是中国第二大河。黄河以泥沙含量高而闻名于世,其含沙量居世界各大河之冠。据计算,黄河从中游带下的泥沙每年约有16亿吨之多,如果把这些泥沙堆成1米高、1米宽的土墙,可以绕地球赤道27圈。

★流域面积最大的河流——亚马孙河

亚马孙河是世界上流量最大、流域面积最广的河流,其长度仅次于尼罗河,为世界第二大河。亚马孙河是世界流域面积最大的河流,亚马孙河流经的亚马孙平原是世界上面积最大的平原。据估计,所有在地球表面流动的水有20%~25%在亚马孙河。河口宽达240千米,泛滥期流量达每秒18万立方米,是密西西比河的10倍。泄水量如此之大,使距岸边160千米内的海水都变淡了。

★世界最大内流河——伏尔加河

伏尔加河是欧洲第一长河,发源于俄罗斯加里宁州奥斯塔什科夫区、瓦尔代丘陵东南的湖泊间,源头海拔228米。自源头向东北流至雷宾斯克转向东南,至古比雪夫折向南,流至伏尔加格勒后,向东南注入里海。河流全长3 688千米,流域面积138万平方千米,河口多年平均流量约为每秒8 000立方米,年径流量为2 540亿立方米。

三、地学成因

河流景观是河流作用于地球表面,由流水的侵蚀、搬运、沉积过程所形成的各种侵蚀、堆积地貌的总称。河流作用是地球表面最经常、最活跃的地貌作用,它贯穿河流景观的全过程。水流在流动的过程中侵蚀形成各种峡谷、宽谷、矶头等地貌景观,被侵蚀的物质沿着沟谷向下游搬运并堆积,形成江心洲、河漫滩、冲积扇、三角洲等堆积地貌景观。

河流的发育过程是由河口向河源推进的过程。河流一般可分为上游、中游与下游3个部分。河流在演化过程中改变地形最主要的3种作用方式分别为:下蚀作用(向下侵蚀)、溯源侵蚀作用(向源头侵蚀)和侧蚀作用(向侧面侵蚀)。河水在向下游流动时,河床纵坡降(或者纵比降)的大小决定了侵蚀作用的主要方式。在这3个部分中,河流的主要侵蚀方式并不相同,上游主要为下蚀作用和溯源侵蚀作用,中游主要为下蚀作用和侧蚀作用,而下游主要为侧蚀作用,所以演化出来的形貌特点也不同。河流在演化过程中,本质上就是一个由上游慢慢变成下游的过程。也就是说,只要时间足够,地质构造稳定,水量补给充分,那么所有的上游都会变成下游。

流水塑造了一系列河流的形态特征。河流形态上的巨大差异往往是河水的流速、河床比降、流经地段岩性的差异等综合因素造成的。由上游向下游侵蚀能力减弱,堆积作用则逐渐增强。一般来说,河流上游往往是流经高山深谷,河床比降大,水流湍急,一泻千里,气势惊人,深切狭窄,形成险峻幽深的峡谷景观;中游河谷较宽,发育阶地和河漫滩;下游河床比降小,河谷宽浅,多形成蜿蜒曲流和汊河,到了河流入海(湖泊)的河口段泥沙堆积,形成三角洲或侵蚀而成的三角湾。

河流根据平面形态、河型动态和分布区域的不同,分为不同的类型。依平面形态可分为顺直型、弯曲型、分汊型和游荡型;按河型动态主要分为相对稳定和游荡型两类。山区、高原与平原的河流景观各自有着不同的发育演化规律与特点(图14.1)。

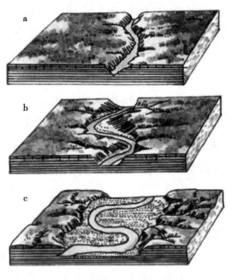

图14.1　河流平面形态示意图

1.山区河流的形成与特征

山区河流为流经地势高峻、地形复杂的山地和高原的河流。山区河流以侵蚀下切作用为主,其河谷景观主要是水流侵蚀与河谷岩石相互作用的结果。内营力在塑造山区河谷景观上有重要作用,旁向侵蚀一般不显著,两岸岩石遭风化作用和坡面径流对河谷的横向拓宽有极为重要的影响,河流堆积作用极为微弱。因此,形成了山区河谷地貌景观特征:①河谷断面形态往往发育为"V"字形或不完整的"U"字形,两岸谷坡陡峻,坡面呈直线形或曲线形,河谷内会出现一级或多级河流阶地,一般较为狭窄,级数较少;②谷底与谷坡之间常无明显的界线,不同水位条件下的河床之间也常无明显的分界线;③两岸和河心常有坚石凸出,岸线极不规则,并常有深切河曲发育;④河流纵剖面较陡峻,形式很不规则,急滩深槽上下交错,常呈阶梯状曲线,在落差集中处往往形成陡坡跌水或瀑布。山区河流一般不利于航行,但有丰富的水利资源。

2.高原河流的形成与特征

高原河流地貌景观的特征与山区河流稍有不同:①河床切割不深;②谷底保留着原始地面的宽谷形态,有明显的河谷底部,宽谷两侧谷坡坡度较缓,谷底宽度达几千米或者更宽;③现代河床宽达数百米,流路散乱,改道频繁;④河型以自由弯曲与分汊河型为主。

3.平原河流的形成与特征

平原河流是流经地势平坦地区的河流。河流奔腾万里,最终总要汇入海洋或者湖泊,河流的向下侵蚀的基准面就是海平面或湖泊的湖面。河水越接近侵蚀基准面,河水的动能就越小。由于沿途接纳了许多支流,水量往往要比上游大很多,流速减缓,河水中携带的泥沙就会沉积下来。因此平原本身主要由水流挟带来的大量物质堆积而成,其后由于气候变化或构造上升运动原因,河流微微切入原来的堆积层,形成开阔的河谷,在谷坡上常留下堆积阶地的痕迹。河流的堆积作用在河口段形成三角洲,三角洲不断延伸扩大,形成广阔的冲积平原。平原河流的特点如下:①河谷中具有较厚的冲积层,可达几米或几百米;②河谷中多发育有完好的河漫滩,谷坡较平缓(除局部狭窄河谷外),谷底与谷坡一般没有明显分界,但不同水位条件下的河床之间仍有明显分界;③河床断面多为"U"字形,较为宽浅;④河岸形态比较规则,但易变化;⑤河流纵剖面较平缓,常为光滑的曲线,比降较小;⑥河型依所处的自然条件发展成为顺直、弯曲、分汊、游荡等河型,它们之间可因条件变化而发生转化,这在山区河流是少见的;⑦河床中形成许多微景观形态,如沙波、河漫滩、心滩、江心洲的发育。常见的河流形态如图14.2所示。

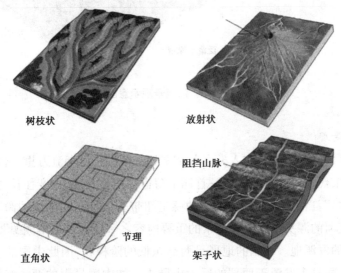

图14.2 常见的河流形态

四、景观赏析

中国河流景观资源丰富,无论是从河流本身的形、声、色等构景要素还是从河流与其他景观要素的结合,都可以形成优美迷人的风景,吸引游客观赏。不同河流由于所处地理条件的差异,可以表现为不同的景致;同一条河流由于流经地区的地貌、气候的差异,上、中、下各段也表现出不同的特征;同一条河流的同一河段也因季节变换,表现出不同的景致。

分布在较大河流中上游的峡谷型河流景观往往是江河上最迷人的景观,同两岸山体相互衬托,构成水光山色、相映成趣的景色(图14.3)。山间河流迂回曲折,奔腾咆哮的激流与两岸多姿多彩的奇峰相得益彰,形成一幅绝美的山水画。与山区大河激流翻滚的景象形成鲜明对照的是流经平原地带的、地势相对平缓的河流下游,流速缓慢给人一种温柔宁静的感觉,虽不如上游雄伟壮丽,但下游区域地形平坦而肥沃,是人类聚居繁衍的好地方。沿河城镇密布,人烟稠密,河道上船来舟往,千帆争流,岸上民居鳞次栉比,构成另一番景色。

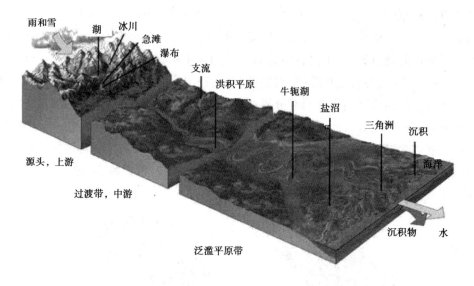

图 14.3　河流景观示意图

1. 河流源头景观

江河作为哺育人类的母亲,与人类有着亲密的关系。江河奔流万里,自然把沿岸的居民联系到了一起。宋代词人李之仪就在一首词中写道:"君住长江头,妾住长江尾,日日思君不见君,共饮长江水。"江河成为沿岸居民们的感情纽带。这种强烈的感情激发人们对江河进行更多的探索,江河的源头也就成为探索的重要内容之一,所谓"追本溯源"。

河源即河流的发源地。中国的地形呈西高东低的阶梯状,因此中国的大江大河几乎都是从西往东流的,而且多发源于西部的巨大山脉中。如中国最大的两条江河——黄河与长江均发源于青藏高原地区。出于地形与文化原因,西部与中原地区交流较少,因此更为中国大河的源头增添了神秘感。大河源头地区是一条河流水流的主要来源地,因此河流源头水的补给对河流长期稳定的存在十分重要。但中国两条大河源头水的补给方式恰好相反。长江源头之水来源于高山冰川融化的补给,而黄河源头之水却是从地下汨汨流出的泉水。为此,中国成立了三江源自然保护区,保护长江、黄河、澜沧江这三条大河的源头。三江源自然保护区位于青藏高原腹地的青海省南部,西南与西藏自治区接壤,东部与四川省毗邻,北部与青海省格尔木市都兰县相接,总面积 36.6 万平方千米,包括 17 个县市,占青海省土地总面积的 43.88%,总人口 55.72 万人,居民以藏族为主。它是中国最大的自然保护区,还是中国海拔最高的天然湿地,平均海拔 4 000 多米,素有"中华水塔"的美誉,长江总水量的 25%、黄河总水量的 49% 和澜沧江总水量的 15% 都来自这一地区。这里也是世界高海拔地区生物多样性最集中的自然保护区。

在源头存在多条支流汇聚的情况下,以哪一支作为江河的正源呢?关于这一问题,地学界有着不同的意见。确定河源所参照的标准也非常多,如长度、流向、流量等。但在确定中国长江、黄河这些大江河的源头时,主要遵循了"河源唯远"的原则。"河源唯远"意即以距河口最远点作为河流的发源地(源头)。世界许多河流的长度都是以距河口最远点作为量算河长的起点。

①长江源头。沱沱河是长江的正源。早在《尚书》中，人们就在讨论长江之源。明朝著名的旅行家徐霞客认为金沙江是长江之源，并著《江源考》一书论述。到了清朝，人们已认识到通天河，但依然无法确定长江正源。中国政府曾在 1956 年和 1977 年，两次组织考察长江源头地区，1977 年的考察，确定了发源于各拉丹冬的沱沱河是万里长江的正源。江源地区有 5 条较大的河流，它们都是长江的上源，自北而南分别是：楚玛尔河、沱沱河、尕尔曲、布曲和当曲。它们顺高原地势缓缓东流，汇合一起，组成了通天河。通天河到曲麻莱以后，折向东南，过了青海省的玉树市后，就称为金沙江，到四川宜宾以下才称为长江。江源地区的这 5 条大河，究竟哪一条应该作为长江的正源呢？根据"河源唯远"的原则，应该是上游最长的一条河。经过实地考察，在这 5 条河中，沱沱河是最长的一条，它应该是长江的正源。沱沱河的源头究竟在哪里？过去一般地理书上说它发源于祖尔肯乌拉山，其实沱沱河并不是从那里发源的。沿着沱沱河，向南穿过祖尔肯乌拉山的峡谷，来到唐古拉山主峰各拉丹冬雪山的冰峰。沱沱河的真正源头是在这里。各拉丹冬雪山海拔 6 621 米，它的西面还有另一组较小的尕恰迪如岗雪山群，这两组雪山群，常年积雪面积超过 750 平方千米，分布着近 60 条冰川。从这些冰川下部的冰塔林中，流出 20 多条冰川融水。这些冰川融水汇流一起，就是沱沱河的源头。沱沱河从群峰之间宽阔的谷地上缓缓流过，水流散乱，时分时合，像散乱的辫子，约 50 千米后，切穿祖尔肯乌拉山，形成长 30 千米、宽 1 千米的峡谷。穿过祖尔肯乌拉山后，沱沱河向北流到葫芦湖附近折向东流，经过青藏公路上的沱沱河沿，在汇合了当曲河以后，便成为水势汹涌的通天河。经过实地测算，由各拉丹冬冰川末端到当曲河，沱沱河全长 375 千米。从沱沱河源头算起，长江全长为 6 300 多千米，是世界第三大河。

②黄河源头。黄河源头位于青海的腹地。河源一为扎曲，二为约古宗列曲，三是卡日曲。扎曲一年之中大部分时间干涸，而卡日曲最长是以 5 个泉眼开始的，流域面积也最大，在旱季也不干涸，是黄河的正源。约古宗列曲，仅有一个泉眼，是一个东西长 40 千米，南北宽约 60 千米的椭圆形盆地，内有 100 多个小水泊，似繁星点点，又似晶莹的粒粒珍珠。

③钱塘江源头。钱江源国家森林公园位于钱塘江的源头——浙江省开化县齐溪镇，与 3 省（浙、皖、赣）4 县相接壤。园内有原始状态的大片天然次生林，林相结构复杂，生物物种丰富，起源古老，区系成分独特，已成为华东地区重要的生态屏障。景区内负氧离子成分最高，浓度达到每立方厘米 10 万多个。钱江源因其生态美景荣获"浙江最美生态景观"和"浙江省十佳避暑胜地"等荣誉。

2. 河谷景观

河谷是河流地质作用在地表所造成的槽形地带。现代河谷的形态和结构是在一定的岩性、地质构造基础上，经水流长期作用的结果。发育完整的河谷包括谷顶、谷坡和谷底 3 个组成部分，有河床、河漫滩、阶地等多种地貌景观。按河谷与地质构造的关系，分背斜谷、向斜谷、单斜谷、断层谷、纵向谷、横向谷、斜向谷等；按河谷横断面的形状，分"V"形谷和"U"形谷。

3. 峡谷、隘谷、嶂谷景观

峡谷是指谷坡两壁险峻陡峭，谷底几乎全部被河流占据，深度大于宽度的河谷，是"V"

形河谷的一种。从河流发育阶段看,"V"形谷属幼年河谷,它反映了河流处于幼年发育阶段,河流以加深河床的深向侵蚀为主,侧向侵蚀作用不明显。在构造运动上升区域,河谷谷坡由坚硬岩石组成,当地面抬升速度与河流下切作用协调时,最易形成峡谷。其中,谷坡几近垂直,十分陡峭的峡谷为隘谷,横剖面呈"U"形。谷坡陡直,侧略有缓坡,倾角大于60°,深度远大于宽度的峡谷称为嶂谷。嶂谷一般分布在石灰岩、玄武岩等垂直节理发育的山区,由于构造上升,岩石的物理性质有利于河流的下切,同时抗风化、抗冲刷能力极强,谷坡难以剥蚀后退,故形成比一般峡谷更为深、窄的河,如大渡河上游的丹巴一带。

中国有雅鲁藏布大峡谷、长江三峡、金沙江虎跳峡、太行山大峡谷、大渡河金口大峡谷。其中,世界上最大的峡谷是中国西藏的雅鲁藏布大峡谷,长504.6千米,最深处达6 009米,平均深度在2 268米。雅鲁藏布大峡谷的长度和深度远远超过美国科罗拉多大峡谷(长446千米,深2 133米)和秘鲁科尔卡大峡谷(长90千米,深3 200米),当之无愧为"世界第一大峡谷"(最长、最深)。1994年美国地理委员会、英国《吉尼斯世界纪录》研究认定:中国西藏的雅鲁藏布大峡谷为"世界第一大峡谷"。雅鲁藏布大峡谷的另一个惊人之处就是它绕着海拔7 000多米的南迦巴瓦峰形成了一个壮观的马蹄形的大拐弯(图14.4)。

图14.4 雅鲁藏布大峡谷

中国峡谷最集中的地方在横断山区和念青唐古拉山东南段。正如前面所阐述的,峡谷形成除了河流的深切作用,还需要有内力作用的配合——那就是地势的抬升,因此中国的峡谷多分布在3个阶梯的交界处,如在二、三阶梯的抬升处出现了太行山大峡谷、长江三峡、云台山红石峡谷。一、二阶梯交界处即是横断山区,因此这里除了拥有世界第一的雅鲁藏布大峡谷,还拥有世界第三深的帕隆藏布大峡谷,深4 001米。这里从印度洋吹来的丰富水汽滋润着繁茂的植物,绿色的森林和高洁的雪山相映成景,可以说是天堂胜景。另外,在黄河干流上也分布着许多巨大的峡谷,如刘家峡、黑山峡、青铜峡等。

4. 河床、壶穴、石矶景观

河床是河流在平水期占据的河槽。山区河床较窄,如果河床基岩节理发育或者处于构造破碎带,水流往往沿着岩石节理面或者破碎带淘蚀河床,渐渐形成小穴,水流就会在这里形成旋涡,水中夹带的沙石随着旋涡旋转不断地磨蚀壶穴四周。壶穴会越来越深、越来越大,深度可以达到数米甚至几十米(图14.5)。大者则是我们平时所称的水潭,如皖南牯牛降九龙池景区的九大水潭。壶穴外表看起来与冰川作用形成的石臼很像,但石臼是冰川移动和冻融作用下形成的。河床由于断层活动,或坚硬基岩中的岩脉凸起,均可形成岩槛,阻挡在河床下部,形成瀑布,瀑布下方常出现激流冲磨形成的壶穴。在平原河流边可以看到凸出的山石即为矶,如石钟山、南京燕子矶、马鞍山采石矶。

图14.5 壶穴景观

5. 河漫滩与河流阶地

①河漫滩。在中下游地区,河流在河床谷底主槽一侧或两侧形成水下堆积体,堆积体的面积不断升高扩大,在枯水季节露出水面成为雏形河漫滩,之后洪水携带的物质继续不断沉积,形成河漫滩。它由河流的横向迁移和洪水漫堤的沉积作用形成。如果河流改道或向下侵蚀,河漫滩会被废弃,多个被废弃的河漫滩连接在一起就形成河漫滩平原(图14.6)。

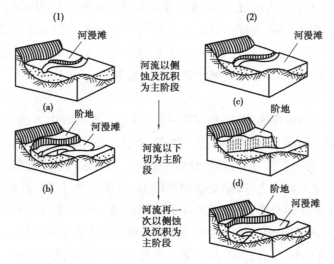

图14.6 河漫滩与河流阶地的形成示意图

②阶地。阶地是指由于河流的侵蚀和堆积作用形成的沿河谷两岸伸展,高出洪水期水位的阶梯状地形。宽广的河谷底,大部分是河漫滩,河床只占小部分。阶地的形成主要是在地壳垂直升降运动的影响下,地球内外部动力地质共同作用的结果。当地面因构造运动大面积上升,或气候变化使河水水量增加,水中泥沙减少,或海平面降低,都会引起河流强烈侵蚀河床底部,造成下切现象,河床大幅度降低,原先谷底的河漫滩就超出一般洪水期水面,成为阶地。阶地物质下部为砂砾石,上部为粉砂、黏土,具二元结构。河流阶地是在相对稳定堆积和迅速下切过程中形成的。由于下切侵蚀的条件不同,阶地的成因也不相同。每一级阶地都是由阶地面和阶地坎组成,阶地表面平坦,通常向河流下游方向倾斜,与新河床间有很明显的陡坎,坡度较大。阶地高度一般指阶地面与河流平水期水面之间的垂直距离。

河流阶地是河流地貌中重要的景观类型。如图14.7所示,河流阶地按组成物质及其结构分为以下4类。①侵蚀阶地,由基岩构成,阶地面上往往很少保留冲积物。②堆积阶地,由冲积物组成。根据河流下切程度不同,形成阶地的切割叠置关系不同又可分为:上叠阶地,新阶地叠于老阶地之上;内叠阶地,新阶地叠于老阶地之内。③基座阶地,阶地形成时,河流下切超过了老河谷谷底而达到并出露基岩。④埋藏阶地,即早期的阶地被新阶地所埋藏。

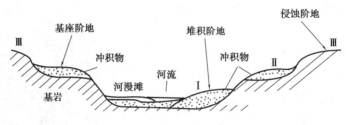

图14.7　河流阶地的类型

在长期的地质历史过程中,若地壳发生多次升降运动,则引起河流侵蚀与堆积交替发生,从而在河谷中形成多级阶地。阶地的级数由下而上顺序排列,高于河漫滩的最低一级阶地,称为一级阶地,向上依次为二级、三级等。在同一河谷横剖面上,阶地的相对年龄一般是低阶地新,高阶地老,阶地海拔高度一般是从下游向上游增高。有几级阶地,就有过几次运动;阶地位置,级别越高,形成时代越老。通过对河流阶地的类型及其河谷的结构的研究,可以分析河流景观的过去,了解现在,预测河流发育的未来。

6. 曲流

曲流又称河曲,指河道弯曲,形如蛇行的河段,多见于河流的中下游。当河床坡度减小以后,河水流速减缓,河床上沉积的砂石慢慢增多,下蚀作用变弱,河道开始发生弯曲。

河岸凹入的部分称为凹岸,凸出的部分称为凸岸。当河水行至拐弯处,由于惯性和离心力的作用,水流向凹岸方向冲去,凹岸受到强烈侵蚀,形成深槽;同时,在河底产生向凸岸的补偿水流,将底层水流压向凸岸,把从凹岸冲下的物质搬运至凸岸,因凸岸流速变慢而堆积下来形成边滩。这两种流向相反的水流在河流的横剖面上构成了横向环流。

曲流的形成原因基本可以归为三类。第一类是水在横向环流的作用下,河流的下蚀作用减弱,而侧蚀作用明显,凸岸堆积成浅滩,凹岸侵蚀成深槽,河流不断侵蚀河岸、扩展河床,致使河道愈来愈弯曲,结果形成曲流。第二类是河床底部泥沙堆积阻碍水流,使得水只向其中一边偏去,形成曲流。第三类是河岸两边的岩性不一致,一边较软易被侵蚀,一边较硬,使河道靠向岩性较软的岸。或者由于构造运动造成的两岸差别侵蚀(层理和岩性不同,抗侵蚀能力差异)形成曲流(图14.8)。

最著名的"九曲回肠"要算嘉陵江曲流,因构造平整,岩性松软,河道多沿构造迂回斜向盆地中,曲流发育完美。从广元张王庙到合川龙洞沱,河道蜿蜒长达600千米,直线距离仅200多千米。中游从金溪到合川段为典型的变形深切曲流,即是素有"九曲回肠"之称的青居曲流,曲流度达359°。

九曲黄河第一湾位于四川若尔盖县唐克乡索格藏寺旁,距若尔盖县城60多千米。黄河奔向巴颜喀拉山的约古宗列,一头碰到阿尼玛卿山口,迫使它转折身躯,又转身流回青海,完

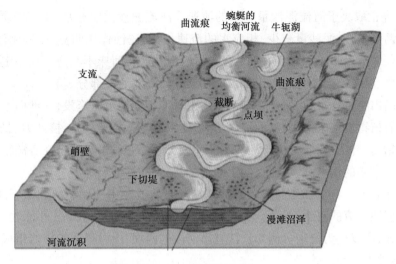

图14.8 曲流河景观示意图

成一个形的大转折,这就是九曲黄河第一曲。这里看到的黄河悠闲而洁净,河面宽约300米,水深2米,河水以每秒1.5米的流速缓缓而下,又继续转了8个弯,最终流向更广阔的天际。黄河第一湾地势平坦,水流舒缓,岸边红柳成林。傍晚,黄河在夕阳下泛着红色的粼光,自由舒展地蜿蜒而行,显出一种雄浑的气魄与从容的风度。

荆江(湖北枝城到湖南城陵矶之间的长江)亦有"九曲回肠",不到87千米的直线距离内,长江转了一个又一个弯,竟然走了240千米,它是怎样形成的呢?长江从三峡进入坦荡的江汉平原,由于河床坡度减小,流速减慢,使向下的侵蚀作用减弱,向两侧的旁蚀增强。旁蚀主要是对凹岸的侵蚀,河水不断冲击河床两岸的凹岸,使河曲的弯度越来越大。

7. 牛轭湖

在有深厚松散堆积物的平原上,多形成能自由摆动的自由曲流(如长江中游的下荆江河段)。在自由曲流的发展过程中,河道愈来愈弯曲,上下凹岸间的曲流颈逐渐弯窄,一旦曲流颈被洪水冲决,就产生自然的裁弯取直,被裁去的河湾形成牛轭湖(图14.9),而被裁直的新河段,以后又可能发展成新的弯曲。

因此,牛轭湖景观是平原曲流发展的产物。当流水切穿曲流颈部被废弃的河湾或人工裁弯取直后形成新河

图14.9 牛轭湖

槽,由于流速小,流量减弱,两端逐渐被泥沙淤塞,积水成湖,因形似牛轭故名。也有的状似月亮、弓形或马蹄形,又称月亮湖、弓形湖、马蹄形湖。如长江下游荆江段两岸的一些湖泊即属于这种类型。

8. 心滩与江心洲

在河床突然加宽处,由于河水流速降低,泥沙在河底受两股相向的底流作用,在河床底部堆积逐渐形成心滩。心滩将水流分向它的两侧,形成两股汊道。两股汊道逐步被拓宽、变弯,环状流就会进一步将心滩增大淤高,发展成经常露于水面之上的江心洲,又称沙岛。江

心洲(岛)的存亡取决于河流泥沙量和水的流速。河流泥沙供应充足,流速较缓,泥沙会继续在江心洲两侧堆积;泥沙量减少,相应水的流速加大,侵蚀作用明显,则冲刷江心洲两侧,江心洲渐渐萎缩。由于心滩和江心洲的发展,使河流分叉,河床不稳定。在一定的条件下边滩和心滩可以互相转化,而且它们也都可能发展成河漫滩的一部分。

江心洲高出年平均水位,所以在枯水期与中水期不会被水流淹没,在洲面上能生长一年生植物。随着植物覆盖率增大,洲面糙率增大,使水流流速显著减小,挟沙力明显降低,更促使洲面沉积抬高。江心洲通常由于洲头不断冲刷,洲尾不断淤积,整个江心洲很缓慢地向下移动。如长江下游的太平洲、长江口的崇明岛、湘江中的橘子洲等。

①石质江心洲。石质江心洲形成条件基本与石质浅滩中的礁石滩和坠石滩相同,主要分布在山区侵蚀河流的河床上。所不同的是其高程比浅滩高,一般高出中水位以上,面积也比石质浅滩大,所以更为稳定。例如长江宜昌河段的西坝,由白垩系粉砂岩组成的石质江心洲,洲与汉道都十分稳定。

②冲积江心洲。大多数冲积江心洲的形成条件也基本同冲积浅滩,但浅滩能否发展成江心洲,主要取决于浅滩能否产生积累性沉积与浅滩的稳定性。如果在洪水期,当水流漫过浅滩或心滩时,能把大量悬沙与黏性泥沙沉积在浅滩上,使浅滩上河漫滩相沉积层不断加厚。由于黏性土抗冲击性较大,使心滩稳定程度增强,有利于积累性的沉积,这样能使浅滩不断加高,高出中水位以上,面积也不断扩大,形成江心洲。

9.冲沟

冲沟又名雏谷,是暂时性线状流水侵蚀作用所形成的一种狭窄的沟谷地形,主要发育在植被稀少、地质疏松、地面有一定坡度的地方。冲沟的形态与本身发育时间有关,地面起伏形态(坡度、坡形)直接影响冲沟的形态和组合形状。

初期阶段的冲沟是指由片流汇合而成的细流切割坡面形成的细小沟谷,通常称为两裂,在地貌学上称为细沟,其最主要特征是横剖面呈陡峭狭窄的浅"V"字形,与两侧斜坡地面有非常明显的坡折。冲沟发展到衰老阶段称为坳沟或坳谷。此时,沟的横剖面"V"形明显加宽,两壁坡度变缓,沟缘转折已不明显,整个剖面呈线槽形,沟底平坦,纵剖面十分平缓。

10.冲(洪)积扇

如图14.10所示,冲(洪)积扇发育于山前。在山区,由于地势陡峭,洪水期河流水流速度较快,会携带大量泥沙和砾石。河流流出山口时,由于地势突然趋于平缓,河道变得开阔,水流速度减缓,河流从山上搬运的砾石物质逐渐沉积下来形成扇形堆积体,称为洪(冲)积扇。洪(冲)积扇不断扩大而彼此相连,就形成洪积—冲积平原。

冲积扇是由有经常性水流的湿润、半湿润的地区形成的,而洪积扇是由干旱、半干旱地区暂时性的洪水侵蚀再堆积形成的。洪积扇的上层沙砾粗大,因此山上的水流易渗入;下层则是透水性差的黏土,原本垂直下渗的水转为水平流动,到了洪积扇的边缘,地下水位接近地面,水以泉的方式出露,滋润出一片绿洲。

11.三角洲

如图14.10所示,河流携带大量泥沙倾泻入海时,入海口水下坡度平缓,加上海水的顶托作用,水流动能显著减弱,河水流速减慢,河流所携带的泥沙会沉积在河口前方,形成一片向海或向湖伸出的近似三角形平地,即为三角洲。如著名的长江三角洲平原和珠江三角洲平原。在潮流作用很强和河流泥沙量比较少的河口,涨潮时潮流很快溯河向上,强烈侵蚀,退潮时潮水和积存的河水一并冲下,冲刷侵蚀作用更大,形成喇叭形的三角湾,如杭州湾。

图 14.10 河流堆积地貌示意图

三角洲形成的基本条件包括:丰富的泥沙来源;河流或河流的侵蚀搬运能力弱;河口外海滨区地势平坦,水深比较浅。河口地区水流比降小,水面展宽,水体流速降低导致泥沙迅速沉积,形成河口沙坝,或称拦门沙。在河口两侧发育了河口沙嘴或水下天然堤,同时形成向海倾斜的水下三角洲。河口沙坝的出现缩小了过水断面面积,迫使河流分流,形成汊道。汊道口又会形成新的河口沙坝,引起汊道再次分流,出现新的汊道。同时,河口沙坝不断接受沉积,逐步堆高并向海发展,出露水面成为河口沙岛,并最终发育成为水上三角洲。

12. 河流交汇景观

每条河流由于流经地域地质环境的不同,河流的水量、流速以及河水的密度、温度、酸碱度、含沙量均不同,导致河流水色的差异。在两条河流交汇处,如果交汇的角度较小,交汇后水流就不会很快混合,而形成绵延很长的分界线,碰撞出"泾渭分明"的奇妙景象(图14.11)。

图 14.11 泾水、渭水交汇处

　　"泾渭分明"这一成语源自泾渭两河交汇处,清浊分明,分界清楚而不混,用以比喻界限清楚。渭河是黄河最大的支流,发源于甘肃,经陕西而入黄河;泾河是渭河的支流,发源于宁夏,两河在西安市高陵区相汇。泾渭分明作为自然奇观古已有之,然而作为家喻户晓的成语,则出自唐代诗人杜甫的《秋雨叹三首》:"去马来牛不复辨,浊泾清渭何当分"的诗句。从诗句中我们可以知道是泾河浊,渭河清。但是真的是这样的吗? 先来看春秋时期,《诗经》说"泾以渭浊,湜湜其沚",看来春秋时期是泾水清渭水浊。战国后期到西晋初年却成了泾浊渭清,南北朝时期再度成为泾清渭浊,南北朝末年到隋唐时期又复变成泾浊渭清,隋唐以后又成了泾清渭浊。据记载,历史上泾、渭两河的清浊变化有六次反复。其实泾渭两水的清浊并不是一成不变的,而是随着人类活动的变化而变化的。泾渭清浊的历史变化,与当地植被的保存与毁坏以及水土流失是否严重有密切的关系。不同历史时期在泾水和渭水上游地方开发程度的不同,导致了这两条河流含沙量的变化。实际上,从流经的地域来看,渭水自甘肃流经陕西入黄,流经的是关中平原、八百里秦川之地;而泾水全程流经的是黄土高原,是水土流失严重的地区。就河水含沙量而言,应该是泾水大于渭水的。据统计,目前泾河平均每年向渭河输送3.04亿吨泥沙,平均含沙量为196千克/立方米;在未纳入泾河之前,渭河平均每年输送泥沙1.78亿吨,平均含沙量26.8千克/立方米。从数字上看,还是泾浊渭清,尤其在枯水季节。但到了现代,由于渭河流域尤其是上游地区人类的活动,环境破坏严重,水土流失也同样为一个重要问题。由于渭河流经地区土壤所含的矿物成分,当渭河含泥沙量达到10千克/立方米时,水色便呈赤黄色了。从表面上看,泾渭分明的自然景观仍然存在,但已是渭水水色深于泾水了。这并不是古人搞错了,而是后人对环境产生的人为影响,不能不引起重视。

　　除了泾河和渭河,中国还有很多"泾渭分明"的河流。如甘肃刘家峡是黄河与洮河交汇处,水面上出现了分明的黄、绿两色分界。河水青绿色的是黄河——这里地处黄河上游地区,还未进入黄土高原,河水还比较清澈;浑黄的是洮河,因为它穿越了陇西黄土地区,裹挟了大量的泥沙,在这里反而客串成了"黄河"。重庆嘉陵江和长江的交汇处位于重庆城东北朝天门码头,襟带两江,壁垒三面,地势中高,两侧渐次向下倾斜,是俯瞰两江汇流,纵览沿江风光的绝佳去处。左侧嘉陵江于此注入长江,碧绿的嘉陵江水与褐黄色的长江水清浊分明。右侧长江容嘉陵江水后,声势浩荡,穿三峡,通江汉,一泻千里,成为长江上的"黄金水段"。

　　13. 河流袭夺景观

　　河流袭夺是河流发育过程中,由于外营力或内营力作用,以及内外营力共同作用,造成某一河流的改道或向后倒流,注入另一河流的水系演变现象,又称"河流抢水"。河流袭夺可以分为主动式河流袭夺、被动式河流袭夺、混合式河流夺等3种形式。

　　①主动式河流袭夺。位于分水岭两侧的河流,由于侵蚀速度差异较大,其中侵蚀力强的河流能够切穿分水岭,抢夺侵蚀力较弱的河流上游河段。

　　②被动式河流袭夺。这完全由内力作用造成。通常是河流流经谷地的某一段,由于构造隆起,当河流下切侵蚀量小于降升量时,河流被迫改道或向后倒流,注入另一河流中去。

　　③混合式河流袭夺。这是在形成地貌内外力的共同作用下完成的。该河流袭夺过程较前述各种形式的都复杂,历经的时间也较长,但在不同阶段,内外营力作用则有先后主次

之别。

河流发生袭夺后,形成一系列独特的景观。袭夺他河的河流称为袭夺河,被袭夺的河流称为被夺河。在袭夺点,河流急转弯处称为袭夺湾。在袭夺湾附近,由于袭夺河和被夺河的河床出现高差,往往形成急流瀑布。被夺河在袭夺湾以下的河段称为断头河。研究河流袭夺,对划分不同时代的河流流向和位置,弄清河流的发育史,以及寻找冲积砂矿都很有意义。断头河与袭夺湾之间,原为被夺河的河谷,袭夺后成为新的分水岭,但仍保留着谷地形态,称为风口。在风口内可找到过去河谷的冲积物,甚至有老阶地分布。断头河由于源头被截,水量减少,流速变缓,搬运能力降低,泥沙大量堆积,堵塞水流,往往形成一些小的沼泽或湖泊。

14. 地上河景观

黄河下游游荡在华北平原上,河床宽坦,水流缓慢,泥沙大量淤积,使河床平均高出两岸地面4~5米,成为举世闻名的地上河(图14.12)。通常的河道是河道底要低于其流经的地面。而黄河在流经黄土高原地区时由于流速快,而所经地段植被情况差,导致大量的泥沙被带走;而到了下游,流速变缓,于是大量的泥沙就沉积了下去,几千年积累,堆积在河床上,致使河床升高,地上河就此形成。泥沙的大量淤积使黄河下游河床不断上升,两岸地区每逢汛期便面临着洪水的威胁。

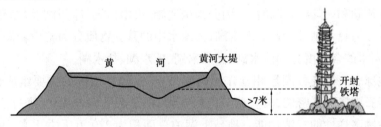

图 14.12 地上河示意图

第十五章　碧波浩渺，水光潋滟——湖泊景观地理

一、景观概述

　　湖泊是陆地表面天然洼地中积蓄的水体,包括湖盆与水,其中湖盆是形成湖泊的必要地貌条件,水是形成湖泊不可或缺的物质基础。在流域自然地理条件影响下,湖泊的湖盆、湖水和水中物质相互作用,相互制约,使湖泊不断演变,形成众多类型的湖泊。湖泊按湖水排泄条件分为外流湖和内陆湖;按湖盆成因分为构造湖、火山口湖、冰川湖、堰塞湖、海迹湖等;按湖泊热状况分为热带湖、温带湖、寒带湖;按湖水中的营养物质分为富营养湖、中营养湖和贫营养湖;按湖水的含盐度分为淡水湖、微咸水湖、咸水湖、盐水湖。

　　湖泊是地球表层系统各圈层相互作用的联结点,是陆地水圈的重要组成部分,与生物圈、大气圈、岩石圈等关系密切,具有调节区域气候、记录区域环境变化、维持区域生态系统平衡和繁衍生物多样性的特殊功能。地球上湖泊总面积为 270 万平方千米,占陆地面积的 1.8%,面积大于 5 000 平方千米的湖泊有 35 个。

　　湖泊是重要的国土资源,具有调节河川径流、发展灌溉、提供工业和饮用水源、繁衍水生生物、沟通航运、改善区域生态环境以及开发矿产等多种功能,在国民经济的发展中发挥着重要作用。与大江大河一样,湖泊及其流域是人类赖以生存的重要场所,是哺育人类文明的摇篮。华夏民族在长期与湖泊打交道的过程中,逐渐认识、开发和利用湖泊,并形成了独特的湖泊文化,为中华水文化的园地增添了厚重的内容。中国湖泊不但众多,分布广泛,而且分布地区民族各异,故对湖泊的称呼就有湖、泊、池、荡、漾、泡、海、错、诺尔、茶卡、洼、潭、海子、淖、库勒、淀、洼等 30 多种。例如,中国东部太湖一带称湖泊为荡(黄天荡、元荡)、漾(麻漾、金鱼漾)、塘(官塘、大苇塘),东北松辽地区称为泡、咸泡子(月亮泡、查干泡),内蒙古称为诺尔(查哈诺尔、腾格尔诺尔)、淖(察汗淖、九连城淖)、海子(盐海子、碱海子)等,新疆称为库尔或库勒(阿克苏库勒、硝尔库勒),西藏称为错(纳木错、羊卓雍错)或茶卡(伊尔茶卡、扎布耶茶卡),华北一带的湖泊较浅,一般又称作淀(白洋淀、东淀)、洼(团泊洼、文安洼),湖泊的这些称谓有着明显的地域分布特征,并深含着民族与语言的特色。

　　湖泊是天然风景水,它们或身居高山,银峰环抱;或静卧原野,烟波浩渺,像蓝宝石镶嵌在世界各地,虽不及海洋那样浩瀚无垠,也不像江河那样奔腾不息,但却以千姿百态、大小不一、咸淡各异、变化多端的风貌存在,为大自然增添了无限的风采,成为重要的旅游资源。一

个风景区有了秀丽的湖光,山色增辉,难怪人们常用"湖光山色"来形容自然风光的优美静谧、绚丽多姿。如杭州西湖、武昌东湖、无锡太湖及洞庭湖等许多湖泊都是著名的旅游胜地。另外,有不少湖泊是水禽保护区,是观鸟、进行生态考察旅游的综合基地,如鄱阳湖、青海湖、天鹅湖等。湖面也是城市公园游览系统的重要组成部分,如南京玄武湖、扬州瘦西湖、济南大明湖、北京颐和园等。绰约多姿的人工湖和水库也与湖泊具有相同的构景作用,是观光、疗养、休息的旅游胜地,如新安江水库构成的千岛湖景区。

◎知识拓展

世界湖泊之最

最大的湖泊及咸水湖:里海(面积达 371 000 平方千米)

最大的淡水湖:苏必利尔湖(面积达 82 414 平方千米)

最大的人工湖:沃尔特水库(面积达 8 502 平方千米)

最大的火山湖:多巴湖(面积达 1 130 平方千米)

最深的湖泊及淡水湖:贝加尔湖(水深达 1 680 米)

最深的咸水湖:死海(水深达 330 米)

最高的湖泊及咸水湖:纳木错(湖面海拔 4 718 米)

最高的淡水湖:玛法木错湖(湖面海拔 4 585 米)

最低的湖泊:死海(湖面海拔 -430.5 米)

最长的湖泊:坦噶尼喀湖(长度大约 670 千米)

最古老的湖泊:贝加尔湖(已经在地球上存在超过 2 500 万年)

蓄水量最多的湖泊及咸水湖:里海(体积达 78 200 立方千米)

蓄水量最多的淡水湖:贝加尔湖(体积达 23 600 立方千米)

蓄水量最多的人工湖:布拉茨克水库(体积达 169 立方千米)

二、地理分布

中国是一个多湖泊的国家,据统计,全国有大小天然湖泊 24 800 多个,其中面积在 1 平方千米以上的有 2 800 多个。按照湖泊所在的流域特点分为内流湖和外流湖。内流湖是湖水不能流入海洋的湖泊,在中国分布于大兴安岭—阴山—贺兰山—祁连山—昆仑山—唐古拉山—冈底斯山一线西北的内陆湖区,以咸水湖和盐湖为主,大多处于内流河的尾部,为不排水湖,如内蒙古的呼伦池、西藏的纳木错等;少数为排水湖,如西藏格仁错的湖水能通过河流注入如错,再经河流流入包林错。湖水与河流相通,最终汇入海洋的湖泊称外流湖。中国的外流湖主要分布于东北、华东、华南和西南地区,主要指上述的大兴安岭—阴山—贺兰山—祁连山—昆仑山—唐古拉山—冈底斯山一线东南的外流湖区,如鄱阳湖、洞庭湖、扎陵湖、鄂陵湖等。

按照地域划分,全国总体分为五大湖区:

①东部平原湖区。本区湖泊面积占全国湖泊总面积的 29.4%。本区湖泊成因主要由于构造下沉、沿海海岸外移、河边低地潴水成湖。

②青藏高原湖区。约占全国湖泊总面积的45.2%,这里的湖泊以咸水湖和盐湖为主。湖水一般深度较大,大多在构造断裂的基础上发育而成。也有少数堰塞湖,多分布在山地或峡谷地区。

③蒙新高原湖区。约占全国湖泊总面积的12.2%,很多湖泊常因其闭流性,水不入海而成咸水湖或盐湖。同时,本区发育的冰川湖和风蚀湖也较多。

④东北平原—山地湖区。约占湖泊总面积的5.4%,入湖水量比较丰富,多因火山活动而成。

⑤云贵高原湖区。湖泊面积占全国湖泊总面积的1.4%,以中小型淡水湖为主。本区以构造湖为主,喀斯特溶蚀也起着重要作用。

◎**知识拓展**

中国湖泊之最

★最大的咸水湖——浓墨重彩青海湖

青海湖古称"西海",又名库库诺尔、错鄂博,古称西海、鲜水海、仙海、卑禾羌海,库库诺尔蒙语意为青色的海,得名于北魏,因湖水清澈碧蓝,湖面广袤如海,故而得名。

青海湖地处青藏高原,是中国最大的内陆湖、最大的咸水湖。湖面海拔3 196米,湖岸线长360多千米,湖长105千米,宽63千米,面积4 543平方千米,比著名的太湖大一倍还要多。青海湖水平均深约21米多,最大水深为32.8米,蓄水量达1 050亿立方米,湖水冰冷且盐分很高。湖区有大小河流近30条。湖东岸有两个子湖,一名尕海,面积48平方千米,系咸水;一名耳海,面积8平方千米,为淡水。湖中有海心山,四周高山环绕:北面是崇宏壮丽的大通山,东西是巍峨雄伟的日月山,南面是逶迤连绵的青海南山,西面是峥嵘嵯峨的橡皮山。举目四顾,四座高山犹如四道天然屏障。从山下到湖畔则是苍茫无际的千里草原,地域辽阔,河流众多,水草丰美。碧波连天的青海湖像一个巨大的翡翠玉盘镶嵌在高山、草原之间,构成了浓墨重彩的西部风景画。

青海湖的形成和变迁是大自然的杰作。早在两亿三千万年以前,青藏高原是一片浩瀚无际的古海洋。200万年前,剧烈的造山运动使这片古海洋逐渐隆起,一跃形成了世界屋脊。海水被逼走时,有的被高山环绕起来,形成了大大小小的湖泊,青海湖就是被山脉堵塞而形成的一个巨大湖泊。当时,它是一个外泄湖,周围有100多条河流注入湖中,同时湖水又从东面注入黄河。大约距今100万年前的第四纪,青海湖东面的日月山发生了强烈的隆起,拦截了青海湖的出口,原来从青海湖向东流出的河流被迫向西流入青海湖,形成了中国罕见的自东向西流的倒淌河,青海湖也成为一个流水只入不出的闭塞湖。由于青海湖位于西北气候干燥地区,湖水蒸发量大于湖水注入量,因此湖水不断下降,湖面逐渐缩小,与初期的湖区相比,湖面缩小了1/3,水位降低了80~100米。在1 500多年前的北魏时期,环湖一周号称千里,唐代尚称八百里,而现在只有七百多里了。

青海湖风光壮美,历史上是各民族聚居之地。湖中有5座小岛,其中就有著名的鸟岛,数以十万计的各种候鸟一年一度来此欢度盛夏,成为青海湖的一大奇观绝景。

★最大的淡水湖——鄱阳湖

鄱阳湖位于江西省北部、长江南岸，是中国第一大淡水湖。它地跨南昌、新建和九江等11个市、县，在洪水位21.69米时，湖长170千米，平均宽度17.3千米，面积为3 914平方千米，最大水深29.19米，平均水深5.1米。

　　鄱阳湖又名彭蠡泽、彭泽，其实它并不是古彭蠡泽，而是在南北朝时期才形成的巨浸。在汉代，现广阔的鄱阳湖水域乃是湖汉水（今赣江）下游平原，汉代在此设置了枭阳县，汉昌邑王封地亦在此。那时，长江主泓道在今龙感湖一带，在庐山以北的仅是长江一汊道，当时称为小江。在公元400年左右，即（刘）宋初年，长江主泓道移至今九江—湖口一带。滔滔的江水不仅阻挡了赣江的排水，还倒灌入赣江下游平原，遂逐步形成鄱阳湖。到了唐代，鄱阳湖面积最大达到6 000平方千米。所以说，鄱阳湖是由长江迁移而形成的河成湖。同时，它还是一个季节性变化巨大的吞吐型湖泊。每年春夏之交，湖水猛涨，水面迅速扩大，但见碧波万顷，浩渺无际，"秋水共长天一色"；但到了冬季，湖水剧降，湖面骤然缩小，只见水束如带，黄茅白苇，旷如平野，只剩下些雁泊小湖嵌入其中，这时的湖泊面积仅有140余平方千米。鄱阳湖湖水主要依赖地表径流和湖面降水补给，集水面积达16.2×10^4平方千米，补给系数55。主要入湖河流有赣江、抚河、信江、饶河、修水和西湖，出流经蜃子口出湖口，北注长江。由于鄱阳湖季节性变化大，冬春之季有大量滩地出露，滩地上生长着大量的水生动植物，是禽类佳饵，所以，每年冬季大批珍禽来此越冬，这些珍禽中有国家保护的一、二级鸟类，如白鹤、白枕鹤、白头鹤、白鹳、黑鹳和小天鹅等，国家在此设立了候鸟保护区。

　　★最高的湖泊——纳木错

　　纳木错，位于西藏自治区中部，湖面海拔4 718米，为世界上海拔最高的大型湖泊，形状近似长方形，东西长70多千米，南北宽30多千米，面积约1 920平方千米，是西藏第二大湖泊，也是中国第三大咸水湖。"纳木错"为藏语，蒙古语名称为"腾格里海"，都是"天湖"之意。纳木错是西藏的"三大圣湖"之一，是古象雄佛法雍仲本教的第一神湖。湖南侧是雄伟壮丽的念青唐古拉山，北侧和西北侧是起伏和缓的藏北高原，著名的佛教圣地之一。

　　纳木错所在的青藏高原，是约7 000万年前开始的造山运动中欧亚大陆板块与印度板块相挤压而隆起的产物。根据地质学的勘测资料和科学考察，纳木错地区属拉萨地体，以至少10亿年前的前寒武纪陆壳构成基底，经过漫长岁月，约在晚侏罗纪增生到部分羌塘地体上面。纳木错是第三纪末和第四纪初，喜马拉雅运动凹陷而形成的巨大湖盆。其形成和发育受地质构造控制，经喜马拉雅运动凹陷而成，为断陷构造湖，并具冰川作用的痕迹。早期的纳木错湖面非常辽阔，湖面海拔比现在低得多。那时气候相当温暖湿润，湖水盈盈，碧波万顷，就如同一个大海。后来由于地壳不断隆起，纳木错也跟着不断上升，再加上在距今1万年以来高原气候变得干燥，湖水来源减少，湖面就大大缩小了，湖泊则被抬升到现在的高度。现存的古湖岩线有8~10道，最高一道距现在的湖面约80余米。

　　★最低的湖泊——艾丁湖

　　艾丁湖又名觉洛浣，湖水面海拔约−154.31米，是中国海拔最低的湖泊。艾丁湖维吾尔语意为月光湖，以湖水似月光般皎洁、美丽而得名。它位于新疆维吾尔自治区吐鲁番市东南30千米、吐鲁番盆地最低洼处。湖泊长43.5千米，最大宽度10.2千米，平均宽度5.63千米，面积245平方千米。湖区属温带大陆性荒漠干旱气候，年平均降水量仅5毫米，全年降水日数 2.7 天,最长连续无降水天数多达 425 天。湖水主要依赖地下水补给。

　　★矿化度最高的湖泊——察尔汗盐湖

　　察尔汗盐湖是中国最大的固、液相并存的盐湖,位于柴达木盆地南部新生代沉降中心区,地跨青海省的格尔木市和都兰县。它由涩聂湖、达布逊湖、北霍布逊湖、南霍布逊湖、大别勒湖、小别勒湖、达西湖、协作湖、团结湖和东陵湖 10 个常年型卤水湖和季节性卤水湖以及大片干盐滩组成。地面海拔 2 678~2 683 米,长 168 千米,宽 20~40 千米,面积 5 856 平方千米,其中协作湖面积 0~31.92 平方千米,水深 0~0.03 米,洪水期密度 1.361,矿化度每升 527.15 克。

　　大约在 3.7 万年以前,该湖还是个淡水湖或微咸水湖,在随后的漫长时间内,随着湖区气候的干湿交替,湖泊也经历了咸盐与淡化的多次交替,大致有 5 次成盐期和 5 次淡化期。大约在 1.5 万年前,湖泊发展到鼎盛时期,沉积了遍布至全湖区的第 4 盐层。在大约 5 000 年前,部分湖区沉积了第 5 盐层后,由于湖区日趋干旱,湖水范围也随之缩小,除河流入湖口附近保留一些卤水湖外,大部分湖区演变成干盐滩,成为干盐滩与卤水湖并存的盐湖。目前,由于湖水补给入不敷出,水面仍在继续退缩,干盐滩的面积在不断扩大。

　　湖区属柴达木荒漠干旱、极干旱气候,全年平均降水量仅 24.7 毫米,而年蒸发量却高达 3 543.1 毫米。湖水主要依赖地表径流补给,主要入湖河流有 18 条,其中以格尔木河为最大,长 447 千米。湖区是一个综合开发利用价值很高的固、液相并存矿床。液体矿床以钾矿为主,是中国已探明的最大的钾、镁液体矿床,现已开采。

　　★最长的湖泊——雪山碧玉班公错

　　班公错又称错木昂拉仁波、歌木克拉喇令错,意为明媚而狭长的湖泊。它东西长约 159 千米,位于西藏自治区日土县与克什米尔(印度实际控制区)交界处,由东段的昂拉锐错、中段的倪雅光错和西段的鄂姆博错所组成。湖泊两端水体开敞,中段水体狭长,最宽处约 15 千米,最狭处仅 40 米,总面积为 604 平方千米,其中在中国境内 413 平方千米,在克什米尔境内 191 平方千米。湖泊水深 41.3 米,容积 74×10⁸ 立方米。湖面海拔 4 242 米,是发育于班公—东巧—怒江大断裂带内的地堑型湖泊,沿岸断崖耸立,断层沿线出露的温泉均做线状排列。古班公错面积较大,但自第四纪以来,由于高原气候趋干,湖面不断缩小,在湖东岸残留的古湖岸线或湖阶地多达 9 级,其中最高一线古湖岸目前湖面达 80 米。班公错像条狭长的碧玉镶嵌在层峦叠嶂的群山之中,湖的南北有著名的喀喇昆仑山系和冈底斯山系,山巅云雾缭绕,冰雪皑皑。湖泊流域面积 28 714 平方千米,湖水补给主要依赖湖泊四周山地的冰雪融水,补给系数为 47.5。班公错无出流,属高原内陆湖泊。湖区降水稀少,蒸发强烈,多年平均降水量仅 60.4 毫米,而年蒸发量却高达 2 465.3 毫米。由于湖泊是东西延伸,且长度大,故因各地补给水量的多寡不同,湖水的咸淡也不一样,具有自东向西不断咸化的特点。东段因湖面开阔,水补给量大,湖水矿化度为每升 678.88 毫克,属淡水范畴;中段湖水的矿化度达每升 2 757 毫克,属咸水湖;而西段又高达每升 11 021 毫克。全湖淡水储量为 46.6×10⁶ 立方米,咸水储量为 27.4×10⁶ 立方米。湖中盛产西藏弓鱼和高原裸裂团鱼。

三、地学成因

　　湖泊的形成必须具备两个条件:湖盆和湖水。湖盆即相对于周围地域凹陷的盆地,湖盆的形成可以有许多种不同的原因,不过其主要原因无外乎是来自地球内部的内营力(如地质运动)和外部的外营力(如水流、风力等要素)的作用。根据地学成因,湖泊可分为构造湖、火山口湖、堰塞湖、岩溶湖、冰川湖、河迹湖、海迹湖、风成湖等。

1. 构造湖

构造湖是指由地壳内力作用所产生的地壳断陷、坳陷、沉陷构造湖盆,经储水而形成的湖泊。形成构造湖盆的地域可能是坦荡如砥的平原,也可能是巍峨雄壮的高原。在地质运动的作用下,地层发生了断裂,位于活动底层两侧的地面呈现出相反的运动方向,具体表现为一方上升,一方下沉。下沉一侧的地面往往形成盆地,各方流水会聚于此就形成了湖泊。此类湖泊的特点:湖岸平直,岸坡陡峻,湖形狭长,湖水较深,容积大,往往沿构造线排列。典型代表是东非大裂谷旁的坦噶尼喀湖、俄罗斯"温柔碧绿"的贝加尔湖(图15.1),中国云南的滇池、洱海,西藏自治区的纳木错、玛旁雍错,青海省的青海湖。构造湖还常与断块隆起山地相伴而生,名山名湖相映成趣,高山平湖、山水相连、山明水秀,魅力无比。如鄱阳湖与庐山,云南滇池与西山、洱海与苍山,青海湖与日月山等,都是山水相依相伴的典型。

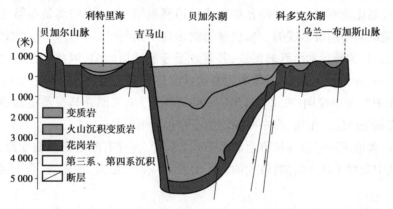

图 15.1　贝加尔湖构造断面图

由于构造运动常常涉及整个岩石圈,而且常伴随有巨大能量的快速释放,因此往往对地表景观产生巨大的影响,其形成的深邃而巨大的下陷也就成为世界上最深的湖泊所在地。贝加尔湖由地壳断裂而成,它南北狭长,最长处达626千米,东西平均宽度仅48千米,最深处可达1 620米,平均深度730米,是世界上最深的湖泊,蓄积着全世界20%的淡水资源。

构造断裂带的长度通常相当长,可以达到几百千米甚至几千千米,因此沿着断裂带往往会发育一系列的湖泊。中国的青藏高原、云贵高原等地区均是如此。青藏高原由于受强烈隆升的影响,在一些近东西向断块山脉的南侧,一般都有深大断裂谷的发育,在其谷底洼处有纵向延长的湖泊带分布,湖泊长轴与区域构造线方向相吻合。如在唐古拉山和冈底斯山—念青唐古拉山之间的宽阔洼地中发育了众多的湖泊,较大的有纳木错、色林错、加仁错、昂则错等。柴达木盆地中的众多湖泊也多分布在构造盆地的最低洼处,它们均是第三纪柴达木古巨泊分化残留湖盆。

云贵高原也拥有许多断陷盆地,除异龙湖和杞麓湖位于滇东山字形构造的弧顶,受东西向断裂控制,湖泊长轴做东西向延伸外,其余的湖泊大多受南北向断裂构造的控制,使湖泊的长轴呈南北向延伸。滇东的湖泊带,是由于地面断裂系统的强烈发育,形成了许多地堑式断陷盆地和断陷湖泊,如滇池、抚仙湖、阳宗海、杞麓湖和杨林湖等,都是在断陷盆地基础上发育成的构造湖。这些断陷湖泊都保留有明显的断层陡崖,附近常有涌泉或温泉出露,沿断层两侧的垂直差异运动至今未曾停息。在纵贯全区的大断裂系统上,曾发生过多次比较强烈的破坏性地震,新构造运动对湖盆的发育仍起着一定的影响。金沙江以北的程海、川滇界上的泸沽湖和川西的邛海,也都是地壳断陷而成的湖泊。

而另外一些湖泊发育于陷落盆地之上,往往面积巨大,如青海湖、洞庭湖,在这类湖泊的形成过程中,由于年代久远,且湖盆面积大,成湖过程通常会有其他因素的参与。分布在柴达木盆地中的众多湖泊,大多位于构造盆地的最低洼处,这些湖泊都是第三纪柴达木古巨泊的构造残留湖。盆地东缘的青海湖原是个向斜构造,后因东部发生断块上升而成为内陆湖泊。

西藏高原盆地众多,湖泊星罗棋布,那些近东西向、北西向和北东向的纵向谷地的谷底洼地,没有纵向延伸的湖泊带分布。湖泊长轴走向与构造线基本吻合,说明湖盆的形成受区域构造线的控制比较明显。这些湖盆的起源可追溯到第三纪,它们都是在第三纪喜马拉雅运动中由构造断陷作用所形成的。如色林错就是在早第三纪始新世晚期(大约在5 400万年前)第一期喜马拉雅运动活跃时形成,并延续至今的残留湖泊,因此湖盆有巨厚的下第三系、上第三系和第四系的沉积。而其余的湖盆目前只发现上新统(大约在900万年前)的沉积,可能是在中新世中晚期(在2 600万～900万年前)第二期喜马拉雅运动期间形成。此外,分布于滨湖的断层三角面,在一些湖泊中至今仍清晰可见。

内蒙古广大地区经过喜马拉雅运动被抬升为高原,并伴有断裂的挠曲变形,形成众多的宽浅盆地,其中发育了众多湖泊,较大的有呼伦湖、贝尔湖、岱海、黄旗海、查干诺尔和安固里淖等。

青海省的阿尔金山和可可西里山之间的坳陷带内发育有可可西里湖、卓乃湖和库赛湖等。可可西里山和唐古拉山之间发育有西金乌兰湖、乌兰乌拉湖、多格错仁等。

新疆的塔里木和准噶尔两个大构造盆地内发育了罗布泊、玛纳斯湖、艾丁湖、赛里木湖、布伦托海、巴里坤湖和博斯腾湖等。

台湾省著名的日月潭,是玉山、阿里山山间断陷盆地积水而成的一个高山构造湖。

2. 火山口湖

湖形成的地形因素是要具有一个较低的盆地作为湖盆,而火山口湖的湖盆则是在火山喷发的过程中形成的。火山喷发的时候,会喷发出大量的岩浆、火山灰和气体等。岩浆沿火口向四周漫流形成岩浆流(玄武岩流),火口处大量很轻的浮石被喷走,许多挥发性的物质散失,其颈部塌陷变成封闭的漏斗状洼地,即火山口。火山口内部就是一个绝佳的湖盆。当火山停止喷发后,火山口内积存的水分就不容易流走,这样水会在火山口内聚集起来。大气降水、积雪融化和地下水都可能是火山口湖湖水的补给来源。随着火山口内水越积越多,就形成了一个火山口湖。

此类湖的特点是:形态近似圆形或马蹄形,较深,面积不大,多深邃清澈,有的没有出口。一般分布于历史时期和近代火山活动区,世界上火山较多的日本、冰岛、意大利等国,分布有较多的火山口湖。中国典型代表是吉林省长白山主峰白头山顶的天池、云南省腾冲大龙潭火山口湖。

◎景点链接

长白山天池

在吉林省东南部中朝两国边境上,有一座风光绮丽的高大山体,矗立在广阔的熔岩高原上,这就是世界著名的长白山。长白山是一座休眠火山,是中国典型的火山景观区域,在玄武岩高原与台地之上凸起一座雄伟秀丽的休眠火山——白头山,自16世纪以来便喷发了3次,在凹陷的火山锥顶部周围,形成了16座高达2 500米以上的山峰,7座位于朝鲜境内,9座位于中国境内,其中形如盆状的火山口,已积水成湖,称为白头山天池。天池中的水从一个小缺口中流出,形成了著名的长白山大瀑布,而在天池周围温泉广泛地分布着。近年来在天池中还发现了不明生物,这更增添了天池的魅力。

天池湖面海拔2 189.1米,平均水深约204米,最深处达373米,是中国目前已知最深的湖泊,是松花江支流二道白河的源头。湖水主要来自天然降水和湖周岩层的裂隙水,年水位常年无大变化,水温较低,湖水偏碱性。历史记载,有史以来白头山火山口曾有过3次喷发(公元1597年、1668年和1702年),最终形成今日如此规模巨大而雄伟的同心圆状火山锥地貌景观。天池形成至今仅300年的历史,呈椭圆形,南北长约4.4千米,东西宽约3.4千米,周长13.1千米,面积982平方千米。群峰围湖环峙,岩影波光,天水相连,云山相映,景色非常秀丽,已发展成为著名的旅游景区(图15.2)。

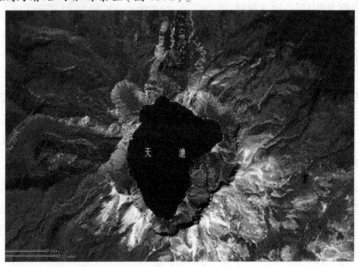

图15.2 天池

3.堰塞湖

俗话说"水往低处流",水在自身重力的作用下总是从高往低流。正因为如此,山地往往缺水。山上的径流总是往山下汇聚,形成河流。山地地势复杂,地表活动也较平原地区活跃,容易发生泥石流、滑坡等,这又为湖泊的形成创造了有利的条件。当原来的河道被堵塞,流向下游的水流骤然减少,则由上游不断流来的水就会不断地升高。随着水位的升高,河水就会漫过河岸,水域面积也会慢慢变大,这就形成了湖。高山的湖泊大多就是这样形成的,因而叫作堰塞湖。从成因上看,堰塞湖一般有3种类型。

①火山喷发的熔岩流阻塞河道而成的湖。火山堰塞湖在东北较为多见,著名的湖泊有镜泊湖和五大连池。大约1万年前,火山喷发时流出的熔岩流阻塞了牡丹江上游河谷储水而成湖,因为湖水平静如镜而得名镜泊湖。地处黑龙江省小兴安岭山地向松嫩平原的过渡地带的五大连池,是在1719—1721年由老黑山和火烧山喷发的玄武岩流堵塞讷谟尔河支流白河而成,在不到5千米的河段中,有5道熔岩堤坝,截水形成头池、二池、三池、四池、五池5个小湖,中有石龙河贯穿相连,因此得名"五大连池"。各池水色不同,如五颗晶莹的宝石散落在群山之中。

②由地震或冰川、泥石流引起的山崩滑坡物质堵塞河床而形成的堰塞湖,在西藏东南部较为常见,如藏东南的易贡错、然乌错和古乡错等。1900年藏东南波密县因地震影响而发生特大泥石流,截断了乍龙曲,形成一个海拔2 159米、长16千米、宽2千米、深25米、面积23平方千米的易贡错;波密县的古乡错是1953年由冰川泥石流堵塞而成的。八宿县200年前在一条河流的右岸发生巨大山崩,堵截了河流的出口,从而形成海拔3 800米、长26千米、宽1.2千米、面积为22平方千米的然乌错。

③由碳酸钙积淀阻塞河道而形成的。富含碳酸钙的地下水在地面海拔较低的地方出露成为泉水,在出口的周围就会沉积大量的碳酸钙,称为钙华。除了碳酸钙,这种沉积物还可能是硅质的,称为硅华。在中国四川松潘县东北的岷山山脉主峰雪宝鼎山麓,有一条由古代冰川侵蚀而成的沟,名黄龙沟。这里因为其著名的钙华堆积而闻名天下。黄龙地区有大大小小的钙华堆积堰塞形成的池3 000多个。池水清澈透明,钙华呈浅黄色,再加上水中的植物、微生物、矿物质以及水对阳光的折射等,使黄龙的钙华池艳丽多姿、举世无双,现已被列入联合国的世界自然遗产名录。

4.岩溶湖

岩溶湖是指由喀斯特地区的溶蚀凹地在不透水的岩层上积水而形成。喀斯特地区不仅在地面上有喀斯特湖,在地下更是广泛分布着许多的河湖,有时甚至可以形成几层河湖交错。此类湖泊的特点是湖形常呈圆形、漏斗状,面积较小。典型的岩溶湖是由于碳酸盐类地层经流水的长期溶解产生了洼地或漏斗,当这些洼地或漏斗中的落水洞被堵塞后,泉水流入其中而成为湖泊。这类湖泊无一定排列方向,形状或圆或椭圆,由谷地积水所成的湖泊也可呈长形。此类湖泊多见于云贵高原地区,如贵州西部乌蒙山区的威宁草海、云南中甸的拉帕海、桂林的著名景点七星岩附近的湖。由于湖的周边岩溶景观发育,多有峰林、峰丛、孤峰、怪石和多种奇特造型的地貌景观,与碧澄的湖水相伴,景色优美。

云南中甸的纳帕海,两岸断崖有3个水平溶洞,水位高时成为湖水的排泄水道;湖底有许多裂隙和落水洞,每当湖水上涨时,湖面常出现一些漏斗状旋涡。滇东的一些构造湖,湖底与湖周的碳酸盐类地层的喀斯特现象亦较发育,湖滨有较多的喀斯特泉和暗河出露,有的湖泊系以喀斯特泉的补给为主。如阳宗海东岸的黄水洞、秦已洞,滇池西岸的蝙蝠洞,均有暗河补给湖泊,喀斯特的发育对这类构造湖的演变也起着一定的作用。

贵州威宁草海(图15.3)是1857年因暴雨引起山洪暴发,洪水携带大量沙石阻塞了喀斯特盆地的落水洞,经储水后成湖。该湖集水面积为190平方千米,当湖水位为海拔2 170米时,水深2~5米,湖面积为45.5平方千米,贮水量为0.3亿立方米左右。该湖于1973年排干湖水,垦为农田,现已退田还湖。因湖中滋生繁茂的水生植物,故名草海,是中国湖面面积最大的构造岩溶洞,素有"高原明珠"之称。

图15.3　威宁草海

5. 冰川湖

在冰川流动过程中,岩块由于低温而崩裂,又被流动的冰所侵蚀,往往能够形成洼地。当洼地被冰川覆盖时,我们看不到这些洼地。而当气候变暖、冰川融化甚至永远不再光顾时,这些洼地就暴露出来,在冰川融水的不断补给下,积水成湖,形成冰川湖。

同时,冰川具有很大的动能,甚至可以带动巨大的岩块运动,把大块岩石磨蚀成小块岩石的过程中会产生许多泥沙物质,这些物质会随着冰川的移动而移动。冰川不断往下运动,随着高度的降低气温也逐渐升高,在冰川融化时携带在冰川中的泥沙就会留下,慢慢累积形成如同山垄一样的冰碛堤,如同洪水泛滥后,留下的泥沙会在河岸上形成自然堤一样。冰碛堤往往会有许多条,在冰碛堤之间的洼地就会形成冰川湖的湖盆,积水后形成冰碛湖。如藏南工布江达县的帕桑错,是扎拉弄巴和钟错弄巴两条古冰川汇合后挖蚀成的槽谷,经冰川终碛封闭而成为冰碛湖,它位于海拔3 460米处,长13千米,宽2千米,深60米,面积达26平方千米。四川甘孜的新路海,系冰蚀挖深、冰碛物阻塞河谷出口而形成的冰川湖,深75米。青藏高原上的冰川湖主要分布在念青唐古拉山和喜马拉雅山区,但多数是有出口的小湖,新疆境内的阿尔泰山、昆仑山和天山,亦有冰川湖分布,它们大多是冰期前的构造谷地,在冰期时受冰川强烈挖蚀,形成宽坦的槽谷。冰退时,槽谷受冰碛垄阻塞形成长形湖泊,如阿尔泰山的喀纳斯湖就属于这一类型。在冰斗上下串联或冰碛叠置地区,还发育有串珠状冰川湖。此外,现代冰川的冰面在衰退过程中,由于冰舌的后退或消融,使冰舌部分的冰面地形趋于复杂,常形成大小不等、深浅不一的冰面湖。

中国冰川湖多由山谷冰川所形成,与冰川湖相伴的是冰山、冰峰等,洁白的山与绿蓝色的湖相依相偎,自然风景如画,十分迷人。最典型的是新疆天池,坐落在北天山东段博格达峰下的半山腰,海拔1 980米,被誉为天山上的一颗明珠。天池湖水清澈,湖面呈半月形,长3 400米,最宽处约1 500米,面积4.9平方千米,湖深达105米。东南面是雄伟的博格达主峰,海拔5 445米,终年积雪。

6. 河迹湖

地形平坦的地区,由于地转偏向力和水流惯性的影响,河流不断变道,蛇曲形河道自行裁弯取直后,遗留下来的旧河道形成湖泊,称河迹湖(图15.4)。湖泊形态多呈弯月形、弓形或牛轴形,故也称牛轭湖。此类湖泊的特点:深度、面积较小,且常与水系联系,常见于中国的内蒙古高原和长江中游荆江河段,例如江汉平原的洪湖、武汉的东湖、南京的玄武湖和莫愁湖,以及淮河下游由于河道变迁而形成的洪泽湖等。这些湖泊在中国的风景名胜地都占有重要的地位,从古至今都是游人向往的地方,与湖相伴的历史掌故、文人墨客的笔迹和民间传说也非常迷人。

图15.4　河迹湖

◎**景点链接**

洪泽湖

洪泽湖,中国第四大淡水湖,位于淮河中游、江苏省洪泽区西部,是"南水北调"工程东线部分的过水通道。洪泽湖原为浅水小湖群,古称富陵湖,两汉以后称破釜塘。隋大业十二年(公元616年),隋炀帝杨广从洛阳乘龙舟游幸江都,一路干旱,经过"破釜塘"时,喜逢大雨,水位大涨,一望无边,他一时兴起,就将破釜塘改为洪泽浦,唐代始名洪泽湖。1128年以后,黄河南徙经泗水在淮阴以下夺淮河下游河道入海,淮河失去入海水道,在盱眙以东潴水,原来的小湖扩大为洪泽湖。洪泽湖湖面辽阔,在正常水位12.5米时,水面面积为1 597平方千米,平均水深1.9米,最大水深4.5米,容积30.4亿立方米。湖泊长度65千米,平均宽度24.4千米,汛期或大水年份水位可高达15.5米,面积扩大到3 500平方千米。全湖水域由成子湖湾、溧河湖湾、淮河湖湾三大湖湾组成,资源丰富,既是淮河流域大型水库、航运枢纽,又是渔业、特产品、禽畜产品的生产基地,素有"日出斗金"的美誉。

洪泽湖的形成,具有三大因素。其一,地壳断裂形成的凹陷,是洪泽湖形成的自然因素,胚胎始于唐宋以前的小湖群。主要有富陵湖、破釜涧、泥墩湖、万家湖等。其二,黄河夺淮是形成洪泽湖雏形的客观因素。南宋绍熙五年(公元1194年),黄河在阳武决口,至梁山泊分南北二支,南支与泗水合,南流入淮,此为黄河改道之始。至清咸丰五年(公元1855年),黄河北徙,由利津入海,黄河夺淮长达近700年之久。由于黄河居高临下,倒灌入淮,黄淮合流,流量增加,水位抬高,将富陵湖、破釜塘等大小湖沼、洼地连成一片,汇聚成湖。其三,大筑高家堰(洪泽湖大堤)是洪泽湖完全形成的人为因素,也是决定性因素。

7. 海迹湖

在浅水海湾因湾口被泥沙或珊瑚淤积、封闭而成的潟湖,或者由沙坝、沙嘴及滨海堤与海洋隔开而成的海滨或浅海湾独立而成的湖泊,称为海迹湖。由于浪潮拥有很大的能量,海岸在海水的不断冲刷下慢慢改变了外形,本来笔直的海岸就慢慢弯曲了,这样,就仿佛在海岸上开了一个小喇叭口,这个喇叭口被海水不断冲刷越开越大,形成了海湾。而伴随海湾的形成,海湾口两旁会形成狭长的沙嘴。沙子越积越多,沙嘴与海湾也越靠越近,海湾与海洋之间的联系就逐渐被沙嘴所切断。当沙嘴将海湾完全封闭的时候,海湾就变成了湖泊,这就是海迹湖,又称为海成湖、潟湖。世界上面积最大的湖泊里海,就是原来地中海的组成部分。

潟湖若高潮时与海水相通可形成咸水湖,若与外海完全隔绝时则变为淡水湖,如秦皇岛昌黎黄金海岸旅游区的七里海。也有一些海成湖由于所在地气候干旱,蒸发旺盛且河流稀少而盐度越来越高,如青藏高原上的茶卡盐湖。

有一些海迹湖由于长期淡水注入而淡化成淡水湖,如在河流三角洲上形成的潟湖——太湖、杭州西湖等,它们与湖边的丘陵山地一起,共同构成湖光山色的优美风光。西湖古称金牛湖、明圣湖,又名钱塘湖,雅号西子湖,因地处著名的城市杭州西郊而得名。约在数千年前,西湖本是个与钱塘江相连的浅海湾,耸峙在西湖南北的吴山与宝石山怀抱着这个小海湾的岬角。后来由于潮汐的冲击,泥沙在两个岬角淤积起来,逐渐变成沙洲,并不断向东、南、北3个方向扩展,终于把吴山和宝石山的沙洲连在一起,形成了一片冲积平原,把海湾与钱塘江分隔开来,原来的海湾就变成了一个潟湖,那就是西湖的雏形。潟湖形成后,西湖的水也逐渐转为由武林水周围的山溪补给,汉代时,西湖仍随潮水的涨落而出没,一直到隋朝,西湖的形态才基本固定。西湖由潟湖演变以来,曾多次进入沼泽化阶段,经历代劳动人民的多次浚修,才形成现今的风貌。苏堤、白堤、赵公堤等堤桥将西湖分成外湖、北里湖、西里湖、岳湖和小南湖5个部分。当潟湖正式变为西湖,"人间天堂"的天堂气象才逐渐形成,北宋大文学家苏轼诗中曾把西湖比作古越美女西施,因而扬名于海外(图15.5)。

图15.5　西湖

8. 风成湖

风成湖大都是在沙漠戈壁风力极强的地区形成的。在大风的吹动下,地面受到风的吹蚀作用以及风所带起的沙砾的磨蚀作用,会形成洼地。如果风蚀洼地的底部低于潜水面,地下水补给就会在洼地中汇集成湖;如果发生暴雨,雨水也会集中到这个洼地中短暂地积水成湖(图15.6)。此类湖泊的面积大小不一,且湖水较浅。

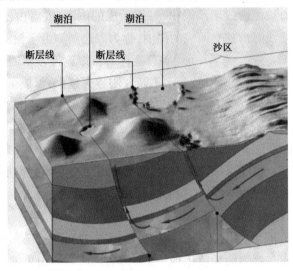

图15.6　沙漠地区风成湖示意图

在沙漠地区,风吹动沙丘移动,高耸的沙丘就形成了天然的岸堤,地下水或雨水就会在数个沙丘围成的洼地中积聚成湖。在中国的新疆、青海等地有这种风成湖。这类风成湖都是些不流动的死水湖,而且面积小,水浅而无出口,湖形亦多变,属间歇性湖泊,常是冬春积水,夏季干涸或成为草地,且多游移。如中国内蒙古的居延海、新疆的罗布泊、甘肃敦煌的月牙泉(湖)等,皆属此类。在茫茫戈壁和大漠中,有一湾湖水坐落在这里,一抹荒凉之情景,把绿色带到这里,无疑给荒漠增添了勃勃生机。

中国沙漠地区成百上千个被称作"明珠"的大小湖泊,它们中有淡水湖,也有咸水湖或盐湖。如毛乌素沙地分布有众多的湖泊,大小计170余个,虽然大部分是苏打湖和氯化物湖,但也有淡水湖分布。腾格里沙漠内部分布了众多面积很小的季节性的草湖,其中由泉水补给的湖泊水质较好,这些湖泊的滨湖地区,由于牧草茂密,大多成为优良的天然牧场,是沙区少数民族劳动生息的地方。乌兰布和沙漠西部为一古湖积平原,分布有盐湖,其中吉兰泰盐池是中国开采已久的著名盐湖之一。

由于沙丘随定向风不断移动,湖泊常被沙丘掩埋而成为地下湖。在巴丹吉林沙漠高大沙山之间的低地上分布有百余个风成洼地湖,面积一般不超过0.5平方千米,最大的伊和扎格德海子面积只有1.5平方千米,最大水深6.2米,由于湖面蒸发强烈,盐分易于积累,故湖水含盐量很高,一般在每升17克以上,且大部分湖底有结晶盐块析出。由于形成风蚀湖的地区往往气候干燥而炎热,故地面蒸发量非常大,因而风蚀湖非常不稳定,经常会发生变化。有时晚上是湖水,白天就有可能变成沙山,故此也常被称为"鬼湖"(图15.7)。

图 15.7　风成湖

四、景观赏析

中国的风景湖泊类型多样，各种各样的湖泊都是中华大地上美丽的风景。除了"形、影、声、色、奇"等几个水体美的基本属性，湖泊的海拔高度、旷度、深度、分布密度及与山势配合的和谐度、水中生物特产等也具有一定的旅游吸引力。从观赏的角度看，湖泊类型可分为浩大平远型、娇小秀美型和多岛璀璨型 3 种。

（一）浩大平远型湖泊

浩大平远型湖泊是指面积较大、湖光潋滟的湖泊。如中国最大湖泊青海湖，五大淡水湖：鄱阳湖、洞庭湖、太湖、洪泽湖、巢湖。

青海湖是中国最大的湖泊（高原咸水湖），属于构造断陷湖，湖盆边缘多以断裂与周围山地相接，海拔为 3 196 米，面积达 4 543 平方千米。在青海湖畔，蓝天白云、苍翠远山、碧澄湖水、葱绿草滩和洁白羊群……青海湖景观具有说不出的诗情画意，令人心驰神往。

鄱阳湖是中国第一大淡水湖，也是中国第二大湖，仅次于青海湖，位于江西省北部。湖盆由地壳陷落而成，属于断陷湖。平水位（14~15 米）时，湖水面积为 3 150 平方千米。鄱阳湖是一个季节性、吞吐型湖泊，具有"枯水一线，洪水一片"的自然景观。唐代王勃的《滕王阁序》中的"落霞与孤鹜齐飞，秋水共长天一色"极为精妙地描述了鄱阳湖的景象，将静中之动、寂中之欢写成绝句。

洞庭湖是中国第二大淡水湖，位于湖南省北部，长江荆江河段南岸，属于构造断陷湖，是长江重要的调蓄湖泊。洞庭湖衔远山，吞长江，浩浩荡荡，横无际涯，气象万千，素以宏伟、富饶、美丽著称于世。岳阳楼位于洞庭湖边，更添湖泊景观之美。

太湖是中国第三大淡水湖，位于长江三角洲的南缘，横跨江、浙两省，北临无锡，南濒湖州，西依宜兴，东近苏州。太湖是平原水网区的大型浅水湖泊，号称有 48 岛、72 峰，有"太湖天下秀"之称。

洪泽湖是中国第四大淡水湖，在江苏省淮安、宿迁两市境内，为淮河中下游接合部。因黄河、淮河改道而成，属于河成湖。洪泽湖既是淮河流域大型水库、航运枢纽，又是渔业、特产品、禽畜产品的生产基地，素有"日出斗金"的美誉。

巢湖位于安徽省江淮丘陵中部,是中国第五大淡水湖,总面积为780平方千米。其源头起自英、霍二山,主要入湖河流有丰乐河、杭埠河、兆河等。巢湖由合肥市、巢湖市、肥东县、肥西县、庐江县环抱,属于断陷湖。

(二)娇小秀美型湖泊

娇小秀美型湖泊是指面积较小、景色秀美的湖泊。著名的有杭州西湖、扬州瘦西湖、嘉兴南湖等。

杭州西湖是中国首批国家重点风景名胜区,也是《世界遗产名录》中湖泊类文化遗产,成因类型属于潟湖。湖中被孤山、白堤、苏堤、杨公堤分隔为外西湖、西里湖、北里湖、小南湖及岳湖五片水面。沿湖地带绿荫环抱,山色葱茏,画桥烟柳,90多处各具特色的公园景色,将西湖连缀成了色彩斑斓的大花环,使其春、夏、秋、冬各有景色,晴、雨、风、雪各有景致。

扬州瘦西湖位于江苏省扬州市城西北郊,总面积2 000亩(1亩=666.67平方米),水上面积700亩,游览区面积100公顷。"瘦西湖"之名最早见于清初吴绮记载的文献《扬州鼓吹词序》:"城北一水通平山堂,名瘦西湖,本名保障湖。"乾隆元年(1736年),钱塘(杭州)诗人汪沆慕名来到扬州,在饱览了这里的美景后,将其与家乡的西湖做比较,赋诗道:"垂杨不断接残芜,雁齿虹桥俨画图。也是销金一锅子,故应唤作瘦西湖。"

嘉兴南湖位于浙江省嘉兴市南湖区,主要景点有南湖红船、烟雨楼、南湖革命纪念馆、湖心岛、揽秀园。南湖四周地势低平,河港纵横,湖南北长,东西狭,景区占地面积约5.86平方千米,核心区占地面积2.76平方千米,水域面积约624亩,水深2~4米。

(三)多岛璀璨型湖泊

多岛璀璨型湖泊指湖面岛屿众多、宛若繁星的湖泊,如千岛湖、醉仙湖等。

千岛湖,即新安江水库,位于浙江省杭州西郊淳安县境内,面积580平方千米,比西湖大108倍。因湖内拥有1 078座岛屿而得名,是世界上岛屿最多的湖泊。千岛湖是因新安江水力发电站拦坝蓄水形成的人工湖,以千岛、秀水、金腰带为主要景观特色,1 078座翠岛与湖面浑然一体,山、水、岛、林构成秀美风景,有"千岛碧水画中游"之美誉,是中国首批国家级风景名胜区之一(图15.8)。

图15.8 千岛湖

醉仙湖位于江西省南城县境内,是一个完全处于自然状态的美丽湖泊。湖畔有一个神秘的岩洞,深不可测。洞中有一座庙,相传古时有仙人醉酒于此,于是取名醉仙岩,醉仙湖也由此而得名。醉仙湖面积 40 余平方千米,总库容量 12 亿立方米,有形态各异的大小岛屿 1 056 个,素有赣东"千岛湖"之称。这里能观山、戏水、看鸟、赏洞、品鱼,是一个令人痴迷忘返的幻美胜境(图 15.9)。

图 15.9　醉仙湖

第十六章 银河飞腾，泻玉流光——
瀑布景观地理

一、景观概述

瀑布在地质学上叫跌水,即河水从河床流经断层、凹陷等地区时,从纵断面陡坡或悬崖处倾泻而下的水流所形成的景观。瀑布景观造型奇特、气势磅礴、景色迷人、雄伟壮观,具有独特的美学价值,给人以充满活力的动态美感,因而是一种重要的水景旅游资源。

"飞落千堆雪,雷鸣百里秋",瀑布景观首先产生于其自身所具有的形、声、色、动等景观特色。一挂瀑布,形若垂帘幕布,或飞泻而下,或遇石后呈散状、片状而落,或受阻后分流呈人字瀑、多节瀑,它千变万化,各有特色,给人以雄、险、奇、壮的美感。瀑布发出的轰鸣之声在水景中也别具一格,似雷鸣声又似万马奔腾,使人惊心动魄。瀑布的颜色一般呈白色,常被人们形容为:"白练""白绢""白纱""玉带"等。此外,在阳光的照射下还会形成瀑下霓虹,颜色绚丽,美不胜收。

瀑布自然景观还源自与其他自然要素相结合。一条瀑布所具有的形、声、色以及动态变化,在构景中占有相当重要的地位,而与瀑布相伴的环境要素则起到烘托作用,如若与山石峰洞、林木花草、蓝天白云等自然要素相结合,就更能增添瀑布的美景,形成独具一格、美若仙境的迷人胜景。因此,大型美丽壮观的瀑布往往成为以瀑景为主的风景旅游区,如世界最优美的非洲莫西奥图尼亚瀑布、世界最雄奇的北美尼亚加拉瀑布、世界落差最大的委内瑞拉安赫尔瀑布等都是以瀑景为主的风景旅游区。

二、地理分布

据统计,世界上著名的瀑布大约有1 000个,其中,北美最多,达500多个,接下来依次为非洲150多个,欧洲近140个,亚洲和拉丁美洲分别为80个左右,大洋洲和太平洋岛屿有40多个。中国地域辽阔,地形起伏变化大,河流泉溪众多,发育了数量众多的瀑布,大多分布在秦岭、淮河以南的山地丘陵地带,尤其是集中在浙、闽、粤、台等东南丘陵区域。云贵高原和广西等喀斯特地区以及四川盆地与周围山地交接地带,地形复杂多变,降水特别充沛,喀斯特广泛出露,故对瀑布的形成十分有利。而西北、黄土高原、内蒙古高原以及华北平原等地区,要么缺少丰沛的降水,要么地形起伏过小,很难形成瀑布,故这些地区瀑布较为少见。东北地区山高水长,且火山较多,故是中国火山熔岩堰塞瀑布的主要分布区。

中国较有名的瀑布达200多个,瀑布较多的地区分布在华东、华南以及西南的一些省区,它们是安徽、浙江、福建、台湾、广东、广西、贵州、云南和四川,其中以贵州、台湾地区最多。此外,中国的喀斯特地区还发育了地下瀑布——暗瀑,它们主要分布在江苏、浙江、广西、贵州、云南等省区,如浙江金华的冰壶洞、贵州安顺的龙门地下飞瀑等。

瀑景是重要的自然风景之一,是各地风景的组成部分,在大多数名山或风景旅游区中,瀑景成了重要胜景,使名山风景美上加美、锦上添花,从而吸引大量旅游者。例如,"匡庐奇秀甲天下"的庐山,除峭壁、绝岩、清泉胜景外,飞瀑成了庐山绝景之一。人们把庐山的瀑布与黄山的怪石、泰山的青松、华山的摩岭、峨眉的古寺、路南的石林并列为山川绝景。天下奇观安徽黄山除怪石、奇松、云海外,九龙瀑、人字瀑、百丈瀑等飞瀑也是其胜景之一。浙江北雁荡山的大龙湫、小龙湫、三折、梅雨、燕尾、珠帘等18处飞瀑组成的瀑布群,成为北雁荡山风景三绝(峰、石、瀑)之一。四川彭州市九峰山的三叠、百丈、老鹰崖、白龙潭、落红、珍珠帘等10多处瀑布组成的瀑布群,其水珠飞溅、声震山谷、彩虹飞架,同那里的高山深谷、悬桥栈道、冰山、深潭、翠竹、原始森林相辉映,使九峰山成为"幽、险、奇、壮"的自然风景区。浙江莫干山的剑池瀑布是莫干山的四大景色之一,天台山的"石梁飞瀑"被誉为天台山八景之一。广东罗浮山(东樵山)的水门、黄龙、水帘洞等飞瀑与曲溪、清泉相交织,使罗浮山更美。广东西樵山的大云、云外、白云等28个瀑布为西樵山风景点的明珠。广东鼎湖山除天然森林景观外,到处是飞瀑世界,条条飞瀑点缀着秀丽的峰峦,使无生命的奇崖怪石充满生机。山东崂山的"飞瀑潮音"是崂山12景之一。湖南衡山朱陵洞瀑布为南岳风景四绝之一。此外,安徽天柱山的黑虎瀑、桐城的披雪瀑、九华山的龙池瀑、四川峨眉山的龙桥瀑等构成当地的风景名胜点(图16.1)。

图16.1　瀑布景观

◎知识扩展

★世界最大温泉瀑布:螺髻九十九里温泉瀑布

2013年被世界纪录协会认定为"世界最大温泉瀑布",同年被中央电视台评价为"世界第一的自然瀑布温泉",被中国国家旅游等机构评为"中国最美温泉旅游景区",是全球唯一一个可观、可赏、可饮、可治病的天然温泉(氡温泉)。螺髻九十九里的温泉瀑布由数十个大小不一的温泉瀑布形成一个宽达200余米的温泉瀑布群,其中最高一个瀑布落差50米,

40 ℃的温泉水从半山悬崖上飞泻而下,瀑布流经处形成一个非常壮美的石钟乳群。石钟乳又形成无数个天然水潭,水潭有大有小,有深有浅,有的通过一个狭小的通道到达,有的通过潜水才能到达,有的隐藏在瀑布里面,需要从瀑布下面钻进,妙趣无穷(图16.2)。

图16.2 螺髻九十九里温泉瀑布

★中国十大瀑布之首:黄果树瀑布

黄果树瀑布是中国十大瀑布之首,位于贵州省安顺市镇宁布依族苗族自治县境内的白水河上(图16.3)。采用全球卫星定位系统(GPS)等科学手段,测得亚洲最大的瀑布——黄果树大瀑布的实际高度为77.8米,宽101米,其中主瀑顶宽83.3米,分布着雄、奇、险、秀风格各异的大小18个瀑布,形成一个庞大的瀑布"家族",被大世界吉尼斯总部评为世界上最大的瀑布群,列入世界吉尼斯纪录。黄果树大瀑布是瀑布群中最为壮观的瀑布,是世界上唯一可以从上、下、前、后、左、右6个方位观赏的瀑布,也是世界上有水帘洞自然贯通且能从洞内外听、观、摸的瀑布。明代伟大的旅行家徐霞客考察大瀑布时赞叹道:"捣珠崩玉,飞沫反涌,如烟雾腾空,势甚雄伟。"瀑布水流量随季节而变,最大时可达每秒1 000多立方米。黄果树瀑布属典型的喀斯特侵蚀裂点型瀑布,研究表明,瀑布前的箱形峡谷,原为一落水溶洞,后来随着洞穴的发育,水流的侵蚀,洞顶坍落而成。现存在于瀑布之下的犀牛潭,是瀑布的冲蚀坑,三道滩、马蹄滩、渔鱼井3个深潭均是瀑布向上游推移时留下的遗迹,它们都是瀑布演变推移过程中曾经所处位置的残留冲蚀坑。这些深潭的形状大小、深浅不一,说明瀑布后退过程是不均匀的,有时段性。

图16.3 黄果树大瀑布

★中国落差最大的钙华瀑布:四川阿坝牟尼扎嘎瀑布

扎嘎,藏语意为白岩上的激流。扎嘎瀑布是牟尼沟风景区两大景观之一。扎嘎瀑布位于扎嘎沟尾的扎嘎山下,扎嘎瀑布起点海拔 3 270 米,落点海拔 3 176 米,瀑高 93.7 米,瀑面宽 35~40 米,为台阶式瀑布,夏季流量 23 立方米/秒。瀑布上游是湖泊,下游是阶梯式河床,湖水从巨大的钙化梯坎上飞速跌落,经三级钙华台阶跌宕而下,冲击巨大的钙华石壁,形成巨幅瀑身,声闻十里,如战鼓擂动,如万马奔腾。扎嘎瀑布是一座多层的叠瀑,叠叠多变。经地质学家鉴定,扎嘎瀑布既为一液体瀑布又为一固体瀑布。所谓固体瀑布,指的是整个瀑面河床为一

图 16.4　四川阿坝牟尼扎嘎瀑布

钙华体,钙华流犹如彩色液体飞流直下,钙华体上的水却清澈明亮。该瀑布为全国发现的落差最大的钙华瀑布,有"中华第一瀑"之美誉(图 16.4)。

★黄河奇观:山西黄河壶口瀑布

壶口瀑布是黄河中游流经晋陕大峡谷时形成的一个天然瀑布。西濒陕西省宜川县,东临山西省吉县,距山西吉县城西南约 25 千米,距陕西省宜川县城 40 千米。瀑布宽达 50 米,高约 17 米,最大瀑面 3 万平方米,在中国是仅次于贵州省黄果树瀑布的第二大瀑布。黄河壶口瀑布声如雷鸣,气势壮观,它以排山倒海的独特雄姿著称于世,是世界上最大的黄色瀑布,也是伟大中华民族的象征,号称"黄河奇观"。以壶口瀑布为中心的风景区,集黄河峡谷、黄土高原、古塬村寨为一体,展现了黄河流域壮美的自然景观和丰富多彩的历史文化积淀,2002 年成为国家地质公园。壶口瀑布水势汹涌,涛声震天,景色壮丽,是黄河最壮观的一段,也是国内外罕见的瀑布奇观。"黄河之水天上来,奔流到海不复回",唐代著名诗人李白脍炙人口的佳句,勾画出了大河奔流的壮观景象(图 16.5)。

图 16.5　黄河壶口瀑布

★亚洲第一大跨国瀑布:广西德天瀑布

德天瀑布位于中越边境广西大新县硕龙镇,横跨中国、越南两个国家,排在巴西—阿根廷之间的伊瓜苏大瀑布、赞比亚—津巴布韦之间的维多利亚瀑布以及美国—加拿大的尼亚

加拉瀑布之后,是世界第四大、亚洲第一大跨国瀑布。瀑布三级跌落,最大宽度200多米,纵深60多米,落差70余米,年均流量50立方米/秒,所在地地质为厚层状白云岩,是东南亚最大的天然瀑布,被国家定为特级景点(图16.6)。

图16.6　德天瀑布

三、地学成因

瀑布,既是一种景观地貌,又是地质公园重要的地质遗迹及旅游资源。瀑布的形成是地球内外营力综合作用的结果。各地瀑布所处的地理环境不同,形成的原因较多,如水流对河床岩石的侵蚀、地层的陷落或断层、火山熔岩的阻塞、冰川的切割和堆积等。根据瀑布形成的主导因素可分为下列类型:

1. 构造型瀑布旅游景观

构造型瀑布由地壳运动使地层发生断层所形成的瀑布。可分为三类:

①断崖型瀑布。由断裂作用形成陡崖导致流水突然向下跌落而形成的断崖瀑布(图16.7)。如四川九寨沟的珍珠滩瀑布、诺日朗瀑布及松潘县的扎嘎瀑布,黄河壶口瀑布,安徽桐城披雪瀑布,江西井冈山碧玉潭瀑布。

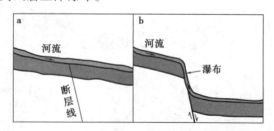

图16.7　断崖型瀑布形成示意图

②裂点型瀑布。新构造运动形成裂点,导致流水突然向下奔落而形成的瀑布。如浙江北雁荡山的三折瀑,就是因地壳有三次间歇性抬升而形成的。

③悬河型瀑布。在新构造运动强烈的地区,地壳强烈上升、河流下切,支流河谷被留在陡峭的河谷两侧高处,在主流与支流交汇处形成的瀑布。如贵州梵净山,淘金河支流磨槽沟的西南坡,从"U"形谷侧壁悬谷中形成的瀑布,因悬谷高出主谷50~100米,其状引人入胜。

2.喀斯特瀑布旅游景观

①溶蚀型瀑布。在石灰岩地区,因水流溶蚀作用使石灰岩岩层、落水洞等发生坍塌或钙化层不断堆积,河道中出现天然的坝坎等因素而形成的瀑布。这种类型的瀑布,亦可在断层或两种软硬岩层的交接地带形成,只是其形成动力不仅局限于河流的冲蚀作用,还兼有水流对可溶性碳酸盐岩类的溶蚀作用。如众所周知的黄果树瀑布,就是喀斯特瀑布中的佼佼者。这类瀑布主要分布于中国广西、贵州、云南东部碳酸盐岩发育的地区,那里不但有地上瀑布,还发育有地下瀑布。当落水洞没有坍塌时,瀑布发育在洞内,则形成喀斯特暗瀑。贵州安顺龙宫的龙门飞瀑和浙江金华冰壶洞瀑布就属此类。

②溶蚀—沉积型瀑布。如图16.8所示,含有碳酸盐成分的地表水在高速水流运动中,水体变薄、水压减小,从而使水中二氧化碳挥发掉,导致碳酸钙的沉淀,于是形成水体和钙华的双重瀑布。如四川松潘县的扎嘎瀑布,落差93.7米,顶宽35～40米。

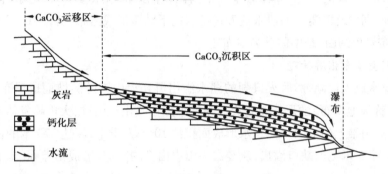

图16.8 钙华型瀑布形成剖面示意

③塌陷崩落型瀑布。因溶蚀陷落或塌陷崩落而成的瀑布。如贵阳乌当区马尿岩瀑布由溶蚀陷落而成,云南腾冲叠水河瀑布由河床陷落而成。中国西北一些高山地区因陡崖上堆积大量冰雪,夏季下部冰雪消融,上部冰块失去支持而崩落形成冰瀑布。

3.河流袭夺型瀑布旅游景观

河流袭夺型瀑布是因河流袭夺而成的瀑布。所谓河流袭夺,是指处于分水岭两侧的两条河流,其中侵蚀力量较强、侵蚀较深的河流进行下切侵蚀,切割分水岭后,将另一侧那条河流的一部分袭夺过来,使被袭夺的那条河,最终成为袭夺河的一条支流。被袭夺的河流由于高于袭夺河的谷底,而跌落下来,形成袭夺瀑布。如位于贵州黄果树瀑布西侧、瀚陵河西岸的滴水滩瀑布、蜘蛛洞瀑布和绿湄潭瀑布等即属此类瀑布。

4.差异侵蚀型瀑布旅游景观

当河水流过岩层软硬悬殊或岩石结构差异很大的地段时,由于水流向下侵蚀软岩层,久而久之则在软硬层岩间出现一个陡坡或陡崖,导致水流突落而下形成瀑布。这类瀑布常分布在岩层近于水平的地区,如重庆北碚磨滩瀑布。在没有断层、袭夺或堰塞的情况下,大多数瀑布是由差异侵蚀造成的。如黄河壶口瀑布的后期发育就属于此种类型。

5. 堰塞型瀑布旅游景观

①地震堰塞型瀑布。因地震作用造成山崩、滑坡、泥石流等堆积物阻塞河道而成地震湖,湖水溢出飞泻而下形成的瀑布(图 16.9)。如四川茂县叠溪瀑布。

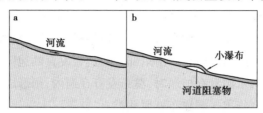

图 16.9　堰塞型瀑布形成示意图

②火山堰塞型瀑布。火山爆发,熔岩漫溢于地面而将河道或湖口堵塞形成陡崖,导致流水飞泻而下形成的瀑布。如黑龙江省宁安市西南镜泊湖的吊水楼瀑布,是熔岩堵塞牡丹江而形成镜泊湖,湖的北面溢出两股水流漫过熔岩向下跌落形成瀑布,落差 20 ～ 25 米,宽 40 ～ 42 米。该瀑布景色绚丽,是中国著名瀑布之一。

6. 火山湖型瀑布旅游景观

火山口积水成火口湖,然后火口湖的湖水溢出流经火山锥的陡坡而成瀑布。如东北长白山瀑布(又称天池瀑布)的形成就是火山喷发形成白头山火山锥,火山喷发活动停止后,熔岩逐渐冷却,火山锥上的火山口便积水形成面积约 10 平方千米,深达 373 米的白头山天池。天池从北侧一个 5 米宽的缺口溢出,流经白头山火山锥的陡坡,形成落差 68 米的瀑布,然后流水奔流而去。

7. 冰川瀑布旅游景观

此类瀑布是由冰川的刨蚀作用而形成的,有两种形式:一是以古冰斗为积水潭,再经由冰斗边缘的陡坎,夺路飞泻跌落而形成。这种古冰斗现在一般已经没有任何冰川的活动。二是冰川主谷刨蚀下切速度较其他支冰川下切速度快,在冰川融化或退缩后支谷形成悬谷,支谷和主谷相汇处便形成陡坎瀑布。如广东南海区的西樵山瀑布群、江西庐山的王家坡瀑布、海螺沟冰瀑布。

◎知识拓展

瀑布会消失吗?

从河流的时间尺度来看,瀑布是一种短暂的现象,由于受瀑布的落差、水量、岩石的种类和结构以及其他一些因素的影响,它最终会消失。在一些情况下,河流总是会向上游方向侵蚀,力图把高处削平,让河道趋于平缓。水流速越快,对河道、河岸的侵蚀力也就越强。河流不断瓦解瀑布的上部,让岩层破碎、跌落,于是瀑布的位置就逐渐向上游方向消退,瀑布的落差也随之减小;而在另一些情况下,侵蚀会产生下切作用而将瀑布所在的整个河段夷平。随着时间的推移,凭借这两种手段或其中任何一种手段,瀑布就会逐渐消失。实际上,地球上很多大瀑布都有明显的"后退"趋势。比如尼亚加拉大瀑布,如今的落差大约为 50 米,根据岩层推断,以前的位置在下游处,落差可能有 100 米。该瀑布每年向上游退后 1 米多,落差在减小。按这个速度,再过 5 万年,尼亚加拉大瀑布将会彻底消失。虽然所有瀑布都会消亡,但同时在漫长的岁月中,也会有新的瀑布诞生。地球的地质运动,让高山、台地隆起,地层断裂和错位,这些都为新瀑布的诞生创造了条件。瀑布这种美丽壮观的自然景色,并不会从地球上销声匿迹。

四、景观赏析

瀑布景观具有形态、声响、色彩和动态的变化,且以动态为主体,融形、声、色于一体,从而体现出以动态为主体的形态美、声态美和色彩美。观赏瀑布,给游人最直接的印象,是瀑布的形态,包括瀑布的空间状态、瀑布水流状态等,瀑布的奔放勇猛,来源于它从天而落的气势和喷珠溅玉的风貌,当瀑布高度和宽度均较大时,即使水流量不大,也可显示出它的雄伟气势。由于山水风景空间环境条件的不同,形态、色态和声态之美又有丛峰、青岭和岩壁相陪衬,更显得迷离神奇,别有风采。特别是瀑布居高临下,或咆哮或弹滴,给地处幽静寂清的山谷带来了回音和生气,从而也增添了山地景观的活力。

1. 结构

瀑布一般由造瀑段、深潭和潭前峡谷三部分结构组成,要完全把握瀑水之美,必须选择正确的观赏路线。定点的观赏只能看到它的局部,要全面领略瀑布之美,就必须从远到近,从低到高,有一个选择和变动观赏点的过程。

造瀑段即指河谷中凸出形成的陡坡地带。由于瀑布是流水呈垂直跌落下泻的地方,因此必须有一层坚硬岩石构成"造瀑带",这样才不至于被流水所侵蚀而变成缓倾的急滩。由于各地所处的地质条件和环境不同,地层的岩性也不相同。如贵州的黄果树瀑布,二叠系灰岩是其造瀑层;黄河壶口瀑布造瀑层为三叠系砂岩,镜泊湖的吊水楼瀑布则是玄武岩。

瀑布深潭位于瀑布下端,是一个被水冲蚀而成的深潭,其大小视瀑布水势及流量而定,瀑布水量大则冲蚀的面积就大,反之则小。其形态主要受瀑布的宽度而定,瀑布展布宽时呈椭圆形;若瀑布呈束状,其潭可为圆形。潭的深度各异,主要影响因素有时间、潭底岩性和瀑布的垂直高差。瀑布下跌时间长,则可变深,岩性较软很容易形成深潭。瀑布高差大,冲击力强,也是瀑布潭变深的主要条件。

潭前峡谷是造瀑层冲蚀、切割后退的产物。潭前峡谷一般不太长,呈幽深狭长状。如山西黄河壶口瀑布的潭前峡谷长达 3 千米,宽仅 30～50 米,落差约 20 米。

2. 形态

瀑布之美,首先美在它们自身形态的多变。它们或似百幅白绫摇曳空中,或似万斛明珠从天而泻,或喷雪奔雷,或抛珠撒玉,或风扬轻烟,形态姿色极尽变幻之能事。不同的地质构造、成因决定了瀑布落差宽度、流量的不同,从而使瀑水景观形态极富变化。瀑布景观按瀑面形态不同可分为幕帘形、新月形、分流形、人字形、束状形、蛇影形等,都具有奇特的形状。

①幕帘形瀑布。瀑面形如银线织成的舞台幕帘悬挂于陡崖峭壁上。这类瀑面较多,如贵州的黄果树瀑布和十丈洞瀑布,黑龙江的镜泊湖吊水楼瀑布。

②新月形瀑布。瀑面的内凹如新月,如世界著名的北美尼亚加拉瀑布的马蹄瀑布,中国四川九寨沟的珍珠滩瀑布、火花海瀑布等。火花海瀑布远看如峨眉新月挂在深蓝色的天空,明媚闪烁;近望似悬河倾海掀起翻滚的碧波,汹涌澎湃。

③分流形瀑布。流水流至陡崖分道突然向下飞落,或水流被凸出于河心的岩石分割成数股飞泻。双股的常称为鸳鸯瀑,如湘西天子山和张家界交界处有一鸳鸯瀑从翠嶂上飞泻直下。庐山谷帘泉从60~70米的高崖流下,由1股分成11股,一齐倾泻而下,蔚为壮观。贵州黄果树大瀑布大水时银浪滔天,中水时分四股下泻,从左至右各具特色,第一股水最小,秀美;第二股水最大,豪壮;第三股水势居二,雄奇;第四股水势居三,潇洒。有的瀑布在主瀑旁又分出若干支瀑。水量多寡不一,多者声威势壮,气势浩荡,显出阳刚之美;少者则细音袅袅,扑朔迷离,是阴柔的秀美。九寨沟的诺日朗瀑布便是雄伟和秀丽结合的典型。瀑布水形的变化及水量多寡和级数落差的不同,必定伴随着声音的形象化,从声若闷雷到袅袅琴音,这种声音是纯自然的天籁之声,具有丝竹管弦所没有的魅力(图16.10)。

图 16.10　九寨沟瀑布群

④人字形瀑布。水流流至陡壁分两股飞落,形如"人"字,如黄山的人字瀑,声震如雷,十分壮观。

⑤束状形瀑布。一般位于河床或溪涧的上游,河道比较窄,呈束状水流,在瀑布处依然为束状下跌,呈现出细长条状,似仙子舒袖般,表现为轻巧、活泼、细柔之态。

⑥蛇影形瀑布。蛇影瀑布是指在瀑布处出现蛇影的胜景。蛇影是悬瀑处空气受水的冲压而形成的气柱流。如广东广宁县潭布镇瀑布,有时在水势湍急处出现一条或两三条蛇影,急如闪电逆水而上,大约一秒钟后,水蛇舞影悄然消失,过几秒、数十秒或数分钟后又可重现蛇影。有时"水蛇"冲至半瀑即逝,变化多端,令人惊异,蔚为奇观。

3. 色彩

按瀑布的色彩,瀑布景观可分为单色瀑布、双色瀑布和彩色瀑布。

①单色瀑布。即一个瀑布只出现一种色彩,以白色者最多,水清色纯,白如素绢,常以"白纱""银练""白绢"来形容,相映周围青山,翠碧流长。要是从红色砂岩上下跌,瀑水就会变成红色,如江西三清山二桥墩红色瀑布,高30米,水从朱红色岩壁流下,远远看去,如红绫高悬。黄河壶口瀑布由于河水含泥沙过多,为黄色瀑布,春秋季节水清之时,阳光直射,彩虹随波涛飞舞,景色奇丽。明陈维藩《壶口秋风》诗有云"秋风卷起千层浪,晚日迎来万丈红",可谓真实写照(图16.11)。

图 16.11 黄河壶口瀑布

②双色瀑布。即一个瀑布出现两种水色，这类瀑布主要是水流流经两种不同颜色的岩石映照而成。云盖峰下鸳鸯潭瀑，同一水源流出黄白二色瀑水，非常奇妙。

③彩色瀑布。由于山水风景空间环境条件的不同，瀑水还会现出不同的色彩变幻。瀑水的色彩是水对岩石、植被等折射、反射而形成的。如九寨沟风景，色彩绮丽，特别是秋天，沟中到处是五彩缤纷的世界，瀑水也映出了树林、花草、山峦的色彩，那一级级梯瀑犹如轻轻抖动着的彩色缎带。有时泉水因流经含有可溶性盐类的地层而带有某些色彩，亦能形成多彩的瀑水。

4. 动态

按水存在的状态，瀑布景观可分为水流型、冰川型、冰水交替型三类，宜选择最佳观赏时节进行赏析。

①水流型瀑布。水流型瀑布指水流沿陡崖突然向下倾泻而成的瀑布，包括常年性水流瀑布、季节性水流瀑布和间歇性水流瀑布。自然界中绝大多数瀑布属于此类型。常年性水流瀑布终年有水，一年四季均可游览欣赏；季节性水流瀑布在雨季时才出现"银河飞流"，干季时断流，显露出悬崖峭壁，观赏价值不大；间歇性水流瀑布水流呈周期性间歇出现，对游客有特殊的吸引力，如贵州省黄平县重安江瀑布，高 30 米，水量在 15 分钟内呈"零—小—大—小—零"的周期性变化。

②冰川型瀑布。由冰流沿陡崖突然向下崩落而成的冰瀑布。如四川海螺沟冰瀑布就是由于那里四季冰雪不断，由成千上万光芒四射的大小冰块组成的落差 1 080 米，宽 1 100 米，从千米高的陡崖向下崩落而成的世界罕见的冰瀑布，仿佛从蓝天直泻而下的一道银河。冰体组成的冰瀑布虽然不像水瀑布那样流动，但由于冰体融冻作用，它不断产生冰崩，冰川活动剧烈的春夏季，一天可达上千次，最多时一次可塌垮上百万立方米的冰体。冰崩时，冰体间剧烈的撞击与摩擦会产生放电现象，瀑布飞雪如闪电，轰鸣似惊雷，大地震颤、山谷轰鸣，千千万万冰块滑落、飞溅，扬起漫天雪雾，为海螺沟冰川公园的一大奇景。又如四川松潘县雪宝顶西南坡上纳米河冰瀑布，高 82 米，宽 982 米，终日冰崩不断，尤为壮观。

③冰水交替型瀑布。处于寒冷地带的瀑布，夏季为水流型瀑布，冬季则为冰川型瀑布

（图16.12）。如长白山天池瀑布冬季形成一挂挂晶莹夺目的冰帘子，十分壮观。内蒙古青山瀑布也属冰水交替型，夏季流水飞瀑，冬季结成冰柱、冰笋、冰锥，三者浑然一体，构成冰瀑布。

图 16.12　冰水交替型瀑布景观

5. 特质

按水文地质条件，瀑布景观可分为地表径流型、暗流型、泉水型、溶洞型、落水洞型、天窗型6类。

①地表径流型瀑布。地表径流型瀑布是指地表径流流至陡崖突然向下飞落而成的瀑布。自然界中这类瀑布分布最广、数量最多，也是常见的地面瀑布。

②暗流型瀑布。地下暗河或地下泉水在地下突然向下倾泻而成的瀑布，称为地下瀑布，又称暗瀑。中国贵州、浙江、广西等省区分布有这类瀑布。贵州安顺龙宫内的龙门瀑布，落差34米，宽25米左右，为少见的地下飞瀑奇观（图16.13）。浙江金华的冰壶洞瀑布，是从洞顶右侧岩石裂隙中挤喷而出，悬空而下形成落差30米，宽2米的地下瀑布，气势雄伟，终年不止，郭沫若形容它是"银河倾泻入冰壶"。广西南丹县的地下河中，有一瀑布落差约20米。都安瑶族自治县地下20~100米的深处暗河内，也有地下飞瀑多处。

③泉水型瀑布。泉水型瀑布是指地下水出露地表，然后又顺悬崖奔泻而下形成的瀑布，可分为热泉型和冷泉型两类。以水温25℃为界，以上者称热泉型，以下者称冷泉型。热泉型瀑布常形成烟雾弥漫的景象，对游人具有特殊的吸引力，如云南龙陵县镇安镇的两个热泉型瀑布：一个是"雄"瀑布，落差70米，宽5~7米；另一个是"雌"瀑布，落差40米，宽2~3米。两者泉水温度达90℃，实为世界罕见。热泉型瀑布还有四川螺髻山瀑布，广东从化市的百丈瀑、飞虹瀑、香粉瀑，重庆南温泉的双龙瀑布等。冷泉型瀑布分布广泛，如湖北神农架瀑布。

④溶洞型瀑布。溶洞型瀑布是指溶洞中暗河流出洞口向下跌落而成的飞瀑。如四川盐边箭河沟仙人洞瀑布，是由洞中暗河涌流跌崖而成，落差80米，宽60米，双帘齐下，苔藓相

伴;又如山西娘子关水帘洞飞泉,泉水涌出,凌空倾泻,形成落差40米,宽65米,状如飞落的银丝织成的水帘;重庆南温泉仙女洞飞泉是南泉背斜中的暗河从南向北流出仙女洞口跌崖而成落差约30米,宽15米的飞瀑,为南温泉12景观之一。

⑤落水洞型瀑布。落水洞型瀑布是指地表水流沿落水洞壁飞泻而下形成的瀑布。如贵州黄果树瀑布群中的银练坠瀑布,位于天星桥白水河暗河入口处,瀑布高40余米,上面呈漏斗形,底部是槽状溶潭。又如重庆北暗水岚碰瀑布,是观音峡背斜低山前槽中的河,流至水岚碰落水洞时,水沿洞壁飞落而下形成落差20米左右的飞瀑,最后水入干洞子暗河流到嘉陵江中。

⑥天窗型瀑布。天窗型瀑布是指地表水或泉水从天窗悬空跌入溶洞内而成的瀑布。如四川兴文县天泉洞天窗(又称天星眼)瀑布,该天窗口面积约30平方米,天窗处终年有流水飞泻而下形成瀑布,同射入洞内的阳光交织,犹如"泻玉流光",成为天泉洞的美景之一(图16.14)。

图16.13 安顺龙宫的龙门瀑布

图16.14 兴文天泉洞天窗瀑布

6.跌水级数

按瀑布的纵剖面形态,可分为单级型、双级型、多级型、多级多层型瀑布。

①单级型瀑布。单级型瀑布是指流水一次向下跌落而成的瀑布,如浙江的大龙湫瀑布、云南的大叠水瀑布、四川的扎嘎瀑布、贵州的大白岩瀑布和十丈洞瀑布等。

②双级型瀑布。双级型瀑布是指流水经两次跌落而成的瀑布。如台湾南投县的雌雄瀑布,落差100米,宽4米,分上、下两段,落差各为50米。贵州纳雍县吊水岩瀑布,落差300米,宽3~20米,分两次跌落而成。

③多级型瀑布。多级型瀑布是指当多级断层以地堑或地垒的形式出现时,流水经多次跌落而形成的多级瀑布,又称阶梯形瀑布。如白鹭千片,上下争飞;又如百副冰绡,抖腾长空,万斛明珠,九天飞洒,十分壮观。这类瀑布在中国分布很广,如江西庐山三叠泉,汇五老峰、大月山之溪水,沿陡崖折成三叠飞流而下,三级总落差达300余米,依山势分上、中、下三级,一气呵成。上叠如飘雪拖练,凌空下泻,宛如一幅水帘悬挂长空,故又名"水帘泉",是"庐山第一奇观";中叠如碎玉摧冰;下叠如飞龙跃潭,故有"未到三叠泉,不算庐客"之说。

海南岛百花岭瀑布、安徽桐城披雪瀑布、贵州关脚峡瀑布、福建九龙瀑布等均为三级瀑布。台湾的蛟龙瀑布、木瓜坑瀑布为四级瀑布。浙江诸暨五泄瀑布为五级瀑布,总落差80.9米,从下到上落差逐渐减小,每级各具特色:第一级落差最大31.2米,奔放豪迈;第二级落差19.7米,奔腾激烈;第三级落差17.8米,平缓舒展;第四级落差7.1米,美观大方;第五级落差最小5.1米,奇巧隽永,实为中国东南罕见的观瀑胜地。

④多级多层型瀑布。多级多层型瀑布又叫叠层型瀑布,瀑布层层叠叠,大瀑布中又套小瀑布,彼此相连,重叠飞落,尤为壮观。如贵州的滴水潭瀑布,总落差410米,分三级,上级为鸡窝田瀑布,落差140米,宽3.5米,波涌连天,故又称连天瀑布;中级为冲坑瀑布,落差140米,翻空涌雪;下级为滴水滩瀑布,落差130米,宽45米,震撼群

图16.15　瀑布的纵剖面分级示意图 山。每级瀑布又分若干层,如上级明显分五层,中、下级也分数层,整个瀑布气势磅礴、雄伟壮观(图16.15)。

瀑布景观分类见表16.1。

表16.1　瀑布景观分类统计表

分类依据	瀑布景观分类
水流量的洪枯多寡	常年瀑布、季节性瀑布和偶发性瀑布
跌水次数	单级型、双级型、多级型、多级多层型瀑布
气势、造型	雄壮型和秀丽型等类型
产生的环境条件差异	江河干支流上的瀑布、山岳涧溪瀑布和地下飞瀑
分布特点	孤立型瀑布和群体型瀑布
瀑面形态	幕帘形、新月形、分流形、人字形、束状形、蛇影形
水存在的状态	水流型、冰川型、冰水交替型
水文地质条件	地表径流型、暗流型、泉水型、溶洞型、落水洞型、天窗型等

第十七章　喷珠吐玉，琼浆灵韵——泉景观地理

一、景观概述

泉是地下水的天然露头，是地下水涌出地面的自然景观；同时泉作为水源有着重要意义，许多河流和湖泊水源自泉，因此泉有"河源"之称。泉不仅为人们提供理想的水源，而且有造景、育景、美化大地的独特功能，有疗养、疗疾的医学价值，是重要的水域风光类旅游资源，自古以来就是人们观赏、疗养的主要利用对象，有重要的旅游价值。

中国泉水资源十分丰富，水质好、水量大、地质条件优越的泉水举不胜举，仅以矿泉而论，就有近3 000处，每处又有数个乃至数十个泉眼。泉的种类丰富，由于出露形态、流量、温度、化学成分的不同，泉水有多种不同的功能，如医疗、品茗、酿造、饮用、热能、动力等。按泉水涌出的地质条件可分为侵蚀泉、接触泉、溢出泉、悬挂泉、堤泉、断层泉、岩溶泉等；按泉出现的奇异特征与功能可分为间歇泉、多潮泉、喊泉、笑泉、羞泉、鱼泉、火泉、冰泉、乳泉、甘泉、苦泉、药泉、矿泉等；另外还有热气泉（黄石公园热气喷泉、临潼华清池）、泥泉（台湾高雄泥火山）、"海龙眼"（海、湖、河底的上升泉）等。泉有美化环境、提供饮料、淋浴治病、疗养健身等多种功能。除此之外，泉能直接造就许多引人入胜的奇泉怪水景观和名泉佳酿，构成以泉闻名的风景旅游地。

自古以来，有泉的地方就有人类生活的盛景，是游人常驻常游的地方，也留下了众多的文物名胜及文人墨客的笔迹。特别是一些矿泉、温泉地，成为记载一个特定历史镜头的画面，如陕西的华清池，记述了盛唐时代唐玄宗和杨贵妃的历史片段，讲述了西安事变的序曲；山东济南的趵突泉、无锡的惠山泉，流传着无数历史典故和人物传说。因此，研究泉水的利用价值、景观观赏价值、历史文化价值和疗养功能及其形成机理，对开发利用泉水旅游资源有着极其重要的价值。

◎知识拓展

泉水有多少种类型？

根据泉水的不同特性，可以将泉水分为许许多多不同的类型。大体上来说，按照泉水的运动、化学性质可以进行如下的分类：

★按泉水的成分——矿泉与淡泉

水是一种溶剂，众多的化学物质都可以溶于水中，泉水中自然也少不了这些化学物质。由于泉水埋藏的地点不同，不同地方的泉水中所含的化学物质自然也不一样。世界上多数国家认为，水中含溶解无机盐类大于每升 1 000 毫克，或者含游离二氧化碳大于每升 250 毫克，或者含有对人体健康有益成分且水的微生物特征符合世界卫生组织饮用水的国际标准的泉水，方可称为矿泉。而淡泉就是指泉水中所含的矿物质较少的泉水。

★按泉水的流出方式——喷泉与涌泉

含水层并非水平分布在地下，而常常出于地层的褶皱扭曲等原因成为一个个斜面，这就使处于含水层下方的地下水承受着由上部的水所形成的压力，许多泉水汩汩流出就是这个原因。当泉眼与含水层之间高度相差很大，而且水量又非常充足时，泉水便会以一种较为激烈的方式流出泉眼——喷发，这也就形成了喷泉。而当含水层埋藏较浅，上方又无很大压力时，水流就会从侧面缓缓流出，这便形成了涌泉。

★按泉水的温度——温泉与冷泉

地下水的温度是与其周围地层的温度一致的。地下浅层处由于得到的来自太阳与大气的辐射均较少，因此夏天炎热之时，从泉眼中流出的往往都是一泓清凉的泉水。但各地地质状况不一，在有些地区，地热距离地表很近，地下泉水被地热加热，在流出地表时就具有较高的温度，这就出现了温泉和冷泉之别。目前中国一般以 25 ℃为界，泉水温度低于 25 ℃的称冷泉，泉水温度高于 25 ℃的则称温泉。温泉的形成，一般而言可分为两种：

一种是由地壳内部的岩浆作用而形成的，或是由火山喷发而产生的。火山活动过的死活山地形区，因地壳板块运动隆起的地表，其地底下还有未冷却的岩浆，均会不断释放出大量的热能。由于此类热源的热量集中，因此只要附近有带孔隙的含水岩层，其不仅会受热成为高温的热水，而且大部分会沸腾为蒸气，多为硫酸盐泉。

一种是受地表水渗透循环作用所形成的。也就是说当雨水降到地表向下渗透，深入到地壳深处的含水层形成地下水，主要是砂岩、砾岩、火山岩这些良好的含水层。地下水受下方的地热加热成为热水，深部热水多数含有气体，这些气体以二氧化碳为主，当热水温度升高，上面若有致密、不透水的岩层阻挡去路，会使压力愈来愈高，以致热水、蒸气处于高压状态，一有裂缝即窜涌而上。热水上升后愈接近地表压力则逐渐减小，由于压力渐减而使所含气体逐渐膨胀，减轻热水的密度，这些膨胀的蒸气更有利于热水上升。上升的热水再与下沉较迟受热的冷水因密度不同所产生的压力（静水压力差）反复循环产生对流，在开放性裂隙阻力较小的情况下，循裂隙上升涌出地表，热水即可源源不绝涌升，终至流出地面，形成温泉。在高山深谷地形配合下，谷底地面水可能较高山中地下水位低，因此深谷谷底可能为静水压力差最大之处，而热水上涌也应以自谷底涌出的可能性最大。温泉大多发生在山谷中河床上。

一般来说，温泉的形成需具备 3 个条件：一是地下必须有热水存在；二是必须有静水压力差导致热水上涌；三是岩石中必须有深长裂隙供热水通达地面。

二、地理分布

世界上有多少泉，恐怕谁也说不清、道不明。由于泉数目众多且可生可灭，全面准确地收集已有的泉资料亦绝非易事。泉的分布与气候、地形、地质、水文条件等有着密切的关系。

中国幅员辽阔,无论山间、平地,到处都有泉眼,粗略估计总数在 10 万眼以上,是世界上泉水最多的国家之一。

温泉一般出现在地壳活动带上,中国地处太平洋和地中海—喜马拉雅两大火山与地震活动带,由此形成了遍布各省区数以万计的温泉。按行政区划统计,除了上海和天津两市无温泉出露,全国现有温泉 2 200 处,每年携带出来的热量折合标准煤为 354 万吨。其中 25 ~ 40 ℃者有 859 处,40 ~ 60 ℃者有 807 处,60 ~ 80 ℃者有 398 处,大于 80 ℃者有 136 处。在大于 80 ℃的温泉中,达到或略高于当地高程水的沸点而为沸泉者(含沸喷泉)的全国至少有 70 处,其中藏南地区 37 处,滇西 17 处,台湾 8 处,川西至少有 4 处,青海至少有 2 处。在藏南、川西、滇西和台湾的沸泉区中,有的还和间歇喷泉和水热爆炸现象并存。藏南地区水热爆炸区有 7 处,间歇喷泉 4 处;川西有间歇喷泉 1 处(茶洛热坑);滇西有间歇喷泉 1 处(龙陵县巴腊掌)和水热爆炸区 6 处(如腾冲硫磺塘和朗蒲热水塘),其中龙陵巴腊掌是 1976 年 7 月 21 日清凉山发生 6.6 级强震激发所致;台湾有水热爆炸 1 处(大屯火山群地热区)。

中国温泉地理分布呈明显的地域性或分带的特点,这与中国地质构造格局、地热背景和区域水文地质条件有着密切的关系。中国温泉地理分布不论从数量、密度还是放热量来看,都主要集中于东南沿海的粤、闽、台三省区和西南滇、藏两省区,这些省区占全国温泉的一半以上,水热活动也最为强烈,是沸喷泉、间歇喷泉和水热爆炸等高温热显示的集中区。台湾是中国温泉平均密度最大的地区。西藏和云南两省区是中国温泉总数最多的两个省区,分别以羊八井和腾冲地区为代表,热泉、沸泉和气泉均有分布。此外,四川盆地及渝、陕、鄂、赣、浙、冀、黑等省份的温泉也相对较多。西北地区泉稀少,华北、东北地区除胶东半岛和辽东半岛外,泉不多,水热活动也不强烈。滇东南、黔南和桂西之间的地区基本上为温泉空白区,这是由该区岩溶地下水十分活跃所致。

三、地学成因

泉是地下水的出露点,如图 17.1 所示,地下水流动过程中在适宜的地形地质条件下遇到能通经地面的通道,便会浸露出地面。泉的形成条件必须是有较为充分的地下水和一定的流动通道,所以说,地下水遍布各地,但其出露的规模却有限。泉水的形成与地表地形和地下岩层的岩性和构造有着密切的关系,即与地层、地质构造、地貌和水文地质条件有密切关系。

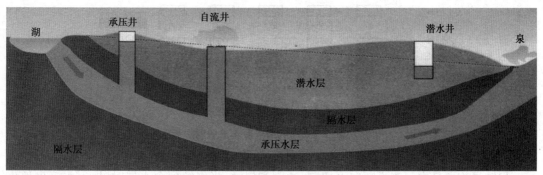

图 17.1 地下水分布示意图

泉按水力性质可分为上升泉和下降泉。上升泉由承压水补给。所谓承压水就是指夹在隔水层之间的地下水。顾名思义,承压水承受着很大的压力。当这些承受了很大压力的地下水流经上层隔水层的裂隙时,就会在压力的作用下冲出地表,出露为泉。上升泉最明显的特点是泉水从地下向上涌冒,翻水花,冒气泡。地下水受到的压力越大,向上涌出的水量也就越多,那么泉水喷出地面达到的高度也就越高。上升泉的流量、水温、水质都比较稳定,一般受季节和气候变化的影响小。此外,由于热水的密度较冷水小,因此地下的热水会因浮力的作用而从地下迅速往地表上升,泉水也会喷出地表。

有了上升泉,自然也就会有下降泉。下降泉就是由潜水含水层补给的泉。所谓潜水就是处在地下第一个隔水层之上、压力较小,潜水的水面会随着来水量这种地下水而变动。这就是说,这种类型的地下水一般埋藏较浅,在降雨时,水很快就汇集到地下水中。这种泉水的流量、温度都是随着季节和气候的变化而变化,其特点是:雨多泉大,天旱泉涸。称它为下降泉就是因为这种地下泉从泉口自由流出或慢慢溢出地表,没有多大的压力,水在泉池里很平静,不出现冒水泡和气泡现象。在压力作用下上升泉由地下冒出,有时可喷涌高出泉口数十厘米至数百米;下降泉由潜水补给,一般从侧向流出。

按地学成因,泉可分为侵蚀泉、接触泉、断层泉、溢出泉和岩溶泉(图17.2)。

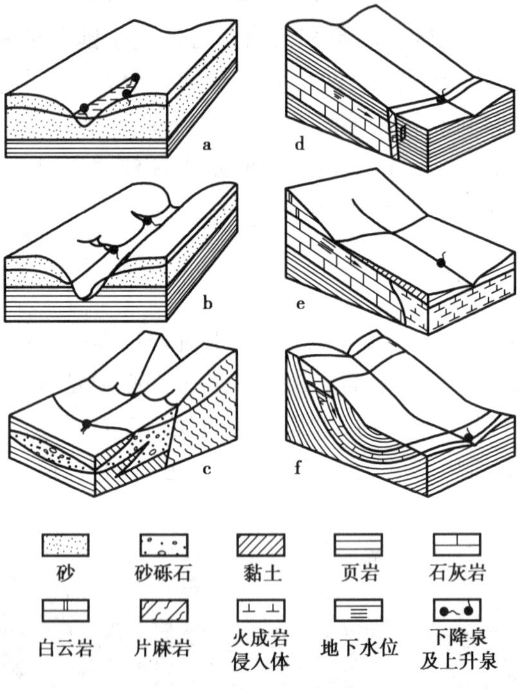
a
d
b
e
c
f
砂
砂砾石
黏土
页岩
石灰岩
白云岩
片麻岩
火成岩侵入体
地下水位
下降泉及上升泉

a 侵蚀泉　b 接触泉　c 溢泉　d 断层泉

e 自流斜地上升泉　　f 自流盆地上升泉

图17.2　泉的形成原因示意图

1. 侵蚀泉

侵蚀泉主要是由河流不断向下切割、冲刷和侵蚀,当侵蚀到含水层时,地下水流出地表而形成的。这种泉多分布于河流的两岸地带。例如海南岛万泉河上游的琼中黎族苗族自治县一带，泉水比较发育，这些泉的形成与河流的侵蚀作用有关，可以将其归入侵蚀泉类。

2. 接触泉

当地形被切割到含水层下的隔水层时，地下水向前流动受到阻挡，被迫从隔水层和含水层接触处流出地表，往往在接触带上能见到泉群，这类泉称为接触下降泉。在岩脉或侵入体与围岩的接触带，常因冷凝收缩而产生隙缝，地下水沿这类接触带上升成泉，称接触上升泉。侵蚀下降泉与接触下降泉两者的区别，只是侵蚀的深浅程度不同，侵蚀泉侵蚀底界仍在含水层内，而接触泉要深切到含水层下的隔水层。例如黄山温泉，其出露于下古生代变质砂岩与花岗岩之接触带，由于受到隔水层(花岗岩体)的阻挡，从岩石裂缝中涌出成泉。

3. 断层泉

当承压含水层受断层影响被切割错开，地下水沿断层上升，在地面高程低于承压水位处涌溢地表而形成断层泉，它常沿断层呈带状分布。中国大多数温泉都与断层有关，例如湖北省的咸宁温泉镇温泉、崇阳浪口温泉、广东从化温泉、庐山星子温泉等。庐山星子温泉出露在庐林盆地北缘，受北东向断层控制，泉口为一水潭，长约 3 米，宽 2 米左右，热水由潭底涌出。

4. 溢出泉

在山前平原地区，地层的含水层在山前出露或含水层沿某些山前的地层裂隙出露流出，这种泉即为溢出泉。在向斜构造核部，由于两翼含水层地势高，在核部地区，地下水可沿某些节理或裂隙溢出，也是溢出泉。溢流泉在泉口附近水流有时表现为冒涌上升运动，洪积扇溢出带的泉即属于此类。济南以趵突泉为首的一批泉皆属此类泉(图 17.3)。

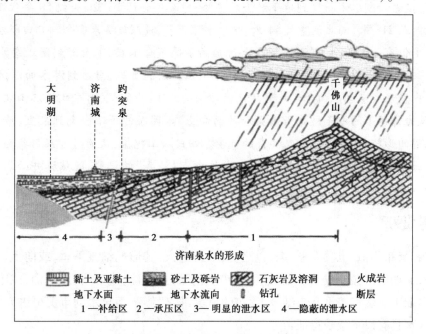

图 17.3 济南裂隙泉的形成示意图

5. 岩溶泉

在碳酸盐岩分布的地区，岩溶景观发育，地表水渗入裂隙或洞穴后，常常以泉的形式流出或喷出地表,从而形成岩溶泉。在中国北方奥陶纪石灰岩地层分布区,南方广西、贵州、四川、云南等地石炭层分布区,形成的泉多为岩溶泉。

◎知识拓展

月牙泉是如何形成的?

图17.4　鸣沙山月牙泉景观

月牙泉位于月牙泉风景区,古称沙井,俗名药泉,位于甘肃省敦煌市西南5千米鸣沙山北麓。月牙泉南北长近100米,东西宽约25米,泉水东深西浅,最深处约5米,弯曲如新月,因而得名(图17.4),有"沙漠第一泉"之称,自汉朝起即为"敦煌八景"之一,1994年被列入国家级风景名胜区。

月牙泉内生长有眼子草和轮藻植物,南岸有茂密的芦苇,四周被流沙环抱,虽遇强风而泉不为沙所掩盖。月牙泉有四奇:月牙之形千古如旧,恶境之地清流成泉,沙山之中不淹于沙,古潭老鱼食之不老,而成为"沙漠奇观"。鸣沙山和月牙泉是大漠戈壁中一对孪生姐妹,"山以灵而故鸣,水以神而益秀",被誉为"塞外风光之一绝"。月牙泉、莫高窟九层楼和莫高窟艺术景观融为一体,是敦煌城南一脉相连的"三大奇迹",成为中国乃至世界人民向往的旅游胜地。

对月牙泉起源的解释有4种:一曰古河道残留湖,认为月牙泉是附近党河的一段古河道,很久以前,党河改道,大部分古河道被流沙淹没,仅月牙泉一段地势较低,由于地下潜流出露,汇集成湖。湖水不断得到地下潜流的补给,因而不会枯竭。20世纪50年代测量,月牙泉水面东西长218米,南北最宽处54米,平均水深5米,最深处7米有余。二曰断层渗泉,认为月牙泉南侧有一东西向的断层,断层上盘抬高了地下含水层,下盘降到附近潜水面时,潜流涌出成泉。三曰风蚀湖,即原始风蚀洼地随风蚀作用的加剧,当达到潜水面深度时,在新月形沙丘内湾形成泉湖。由于环绕月牙泉的沙山南北高,中间低,自东吹进环山洼地风会向上方走,风力作用下的沙子总是沿山梁和沙面向上卷,因而沙子不会刮到泉里,沙山也总保持似脊似刃的形状,这才形成沙泉共存的奇景。四曰人工挖掘,认为月牙泉形状与半轮新月惟妙惟肖,好似人工刻意修饰的结果,加之古籍中有"沙井"的记载,既然称井必须是人力劳作的结果。

四、景观赏析

泉水和瀑布相似,也具有形、声、色之美,非常迷人,其形或细流下垂,或向上白浪翻滚、蒸腾如涌,又如洪涛倾注或琐射如流星;其声或潺潺,或淙淙,或叮咚,或涓涓,或咆哮;其色晶莹,或白如玉。从审美重心来细分,瀑布的审美讲究"势",而泉水的审美更讲究"质"。总的来说,泉水具有以下景观特征:

①水质美。泉水首先埋藏于地下然后流出,在这个过程中就经过了地层的过滤,水中所含的杂质、细菌等可以被有效地过滤掉,因此泉水一般都非常纯洁而清澈,观赏涌出的清泉就是一种很大的享受。泉水中大都富含矿物质,饮用对人的身体健康很有好处。温泉中常

含有硫等元素，可以治疗皮肤病。泉水在中国人的饮食文化中也占有重要的地位。茶与酒是中国最重要的两种饮料，而这两种饮料中的佳品多半是要借助自然中甘甜的泉水的。中国唐代的茶圣陆羽就曾品评天下泡茶之水，认为镇江中冷泉属天下第一。有名泉为伴，主人才能泡出一杯回味无穷的好茶。同样，名酒也离不开泉水，所谓"地有名泉，必有佳酿"。曾有人按照同样的配方与工艺仿制贵州名酒"茅台"，但酿制出来的酒味却总是不纯正，其原因是制造茅台酒的水是赤水河两岸红层中溢出的清泉，水质十分甘甜，别处的水源无法与之相比。

②声音美。泉水一般没有惊涛之吼和震耳轰鸣，多是带有美妙音响的涓涓细流。静坐泉旁，听水声悠悠与自然里的虫声和鸣，真如听一场别开生面的音乐会。不同的泉水会发出不同的声音，有的似洞箫长吹，其声悠扬；有的似散珠落盘，其音叮咚；有的似丝弦低语，有的似细雨潇潇……

③多奇观。泉水中多奇观。由于地下水的水压、水质等经常变化，因此泉水也就经常发生变化，如定时喷发的间歇泉。美国黄石公园中的间歇泉，每天喷发的时间都十分精确，宛如一个诚实守信的长者，并因此得到了一个"诚实泉"的美名；再如一些由于泉源附近的水压不稳定而形成的"笑泉""喊泉"等，当游人在泉边拍手或大笑时，就会使泉水随着游人的动作而变化。

④多人工建筑，有悠久的历史和优美的传说。名泉旁常有一些优美人工建筑，多以精巧、秀丽为特色，它们与碧透的泉水、幽静的环境交相辉映，更显得典雅、美观。泉与人相伴，自然也就留下了许多优美的传说和故事。最著名的莫过于陕西的华清池，它因为李隆基与杨玉环的爱情故事而家喻户晓；无锡的"第二泉"因为著名的二胡曲《二泉映月》而妇孺皆知；庐山上的"聪明泉"因为一个美丽的传说而著名。中国的名泉旁大都有名士大家的题字，更有历代诗人对其吟咏歌颂。这一切都给泉水增添了文化内涵，更增添了游人的兴趣。

中国四大名泉包括：

1. 趵突泉

趵突泉位于济南市西门桥附近。泉水自三窟中冲出，浪花四溅，势如鼎沸。三股泉喷涌，状如三堆白雪，平均流量 1.6 立方米/秒。地下水受周围不透水岩石阻挡，在补给区静水压力作用下，沿溶隙或盖层薄弱处上涌，形成泉头。相传乾隆皇帝南巡到济南，当他看到趵突池中三泉喷涌，势如鼎沸，状似堆雪的壮观后，遂把泉水三柱誉为蓬莱、方丈、瀛州三座山。乾隆帝凭栏而立，并品尝趵突泉水，俯瞰泉池，觉情趣无穷，高兴处，写下了《游趵突泉记》，认为该泉水清洌甘美，和玉泉相比，有过之而无不及，于是大笔一挥，把"第一泉"的美名封给了趵突泉，遂使趵突泉扬名四方（图 17.5）。

2. 中冷泉

中冷泉也叫中濡泉、南冷泉，位于镇江市金山寺外（图 17.6）。此泉原在波涛滚滚的江水之中，由于河道变迁，泉口处已变为陆地，现在泉口地面标高为 4.8 米。中冷泉又名"天下第一泉"，原在扬子江心，是万里长江中独一无二的泉眼。中冷泉水宛如一条戏水白龙，自池底汹涌而出。"绿如翡翠，浓似琼浆"，泉水甘洌醇厚，特宜煎茶。唐陆羽品评天下泉水时，中冷泉名列全国第七，稍陆羽之后的唐代名士刘伯刍品尝了全国各地沏茶的水质后，将水分为七等,中泠泉依其水味和煮茶味佳为第一等,因此被誉为"天下第一泉"。南宋名将文天祥畅饮后,豪情奔放赋诗一首:"扬子江心第一泉,南金来此铸文渊。男儿斩却楼兰首,闲品茶经拜羽仙。"

图 17.5　趵突泉　　　　　　　　　　　　　　图 17.6　中泠泉

3.虎跑泉

虎跑泉位于杭州市西湖西南大慈山山麓的定慧寺内,居杭州名泉之首,并有"天下第三泉"之称。它处于北、西和西南三面山岭环抱的马蹄形洼地之中,又正好处在一组岩层裂隙处,为地下水汇集、虎跑泉的形成提供了良好的地形和供水条件,属于裂隙泉。虎跑泉水量充足,水质纯净,水味甘洌淳厚。由于泉水的矿物质含量高,分子密度和表面张力较大,硬币投入后能浮在水面而不下沉,颇受游客钟爱。

4.惠山泉

惠山泉位于无锡市西郊惠山山麓锡惠公园内。相传唐代陆羽评定了天下水品二十等,惠山泉被列为天下第二泉。随后,刘伯刍、张又新等唐代著名茶人又均推惠山泉为天下第二泉,所以人们也称它为二泉。中唐时期诗人李绅曾赞扬道:"惠山书堂前,松竹之下,有泉甘爽,乃人间灵液,清鉴肌骨。漱开神虑,茶得此水,皆尽芳味也。"宋徽宗时,此泉水成为宫廷贡品。元代翰林学士、大书法家赵孟頫专为惠山泉书写了"天下第二泉"五个大字,至今仍完好地保存在泉亭后壁上。

惠山泉水源于若冰洞,呈伏流而出成泉。泉池先围砌成上、中两池。上池呈八角形,由八根小巧的方柱嵌八块条石为栏,池深三尺余。池中泉水水质很好,水色透明,甘洌可口。中池紧挨上池,呈四方形,水体清淡,别有风味。至宋代,又在下方开一大池,呈长方形,实为鱼池。明代雕刻家杨理特在下池池壁雕刻了一具螭首,这螭首似龙非龙,俗称石龙头,中池泉水则通过石龙头下注到大池之中,终年喷涌不息。池前建有供茶人品茗的漪澜堂,苏东坡曾在此赋诗曰:"还将尘土足,一步漪澜堂。"

惠山泉

宋　刘达

灵脉发山根,涓涓才一滴。

宝剑护深源,苍珉环凳壁。

鉴影须眉分,当暑抱寒冽。

一酌举瓢空,过齿如激雪。

不异醴泉甘,宛同神瀵洁。

快饮可洗胸,所惜姑濯热。

品第冠寰中,名色固已揭。

世无陆子知,淄渑谁与别。

◎知识拓展

中国的奇泉怪泉在哪里?

乳泉:因"泉水甘白如乳"而得名。如广西桂平的乳泉,位于桂平市西部约 2 千米远的西山上。泉池深、宽近 1 米。半池碧水,清澈见底,冬不枯,夏不溢,水量稳定。《浔州府志》载,此泉"清冽如杭州龙井,而甘美过之。时有汁喷出,白如乳,故名乳泉"。桂平乳泉的白色并不是水中所含矿物质成分造成的,而是交融于水中的极细的小气泡与地下水出露于地表时所呈现的视觉。化验表明,构成乳汁气泡的气体系惰性气体——氡。桂平西山由庞大而坚硬的花岗岩岩体构成。存于花岗岩裂隙壁上的氡气进入流动的地下水,形成汽水混合物泄出,使泉水跳珠走沫,呈现出色白如乳的汁来。但由于受岩石裂隙系统制约而生成的氡数量有限,不能连续地进入地下水中,因此喷汁历时较短,而且只能时有发生。除了桂平乳泉外,出露于安徽怀远县城南荆山北麓的白乳泉也很有名。怀远的乳泉背依荆山,面临淮河。泉从石隙中流出,在口径 1 米多的石坑中形成一泓碧液,清澈透明。文献记载,当年苏东坡曾游白乳泉,并誉它为"天下第七泉"。白乳泉平时清澈,雨后涌乳,特别是滂沱大雨之后,泉的涌水量增加,泉水发白,水味变差。

盐泉:位于重庆巫溪县大宁河西岸的宁厂镇猎神庙前。此泉所出之水极咸,含盐量很高,故名"盐泉"。史料记载,早在 1 900 多年前的东汉时期,盐泉就已被开发利用。当时,除了用"铁牢盆"(铁锅)煎盐外,还在大宁河龙门峡西岸的峭壁上修建了一条长达百余千米的栈道,用楠竹相接铺成管道,将盐泉之水引到巫溪县大昌镇去煎煮。东汉以后,历代都用盐泉之水煮盐。现代,还在宁厂镇建了巫溪盐厂,用盐泉之水煮盐,所产泉盐畅销川东、鄂西各地。地下水在活动的过程中遇到了含有大量氯化钠的岩层,氯化钠被地下水溶解后,就形成了盐度很高的盐泉,其浓度往往高于海水,水味极咸。

鱼泉:位于河北保定市涞水县境内的国家级风景名胜区——野三坡内,其中心区有一眼"鱼骨洞泉",系永久性独眼泉,泉水从山石窟中流出,喷泉口直径约 30 厘米,水质清澈。每年农历谷雨前后,从泉口会随水喷出活蹦乱跳的鲜鱼,数量较可观,每年达 1 000 千克左右。这种鱼如候鸟一样,每年按时流出,9 月又复归山洞越冬,成为京畿鱼泉奇观。其实,从泉里"飞"出"鱼"不只限于河北保定市涞水县,四川、湖南、湖北等地都有"泉涌鱼飞"的鱼泉景象。

虾泉:坐落在广西南宁市西北 20 千米右江北岸的平果县城虾山脚下。泉口离江边很近,泉水清澈明净,淙淙下流,注入右江。每年农历三四月夜深人静之时,密密麻麻的虾群云集在右江和泉水汇合处以上的浅水洼里,争先恐后地逆水涌向泉中。被泉水冲下来的虾一次两次不成,又三次四次地拼力冲锋,那勇往直前的精神令人叹为观止。待它们冲上泉口后,便以胜利者的姿态悠然游入泉水深处。这就是有名的"虾进泉"。之所以出现这种奇观,原因是这里的虾有江里生泉里养的习性。右江是它们的"老家",虾泉则是它们的另一处"别墅"。

发酵泉:位于四川丹巴县境内边尔村附近。此泉露于边尔河北侧的溪沟底。方圆数十里的居民经常来这里取水,和面烙饼,蒸馒头,既不用发酵,也不必用碱中和,蒸出的馒头与通常方法蒸出的毫无两样。故当地人称此泉为"神泉"。原来"神泉"从泥盆纪地层的一条小断层中涌出,水温17 ℃。泉水溢出时,伴有串串气泡逸出。无疑,水中溶解有大量气体。化验分析表明,气体中含有大量的二氧化碳和少量的氮、氧。二氧化碳是深部岩石在高温下变质的产物,又处于高压环境,故二氧化碳大量溶于水中。泉水之所以能够用于发面蒸馒头,完全是溶于水中的二氧化碳等气体受热膨胀的结果。

水火泉:位于台湾台南县白河镇东约8千米的关岭子北麓。泉水从黝黑的岩石缝中涌出,水温高达84 ℃,水色灰黑,水味苦咸。有道是水火不相容,然而这里的泉水流进一个小池里,滚滚如沸,浓烟从水中腾起,高三四尺(1尺=33.33厘米),只要在水面上点燃一根火柴,火焰就能从水中燃烧。因为该泉有水中出火的奇观,水火同源,人们称它为水火泉。泉水之所以能够点燃,是因为地下水中含有可燃性气体成分。关子岭温泉所在的地层分布着含油气的泥质岩层,在地热条件作用下,不断产生主要成分为甲烷的天然气。与地下水合二为一的甲烷和地下水一起迁移,而后沿着大断层上升到地表。含甲烷的地下水露出地表后,因压力条件发生了变化,甲烷自水中逸出。由于甲烷无色易燃,故能在火中呈现出水火相容的奇观。

潮水泉:如大海的潮汐,来去有时,趣味盎然,又称报时泉,水文地质学上称为间歇泉。如湖南省花恒县民乐镇苗寨里有一口一日三潮的神奇泉,每天清晨、中午和傍晚3个时辰,一股水柱从泉眼中冲天而起,响声如雷贯耳,颇为壮观。持续时间一般为50~80分钟,过后水柱才慢慢平息下来,复变为涓涓细流。更为奇异的是,此泉还能准确地为当地苗族人民预报天气。如果此泉涨潮时间突然推迟,或一天数潮,同时持续时间短,那么过几天就会下大雨或暴雨;如果每天按规律涨潮,则说明天气变化相对稳定,晴雨相宜,风调雨顺。故当地人又把这个潮水泉称为"气象泉"。此类的潮水泉在湖南、云南、江西等地都有。出现潮水泉的地区都是由石灰岩组成的,石灰岩不断受到地下水和地表水的溶蚀,在内部和表面形成了地下溶洞和地表沟。当地下溶洞由上部地表水渗进来的水积满到满水位时,经诱发而产生虹吸作用,水通过蜿蜒管道的弯曲顶端向外流时,潮水泉的泉口便出现涨潮喷水。当洞内地下水位不断下降,降低到虹吸管进水以下时,虹吸作用消失,泉口涌水戛然而止,就产生落潮。如此循环不已,泉水便出现了涨落现象。至于潮水泉能预报天气,则缘于天气与大气压的变化密切相关。一般来说,高压控制多为晴好天气,低压控制多为雨水天气。气压高时,自然对溶洞水面压力大些,能提前涨潮或持续时间长,说明天气晴朗;反之,低气压时,对储水洞水面压力变小,涨潮时间推迟或持续时间短,预示风雨天气要来。

含羞泉:位于四川广元,又名缩水涧。当你拾起一块石头向流出清泉的那个洞口投去时,泉水就会像一位害羞的小姑娘,发出"咯咯"的响声,缩回洞中躲藏起来;大约10多分钟后,泉水才又带着声响缓缓流出,恢复其原来的轻盈流态。原来,这里的地层断层很多,形成了无数毛细管状的吸水结构，再加上当地的地下水非常丰富，于是在压力的作用下，水从岩石孔隙中溢出地表，形成泉水。当泉水流出地带受到声响而振动时，便产生一种声压，使岩石孔隙增大，于是，从孔隙中流出的水又被吸回到岩层中，出现短暂的停流。当孔隙逐渐恢复原状后，泉水又重新"大胆地"从小的毛管中流了出来。

能预报天气的泉水：位于四川省古蔺县境内。这眼泉露出在石灰岩层中，在低洼处形成一个水面面积达50平方米的天蓝色水塘。每当天气由晴转雨前，水色便由天蓝色变成黑色，犹如天空中乌云密布一样；天气由雨转晴前，水色则变为浅黄色。天气变化后一天左右，水色又恢复成天蓝色。假如塘水呈现五颜六色，则预兆第二年必定风调雨顺。在重庆市温泉公园里有一个奇特的泉水池，它由冷矿泉水形成，却以另一种方式向人们报告晴雨。当泉水池中的水清澈透明时，预示天气将转晴；当池水变成浑浊并冒气泡时，则表示天将要下雨；如果池水特别浑浊，气泡很多，表明将有大雨或暴雨。多年的观察表明，以这个池水的清澈程度来预报天气是很准确的。广西灵川县海洋乡苏家村边也有这样一眼泉。当泉水很清时，天气晴朗，当天内不会下雨；当涌泉出现像米汤那样乳白色的水时，3天之内必会下雨，涌泉的浑水量大小，还能预示雨量的大小。下雨天，如果泉水开始变清，天气就将转晴。当地的人们每天都可根据泉水的变化情况来预知未来天气的变化。

广西贵县广丰乡新墟东侧有个泉水形成的池塘，水面面积约2000平方米，池底有数眼日流量约3万吨的泉，池水清澈，常年满溢。令人奇怪的是，这个泉水池塘每逢大雨前12个小时，池水会变成淡红色。据测定，池水中含有锶、氡等20多种微量元素。然而，池水为什么会在大雨前变成淡红色，至今仍然是个不解之谜。

在湖南省洞口县竹市镇荷地村的田垄中有一口已有500多年历史的古井，数百年来，井水清澈，透明无色，常年水丰。井深2米，长、宽各1.5米。1979年以来，这眼井出现了异常现象：每当下大雨的前一天，井水会变成棕红色，并带苦涩味，这样持续3~5小时之后，水质才恢复原样。这口古井通过水色水质变化来预示天气的变化，每次都准确无误，令人吃惊。

此外，还有以下一些奇泉怪泉，如：

笑泉：安徽巢县、无为县各有笑泉。当游人不声不响而过，泉水澄静如常；游人喧哗而来，泉水涌沸翻滚，哗然如笑声，故称"笑泉"。

喊泉：安徽寿县八公山下有一眼喊泉。站在泉边高喊，便有泉水涌出，其泉大叫大涌，小叫小涌，故称"喊泉"。在广西天等县逐卜上屯村前的田地中间，有一个壮族语言叫"楞特"的水潭，水深约10米，面积相当于两个篮球场大，潭底如锅，潭底的偏东处有水缸大小的洞，与地下河相通。雨季，地下水从洞中冒出，进入潭中，有时水满而溢出潭外；入秋后，潭中水位下降；到了隆冬，水位趋于稳定，水平如镜，清澈见底。令人惊奇的是，在这段时间内如果有人在潭边高喊叫，潭水就会流入地下河。当地人常在这时集结四五十人，环绕水潭高声齐喊，或鸣锣击鼓，或向潭中投石，一阵喧闹之后，潭水就会随着叫喊声、锣鼓声向河底的那个洞涌去，瞬时就显现出一个大漏斗，形成急流旋涡，这旋涡逐渐下落，1个多小时后，整潭水都流进了地下暗河。待潭水泻干之后，过了八九个小时，潭底那个通地下河的洞又开始向潭中冒水，潭水随之渐渐上升，直到恢复原来的水位。

冰泉：陕西南田有一眼井泉，深数丈，水落入井底立刻成冰，一年四季如此。

甘苦泉：河南焦作太行山南麓有一对并列的泉眼，间距仅 1 尺左右，但流出的泉水味道却一苦一甜，迥然不同。

鸳鸯泉：湖南湘西洞口县桐山乡有一对并列泉，相距不到 3 米，一侧为 40 ℃的热水温泉，另一侧却为不到 20 ℃的冷泉，人们称二泉为"鸳鸯泉"。

香水泉：河南睢县城南有一地下流泉，泉水不仅清冽甘美，而且还带有槐香味，馥郁醇香，人称槐香水。

报震泉：新疆腾格里沙漠深处有一口鸣泉，每当地震前夕，就会发出声似短笛的鸣叫声，几里之外都能听到，当地人称报震泉。

蝴蝶泉：坐落在大理点苍山云弄峰下。每年农历四月至五月间，云弄峰上各种奇花异草竞相开放，泉边的合欢树散发出一种淡雅的清香，诱使成千上万的蝴蝶前来聚会。这些蝴蝶大的如掌，小的如蜂，它们或翩舞于色彩斑斓的山茶、杜鹃等花草间，或嬉戏于花枝招展的游人头顶。更有那数不清的彩蝶，从合欢树上，一只只倒挂，连须勾足，结成长串，一直垂到水面，阳光之下，五彩焕然，壮观奇丽。尤其是旧历四月十五这一天，若遇天气晴和，更是盛况空前，不仅蝴蝶多得惊人，而且品种繁多，如凤尾蝶、大瓦灰蝶等，应有尽有，汇成了蝴蝶的世界。蝴蝶泉的形成与它所处环境条件有关。该泉西靠苍山，东临洱海。苍山巍峨挺拔，耸立如屏；洱海风光绮丽，花枝不断，四时如春。苍山和洱海不仅为人类提供了"银苍玉洱"的观赏美景，而且构成了蝴蝶等昆虫大量繁殖与生长的自然环境。蝴蝶泉处于洱海大断裂的北东盘，该盘在地下水溶蚀作用下，形成了众多的落水洞和溶洞，受大气降水和地表水补给，形成了岩溶含水层。该含水层中的地下水，沿溶蚀管道流动，在与冲、洪积物接触部位，受细粒松散物阻截，溢出地表后形成蝴蝶泉。

参考文献

[1] 王柯平. 旅游美学[M]. 北京:旅游教育出版社,2006.

[2] 苏文才,孙文昌. 旅游资源学[M]. 北京:高等教育出版社,1998.

[3] 陈福义,范保宁. 中国旅游资源学[M]. 北京:中国旅游出版社,2003.

[4] 辛建荣,杜远生,冯庆来. 旅游地学[M]. 天津:天津大学出版社,1996.

[5] 徐泉清,孙志宏. 中国旅游地质[M]. 北京:地质出版社,1997.

[6] 冯学钢,黄成林. 旅游地理学[M]. 北京:高等教育出版社,2006.

[7] 杜卫. 美育论[M]. 2 版. 北京:教育科学出版社,2014.

[8] 肖星,严江平. 旅游资源与开发[M]. 北京:中国旅游出版社,2002.

[9] 霍明远,张增顺. 中国的自然资源[M]. 北京:高等教育出版社,2001.

[10] 李同林,孙中义. 旅游地质学基础[M]. 北京:中国水利水电出版社,2008.

[11] 李祥根. 中国新构造运动概论[M]. 北京:地震出版社,2003.

[12] 李燕琴,张茵,彭建. 旅游资源学[M]. 北京:清华大学出版社,2007.

[13] 李永文. 旅游地理学[M]. 北京:科学出版社,2004.

[14] 吕惠进. 地质地貌学[M]. 北京:科学出版社,2003.

[15] 骆高远,等. 旅游资源学[M]. 杭州:浙江大学出版社,2006.

[16] 陈茂勋. 旅游地学与旅游发展新论[M]. 成都:四川科学技术出版社,2006.

[17] 陈效述. 自然地理学原理[M]. 北京:高等教育出版社,2006.

[18] 王长俊. 景观美学[M]. 南京:南京师范大学出版社,2002.

[19] 王昆欣. 旅游景观鉴赏[M]. 北京:旅游教育出版社,2004.

[20] 张兆干,赵宁曦. 自然景观鉴赏[M]. 北京:旅游教育出版社,2007.

[21] 张根寿. 现代地貌学[M]. 北京:科学出版社,2005.

[22] 杨景春,李有利. 地貌学原理[M]. 北京:北京大学出版社,2001.

[23] 彭华. 中国丹霞地貌及其研究进展[M]. 广州:中山大学出版社,2000.

[24] 郑群明. 全新旅游资源学[M]. 北京:中国科学技术出版社,2008.